LES BLAGUES

DE

L'UNIVERS

PARIS. — IMP. POUPART-DAVYL ET Cⁱᵉ, RUE DU BAC, 30

LES BLAGUES

DE

L'UNIVERS

PAR

P.-T. BARNUM

« *Omne ignotum pro mirifico.* »

PARIS

ACHILLE FAURE, LIBRAIRE-ÉDITEUR

23, BOULEVARD SAINT-MARTIN, 23

—

1866

Tous droits réservés

NOTE DE L'ÉDITEUR.

Toute la carrière de M. Barnum s'est passée au grand jour. Il ne s'est jamais joué du public, dans la mauvaise acception de ce mot, et, si son nom est devenu synonyme de charlatanisme, on peut dire que tous les hommes publics sont plus ou moins charlatans.

Après l'incendie de son Musée et sa retraite temporaire de New-York, un journal s'est exprimé ainsi sur son compte : —

« Les vœux sincères de beaucoup d'honnêtes gens
« et les sympathies de tout le monde au milieu du-
« quel il a vécu, l'accompagnent; et le public, qu'il
« a si longtemps amusé sans jamais le tromper, sera
« toujours prêt à le soutenir, quand il voudra lui
« faire un nouvel appel. »

M. Barnum est le vrai type du Yankee. Quand les négociants et les manufacturiers, à Liverpool, à Manchester, et à Londres, se pressaient en foule à ses lectures sur l'art de gagner de l'argent, ils s'attendaient à l'entendre exposer quelques habiles combinaisons de charlatanisme, mais ils furent aussi étonnés qu'édifiés d'apprendre que le seul secret qu'il eût à leur indiquer consistait à être honnête et à ne jamais espérer de rien obtenir pour rien.

Ceux qui regardent M. Barnum comme un simple charlatan, ne le connaissent pas. Il serait on ne peut plus facile de démontrer que les qualités au moyen desquelles il a acquis la célébrité et la fortune qu'il possède l'auraient mené beaucoup plus loin, dans une autre direction. L'ampleur de ses vues, sa profonde connaissance des hommes, son courage dans les revers, et son admirable tact en affaires, prouvent surabondamment qu'il possède les dons qui conduisent au succès dans toutes les autres carrières. Beaucoup de gens qui emploient son nom comme une injure peuvent-ils en dire autant ?

INTRODUCTION.

Dans l'Autobiographie de P. T. Barnum, publiée en 1855, j'avais à peu près promis d'écrire un livre qui passerait en revue les principales Blagues de l'Univers. Sur l'invitation de quelques amis, je me suis décidé à écrire une série d'articles spéciaux sur ce sujet. Ce livre est la réunion de ces articles revus, corrigés, et remaniés dans un nouvel ordre. Si cet ouvrage qui n'a absolument rien de commun avec le premier, a le bonheur d'être accueilli favorablement par le public, je publierai plus tard un second volume; je ne crains pas d'être arrêté par le manque de matériaux.

J'ai voyagé jadis à travers les États du Sud avec un magicien. Le premier jour, dans chaque ville, il étonnait son public par sa surprenante habileté. Le lendemain, il annonçait une nouvelle séance, dans laquelle il démontrait les moyens qu'il avait employés pour exécuter ses tours, et comment chacun pouvait devenir magicien. Cet exposé enlevait tout prestige aux tours de passe-passe pour un certain nombre d'années sur la route qu'il parcourait. Si je parviens à dévoiler toutes les ruses et toutes les jongleries des charlatans du temps passé et du temps présent, en matière commerciale, religieuse, politique, financière, scientifique, etc., je puis espérer qu'une génération plus sage nous succédera. Je me tiendrai pour fort satisfait si, dans cette voie, j'arrive à obtenir un résultat quelconque.

P. T. Barnum.

LES BLAGUES DE L'UNIVERS.

I. — SOUVENIRS PERSONNELS.

CHAPITRE I.

Aperçu Général — La Blague Universelle — Religieuse — Politique — Commerciale — Scientifique — Médicale — Comment elle doit disparaître — La plus grande des Blagues.

Un peu de réflexion suffit pour démontrer que la blague est un phénomène d'une grande force d'expansion — et qu'en réalité elle se trouve presque partout. Cela est vrai, même en excluant de la signification de ce mot les crimes et les escroqueries insignes, conformément à l'explication que j'en donne au commencement du chapitre suivant.

Je crains bien qu'il n'y ait pas une seule des questions qui intéressent l'humanité dans l'ordre civil, moral, ou religieux, où la blague n'apparaisse pas souvent comme instrument. La religion est et a toujours été pour l'homme la première des questions. Eh bien! aujourd'hui encore, après dix-neuf siècles de Christianisme, les fausses religions sont seules connues des deux tiers de la race humaine, et les fausses religions sont peut-être les spécimens les plus monstrueusement compliqués et les plus parfaits de blague que l'on puisse trouver. Sous le manteau même du Christianisme, combien d'imposteurs et d'hypocrites de tout âge et de tout sexe se sont succédé sans interruption dans toutes les sectes, divisées sur des points de doctrine ou de discipline!

La politique et le gouvernement comptent certainement parmi les plus importants des intérêts pratiques de l'humanité. Eh bien! il a existé un diplomate — c'est-à-dire un des hommes chargés d'imprimer une direction aux affaires gouvernementales — qui a inventé cette phrase merveilleuse — renfermant, en une douzaine de mots, tout un monde de déceptions : « La parole nous a été donnée pour déguiser notre pensée. » Un autre diplomate a également dit : « Un ambassadeur est un personnage qu'on envoie *mentir* à l'étranger dans l'intérêt de son pays. » Ai-je besoin d'expliquer à mes bien-aimés compatriotes qu'il y a des blagues en politique? N'y a-t-il pas d'exagération dans les mérites que nous prêtons à nos candidats? Ne cherchons-nous pas à déprécier ceux du candidat opposé? Cesserons-nous de démontrer que le succès du parti qui nous est opposé est la ruine inévitable du pays?... En mettant de côté les deux élections du Général Washington, voilà dix-huit fois qu'un parti succombe dans les élections, et la ruine immédiate ne s'en est pas suivie, bien que ces terribles ennemis de la stabilité publique se soient emparés des postes officiels et qu'ils aient mis les mains dans les caisses du trésor.

Pour la généralité d'entre nous, les affaires sont le moyen de gagner sa vie. Et dans quel commerce n'existe-t-il pas de blagues? « Il y a des tromperies dans tous les commerces, excepté dans le nôtre, » répliquent vivement : le bottier, avec ses semelles de carton, l'épicier avec son sucre en poudre mêlé de farine et son café mélangé de chicorée, le boucher avec ses mystérieuses saucisses et son veau d'origine douteuse, le droguiste qui vend pour marchandises de premier choix des marchandises avariées par l'humidité et séchées à grand feu, et qui prétend qu'il les vend à des prix ruineux, le courtier qui affirme, avec une assurance que rien ne démonte, que votre compagnie est en faillite et que vos actions ne valent pas un centime (quand il veut les acheter), le maquignon avec ses procédés ténébreux et ses animaux qui ont des éparvins, le laitier et son broc plein d'eau dont il sait faire usage, le marchand de terrains avec ses cartes toutes neuves et ses belles descriptions d'un pays lointain, le directeur de journal avec son immense publicité, le libraire avec ses grands romans Américains, le commissaire-priseur avec ses peintures de vieux maîtres : chacun proteste de son innocence et vous met en garde contre les fourberies des autres. O gens naïfs et inexpérimentés, imbéciles, mes amis, tenez pour certain que tous vous disent la vérité les uns sur les autres! faites vos affaires en y apportant toute votre habileté et en ne comptant que sur votre propre jugement. Ne croyez pas avoir jamais assez d'expérience et avoir jamais assez payé pour l'acquérir. Quand arrivera le temps où vous n'aurez plus longtemps à avoir besoin des biens de cette terre, vous commencerez à apprendre comment il faut les acheter.

La littérature est la plus intéressante et la plus ingénieuse expression de l'esprit humain. Pourtant les lancements de livres sont vigoureusement assaisonnés de blague. Les histoires des voyageurs ont été un sujet de puffs dans tous les siècles, depuis le spirituel Lucien le Syrien de l'antiquité, jusqu'aux *gorillarités* — si je puis me servir de ce mot — de M. du Chaillu. Les fausses pièces de Shakespeare fabriquées par Ireland, les faux manuscrits de Chatterton, la Bible des Mormons de Joé Smith (remarquez en passant que cette Bible et le Coran font résonner à la fois deux cordes de la blague — la blague religieuse et la blague littéraire), la plus récente contrefaçon des œuvres du Grec Simonides, et tant d'autres puffs littéraires du même genre, égalent en invention et en imposture tous ceux qu'ont enfantés les affaires, quoique n'étant pas entachés de cette sorte d'impiété qui rend les grands puffs religieux aussi horribles qu'impudents.

La science est aussi un vaste champ ouvert aux efforts humains. La science est la poursuite de la vérité pure et sa conversion en systèmes. Dans une direction comme celle-là, on peut naturellement espérer trouver toutes choses faites en toute honnêteté et en toute sincérité. Il n'en est rien, mes ardents et curieux amis : il y a des blagues scientifiques aussi énormes que toutes les autres. Nous avons tous entendu parler du Canard de la Lune. Chacun de nous ne se rappelle-t-il pas l'horrible Serpent de l'Alabama ? Il y a quelque temps à peine a paru dans les journaux tout un nouveau système pour comprimer la glace. Le mouvement perpétuel a été le rêve de tous les visionnaires de la science, et mainte et mainte fois on en a exposé de prétendues mais trompeuses réalisations. J'entends dire qu'en ce moment même il vient d'être trouvé par un inventeur de Jersey. Moi-même j'ai acheté plusieurs mouvements perpétuels. On se rappellera sans nul doute, en Amérique, mais guère ailleurs où l'on n'en a jamais entendu parler, de Paine, l'Homme-Cible, comme on l'appelait à cause de son histoire qu'il existait des gens cherchant continuellement à le tuer, lui et son gaz d'eau : nous avons déjà eu bien d'autres gaz d'eau, qui tous devaient prouver leur puissance en mettant le feu à la rivière ; mais toujours une chose ou une autre s'est brisée juste au moment de l'expérience. Personne ne semble avoir fait cette réflexion, lorsque ces gaz d'eau sont mis sur le tapis, que si l'eau pouvait réellement devenir inflammable, les conditions requises pour arriver à ce résultat se seraient présentées dans l'un des milliers d'incendies qui se sont produits dans nos villes, et que l'élément employé par nos vigoureux pompiers aurait pris feu lui-même, et exterminé les gens qui en auraient été arrosés !

La médecine est le moyen par lequel nous autres, pauvres et faibles créatures, nous essayons de nous mettre en garde contre la mort et la souffrance. En une aussi douloureuse matière, il semblerait que les hommes ne devraient pas être assez insensés et les praticiens assez indignes pour jouer avec la vie des hommes, des femmes, et des enfants, dans leurs puffs scientifiques. Pourtant, combien de graves docteurs, s'il n'y avait là personne pour les entendre et s'ils se parlaient à eux-mêmes, reconnaîtraient que toute la pratique de la médecine n'est, dans un certain sens, qu'une véritable blague! Sous un certain point de vue, son emploi est si innocent et même si utile, qu'il semble difficile d'y opposer quelque objection. Dans la pratique, l'habitude existe de formuler une ordonnance, qui consiste à faire prendre au malade une pilule de mie de pain ou une certaine dose d'eau colorée pour tranquiliser son esprit et faire que l'imagination aide la nature dans l'accomplissement de la guérison. Quant aux inventeurs de spécifiques, de médecines brevetées, et de remèdes universels, il suffit de mentionner leurs noms. Le Prince Hohenlohe, Valentin Greatrakes, John St. John Long, le Docteur Graham et ses lits merveilleux, Mesmer et son baquet, Perkins et ses tracteurs métalliques — en voici une demi-douzaine. L'histoire moderne en fournit de semblables par centaines.

Il semblerait que les tromperies humaines deviennent plus déraisonnables et plus odieuses en proportion directe avec l'importance du sujet. Une machine, une histoire, un squelette d'animal ne sont pas choses bien importantes. Mais les blagues qui se sont produites au sujet de cette merveilleuse machine qu'on appelle le corps de l'homme, les incommodités auxquelles elle est sujette et leur guérison, les inexplicables mystères de la vie humaine, et les mystères bien plus graves et plus terribles encore de la vie au delà du tombeau, ses joies et ses douleurs, des blagues, en semblable matière, sont infiniment plus absurdes, plus irritantes, plus déraisonnables, plus inhumaines, et plus dangereuses.

Je n'entends faire allusion qu'à toutes les sciences, ou prétendues sciences, qui sont mêlées de blague du commencement à la fin, telles que l'Alchimie, la Magie, l'Astrologie, et surtout la Divination.

Mais il existe une blague plus complète que toutes ces spéculations et tous ces systèmes; le plus grand blagueur est celui qui croit ou qui prétend croire que dans tout et chez tous il n'y a que blague. Nous rencontrons parfois des gens qui proclament que la vertu n'existe pas ; que tous les hommes et toutes les femmes sont à vendre, que ce n'est qu'une question de prix ; que dans la déclaration d'un homme, quel qu'il soit, il y a autant de probabilité pour la vérité que pour le mensonge, qu'il ne s'agit que d'examiner, dans le cas particulier, si c'est le mensonge ou la vérité qui ont dû être le mieux payé. Pour eux la religion est la plus habile de toutes les jongleries, le voile le plus favorable, le déguisement le plus respectable sous lequel l'homme d'affaires puisse se cacher pour mentir et tromper. L'honneur n'est qu'un leurre ; l'honnêteté un vain mot qu'on fait miroiter aux yeux de ses semblables, comme une feuille de choux qu'on présente à un âne pour le faire marcher. Ce qu'il faut à l'homme, selon leur pensée, ou plutôt selon celle qu'ils expriment, c'est quelque chose de bon à manger et à boire, de beaux habits, le luxe, la paresse, et la fortune. Si vous pouvez vous figurer un pourceau sous l'enveloppe d'un homme, sensuel, gourmand, égoïste, cruel, astucieux, rusé, grossier, mais stupide, borné, déraisonnable, et incapable de rien comprendre en dehors de la satisfaction des besoins de la chair, vous avez votre homme. Il se croit philosophe, homme pratique, et homme du monde ; il se figure faire preuve d'intelligence, de sagesse, de pénétration, d'une profonde connaissance des hommes et des choses. Pauvre insensé ! il n'a fait que se faire voir à nu. Au lieu de démontrer la corruption des autres, il n'a fait qu'étaler la sienne à tous les yeux. Il prétend qu'il n'est pas sage de se fier aux autres : ce qu'il y a de parfaitement sûr, c'est qu'il ne faut pas s'en rapporter à lui. Il soutient que tout homme vous exploitera s'il en trouve la possibilité ; — laissez-le dire ! L'égoïsme, dit-il, est la souveraine loi, n'abandonnez rien à sa générosité ou à son honneur ! Il jure que le monde est méchant, plein de fourberies et d'ordures ; ce sont ses propres exhalaisons qu'il respire. Il n'y a qu'un cœur corrompu qui peut suggérer de telles pensées. Il ne voit que ce qui lui convient, comme le vautour ne voit qu'une charogne dans le plus beau paysage. Il diffame virtuellement son père, il proclame le déshonneur de sa mère, il souille les saintetés du foyer domestique, la gloire du patriotisme, l'honneur du négociant, la tombe des martyrs, et la couronne des saints; qui ne sait que tous les faux semblants ne font que prouver la réalité des nobles sentiments qu'on affecte et que l'hypocrisie est un hommage que le vice rend à la vertu? Je le déclare puffiste, non, cette qualification ne s'applique pas à lui; c'est un insensé.

Envisagée d'un certain point de vue, l'histoire de la blague est humiliante pour l'orgueil humain, et pourtant ces longues annales de la sottise sont moins absurdes dans les derniers âges de l'histoire et vont en diminuant à mesure que s'étend le vrai Christianisme. La religion développe le bon sens, la juste connaissance des choses, la résignation à ce que nous ne pouvons empêcher, et l'emploi exclusif des moyens intelligents pour accroître le bonheur et diminuer les chagrins de l'humanité. Et quand le temps viendra où les hommes seront bons, justes, et honnêtes, où ils ne voudront que ce qui est bien et droit, où ils ne se décideront que sur des preuves réelles et sincères et n'accepteront rien sans sérieuse vérification, alors il n'y aura plus place ici-bas pour la blague, qu'elle soit inoffensive ou dangereuse.

CHAPITRE II.

Définition du Mot « Humbug » — Warren de Londres — Génin le Chapelier — Le Cirage de Gosling.

EN méditant sérieusement sur mon entreprise de rendre compte des Blagues de l'Univers *(The Humbugs of the World)*, je me trouve moi-même quelque peu embarrassé sur la véritable définition du mot en lui-même. Webster dit : *Humbug*, pris comme substantif, signifie un mensonge dissimulé, et comme verbe, il est synonyme de tromper et d'abuser. Avec tout le respect dû au Docteur Webster, je ferai remarquer que ce n'est pas la seule, ni même la plus généralement acceptée des définitions qu'on donne de ce mot.

Supposons, par exemple, qu'un homme se présente avec de belles paroles dans un magasin pour obtenir à crédit une forte livraison de marchandises. Ses belles paroles tendent à établir qu'il est un homme moral et religieux, un membre de l'église, dans une belle position de fortune, etc., etc. On découvre qu'il ne possède pas un sou, que c'est un vil menteur, un imposteur, et un escroc ; il est arrêté et emprisonné pour avoir, par de fausses déclarations, obtenu la remise de partie de la fortune d'autrui ; il est puni pour son escroquerie. Le public ne dit pas que c'est un blagueur : il lui applique la qualification qu'il mérite, celle de filou.

Un individu ayant toutes les apparences d'un homme comme il faut, sous le rapport du costume et des manières, vous achète quelque chose, et sous de faux dehors capte votre confiance. Vous vous apercevez, quand il est parti, qu'il vous a payé avec un billet de banque faux ou avec une traite fausse. Cet homme est à juste titre appelé faussaire, et s'il est arrêté, il est condamné comme tel, mais personne ne pense à le qualifier de blagueur.

Deux acteurs paraissent comme étoiles sur deux théâtres rivaux. Leur talent est égal, leur influence sur le public est la même. L'un s'annonce simplement comme un tragédien, sous son véritable nom. L'autre se vante d'être prince et porte les décorations qui lui ont été offertes par tous les monarques du monde, y compris le roi des Iles des Cannibales : on le classe avec raison parmi les blagueurs, tandis que cette qualification n'est jamais appliquée au premier. Mais si l'homme qui se vante d'avoir obtenu un titre à l'étranger est un misérable acteur, sans aucun mérite, ou s'il prétend consacrer le fruit de ses efforts tragiques à quelque œuvre charitable, sans que le fait soit exact, alors c'est un blagueur dans le sens que Webster prête au mot *Humbug*, car c'est un imposteur sous de faux dehors.

Deux médecins demeurent dans un quartier à la mode. Tous deux ont étudié dans les meilleures écoles de médecine, tous deux ont passé leurs examens et reçu leur diplôme avec le droit de prendre la qualité de docteurs-médecins. Ils sont également habiles dans l'art de guérir. L'un parcourt tranquillement la ville dans son cabriolet ou dans son coupé, visitant ses malades sans bruit et sans clameur. L'autre ne sort qu'en voiture à quatre chevaux, précédé par une musique, et sa voiture et ses chevaux sont couverts d'affiches à la main et de placards annonçant ses cures merveilleuses. Cet homme est justement qualifié de charlatan et de blagueur. Pourquoi? Ce n'est pas parce qu'il vole ou qu'il trompe le public, puisqu'il n'en est rien, mais parce que l'on entend généralement par blagueur celui qui a recours à des moyens excentriques, à une mise en scène extérieure, à des expédients nouveaux pour arrêter l'attention publique, attirer les yeux, et réunir autour de lui un cercle d'auditeurs.

Les prêtres, les hommes de lois, les médecins, qui voudraient avoir recours à de pareilles méthodes pour attirer l'attention publique, ne parviendraient pas à réussir pour des raisons trop simples pour qu'il y ait besoin d'y insister. Les banquiers, les agents d'assurance, et tous ceux qui aspirent à devenir les dépositaires des capitaux de leurs compatriotes, ont d'autres moyens de s'adresser au public; mais il y a un grand nombre de commerces et de professions qui n'ont besoin que de notoriété pour prospérer, toujours à la condition que les pratiques une fois attirées en auront pour leur argent. Un honnête homme qui attire ainsi l'attention publique pourra bien être traité de charlatan, mais ce n'est ni un escroc ni un imposteur. Si pourtant, après avoir attiré la foule des chalands par des moyens semblables, un homme est assez fou pour ne pas leur donner une valeur égale à leur argent, il ne parviendra pas à les attrapper une seconde fois, et ils le traiteront de filou, de voleur, et d'imposteur; mais l'idée de l'appeler charlatan ne leur viendra pas à l'esprit. Il échoue non pas pour avoir annoncé sa marchandise par des moyens exagérés, mais parce que, après avoir attiré la pratique, il l'a stupidement et misérablement volée.

Lorsque le grand marchand de cirage de Londres envoya un agent en Egypte pour écrire en grosses lettres sur les pyramides de Ghiza : « Achetez le Cirage de Warren, 30, Strand, à Londres, » il ne trompait pas les voyageurs qui vont visiter le Nil. Son cirage était réellement d'une qualité supérieure et valait bien le prix auquel il était coté; mais il lançait dans le monde une gigantesque réclame pour attirer l'attention du public. Il arriva, comme il l'avait prévu, que les voyageurs Anglais qui parcoururent cette partie de l'Égypte s'indignèrent de ce sacrilège et écrivirent au *Times* de Londres (tous les Anglais écrivent ou menacent d'écrire au *Times* quand quelque chose ne va pas à leur fantaisie) pour dénoncer le Goth, le Visigoth, l'Ostrogoth, qui avait ainsi défiguré les antiques pyramides en écrivant dessus : « Achetez le Cirage de Warren, 30, Strand, à Londres. » Le *Times* publia ces lettres et les fit suivre de quelques-unes de ces grandes et terribles tartines qu'il a coutume de fulminer et dans lesquelles le marchand de cirage Warren, du Strand, fut stigmatisé comme un homme n'ayant aucun respect pour les grands patriarches, et où l'on donnait à entendre qu'il n'hésiterait probablement pas à aller vendre son cirage sur le sarcophage de Pharaon ou de tout autre momie, s'il devait y gagner de l'argent. En somme, et pour tout dire, Warren fut dénoncé comme un blagueur. Ces articles, brûlants d'indignation, furent reproduits par tous les journaux de province, et bientôt, de cette manière, toutes les colonnes des journaux de la Grande-Bretagne furent pleines de cette annonce : « Achetez le Cirage de Warren, 30, Strand, à Londres. » La curiosité publique fut éveillée, et l'on essaya le fameux cirage : il fut trouvé d'une qualité supérieure ; ceux qui avaient tenté l'essai continuèrent à s'en servir, le recommandèrent à leurs amis, et la fortune de Warren fut faite. Il a toujours attribué ses succès uniquement à l'idée qu'il avait eue de faire de la réclame pour son cirage sur les pyramides d'Égypte. Mais Warren n'a pas volé ses pratiques, il ne s'est livré à aucune manœuvre frauduleuse pour tromper le public. Il a été charlatan ; mais c'était un homme honnête et droit, et personne ne l'a qualifié d'imposteur ou de voleur.

Lorsque les billets du premier concert public, donné par Jenny Lind en Amérique, furent vendus aux enchères, plusieurs négociants, aspirant à la célébrité, firent monter très-haut le premier billet, qui fut en définitive adjugé à Génin, le chapelier, à 225 dollars. Les journaux de Portland (Maine) et de Houston (Texas), et tous les autres journaux des Etats Unis qui se trouvent entre ces deux villes et qui sont en communication avec le télégraphe, annoncèrent le fait le lendemain matin dans leurs colonnes. Probablement deux millions de lecteurs lurent cette annonce et se demandèrent : — « Qu'est-ce que c'est que Génin le chapelier ? » Génin devint fameux en un jour. Involontairement chacun examinait son chapeau pour voir s'il était fait par Génin, et un journaliste déclara qu'un de ses amis avait découvert le nom de Génin dans la coiffe d'un vieux chapeau et qu'il avait annoncé le fait à ses voisins assemblés devant la porte. Quelqu'un suggéra l'idée de vendre le chapeau aux enchères. Cette idée fut mise à exécution, et le chapeau de Génin fut adjugé à 14 dollars. Tous les gens comme il faut, de la ville et de la campagne, se ruèrent dans le magasin de Génin pour acheter des chapeaux, quelques-uns même offrirent de payer un dollar de plus, pourvu qu'on leur permit d'apercevoir Génin lui-même. Cette singulière fantaisie mit un millier de dollars dans la poche de Génin, et jamais je n'ai entendu dire qu'il ait livré de mauvais chapeaux ou qu'il ait trompé personne. Au contraire, c'est un commerçant plein de probité et de première honorabilité.

Lorsque la pose du Télégraphe Atlantique fut à peu près terminée, j'étais à Liverpool. J'offris à la compagnie de payer mille livres sterling le privilége d'envoyer la première dépêche de vingt mots à mon Musée de New York. Ces mots n'avaient certainement pas une valeur intrinsèque en rapport avec le prix que j'offrais, mais la célébrité qui devait s'y attacher me semblait valoir cette somme. La Reine Victoria et le Président Buchanan eurent le pas sur moi ; leurs messages obtinrent la préférence, et je fus forcé de ne passer qu'à leur suite.

Par les exemples que j'ai cités, je crois avoir suffisamment précisé le sens dans lequel le mot *Humbug (Blague)* est généralement compris aussi bien en Amérique qu'en Angleterre ; mais je n'entends pas me circonscrire sur ce sujet aux matières rentrant étroitement dans la définition que j'en ai donnée. Au contraire, mon intention est de traiter toutes les faussetés, toutes les tromperies des temps anciens et modernes qui, selon la définition de Webster, peuvent être qualifiées de blagues, en tant que mensonges dissimulés sous de fausses apparences.

En parlant des blagues des temps modernes, j'aurai quelquefois occasion de citer les noms de personnes honnêtes et respectables qui sont encore vivantes, et je tiens, et ce n'est que justice, à ce que le public comprenne bien ma doctrine, qui consiste à soutenir qu'un homme peut être, dans le sens usuel du mot, qualifié de charlatan, de puffiste, de blagueur, sans que son honorabilité puisse en aucune façon en être atteinte.

Les fabricants de cirage me rappellent que le premier homme faisant sensation par sa manière de s'annoncer au public que je me souviens avoir vu était un M. Léonard Gosling, connu sous le nom de Gosling, le grand fabricant de cirage Français. Il apparut à New York en 1830. Il brilla comme un météore à l'horizon, et, avant d'avoir passé trois mois dans la ville, tout le monde connaissait le cirage de Gosling. Je me souviens parfaitement de sa magnifique calèche à quatre chevaux, un splendide attelage de chevaux bais pur sang, avec de longues queues noires, conduits avec une telle dextérité par Gosling lui-même, qui était un habile cocher, qu'ils semblaient voler. La voiture portait sur les portières, en forme de blason, ces mots tracés en lettres d'or : CIRAGE GOSLING, et elle était si surchargée d'ornements que chacun s'arrêtait pour la regarder avec admiration. Un joueur de cor de chasse, ou des musiciens soufflant dans des instruments à vent, accompagnaient toujours Gosling, et naturellement contribuaient à attirer l'attention publique sur son établissement. A toutes les montres des marchands brillaient des placards qui s'étendaient avec éloquence sur les mérites du Cirage Gosling. Les journaux étaient pleins de poëmes composés en son honneur, et des averses d'affiches coloriées, d'almanachs illustrés, chantant les louanges du Cirage Gosling, venaient vous assaillir de tous côtés.

Le célèbre créateur des improvisations dramatiques, Jim Crow Rice, fit sa première apparition au Théâtre de Bowery vers cette époque. La foule qui s'y pressait était si considérable que des centaines de spectateurs étaient quelquefois admis à monter sur le théâtre. Dans une de ses scènes, Rice introduisit l'établissement d'un décrotteur nègre. Gosling avait l'esprit trop éveillé pour laisser passer l'occasion sans en tirer parti, et Rice fut payé pour chanter une chanson originale sur le Cirage Gosling, ayant autour de lui une vingtaine d'affiches portant cette inscription : « Employez le Cirage Gosling, » et suspendues de tous côtés dans la boutique du décrotteur. Chacun essaya le Cirage Gosling, et, comme il était réellement de bonne qualité, la vente pour la ville et les campagnes fut immense; Gosling fit sa fortune en sept ans et se retira; mais, comme cela est arrivé à des milliers de gens avant lui, cette fortune venue facilement s'en alla de même. Il s'était lancé dans une spéculation de mines de plomb, et l'on apprit que sa fortune s'était perdue aussi vite qu'elle s'était faite.

Qu'on me permette ici une digression pour faire remarquer que la chose la plus difficile dans la vie est de savoir jouir avec discernement d'une fortune subitement acquise. A moins d'avoir mis un long temps, laborieusement employé, à gagner de l'argent, cet argent n'est pas apprécié par son possesseur, qui, n'ayant aucune connaissance pratique de sa valeur, s'en débarrasse avec la facilité qui a marqué son accumulation entre ses mains. M. Astor nous résume l'expérience de milliers de personnes, quand il dit qu'il a éprouvé plus de difficulté à gagner et à économiser ses premiers mille dollars que tous les millions qu'il a acquis depuis et qui composent sa fortune. L'économie, la persévérance, et la régularité de conduite qu'il fut obligé de s'imposer pendant qu'il gagnait son argent dollar à dollar, lui ont donné la juste appréciation de sa valeur et l'ont amené à ces habitudes d'industrie, de prudence, de tempérance, et d'infatigable activité, qui ont eu une influence si importante sur ses succès.

Néanmoins Gosling n'était pas homme à se laisser abattre par un seul revers de fortune. Il ouvrit à Canajoharie, dans l'État de New York, un magasin qui fut brûlé et qui n'était pas assuré. Il revint à New York en 1839, et il y établit un restaurant où, en consacrant à son commerce ses soins assidus et ceux de quelques membres de sa famille, il reconquit bientôt son ancienne prospérité, n'ayant plus qu'à se réjouir en se frottant les mains, de ce que les personnes irréfléchies appellent les caprices de Dame Fortune. Il habite toujours New York, et il est vigoureux et bien portant à l'âge de soixante-dix ans. Bien qu'il se soit fait connaître sous la qualification de fabricant de cirage Français, Gosling est en réalité Hollandais : il est né à Amsterdam. Il est père de vingt-quatre enfants, dont douze sont encore vivants pour charmer sa vieillesse et le récompenser par leurs reconnaissantes attentions des inestimables leçons de prudence, d'intégrité, et d'industrie, qu'ils ont reçues de lui et auxquelles ils doivent, pour s'y être conformés, d'être honorés comme de dignes et respectables membres de la société.

Je ne puis cependant clore ce chapitre sans protester, en principe, contre la méthode de Waren, qui s'est servi des Pyramides comme moyen de réclame. Non pas que ce soit un crime ou même une immoralité dans le sens usuel du mot, mais c'est une offense réelle faite au bon goût, un trouble égoïste et inexcusable apporté aux plaisirs des autres. Nul ne doit placer ses annonces au milieu d'un paysage ou d'un point de vue de manière à en détruire ou à en altérer la beauté, en y introduisant des éléments déplacés et comparativement vulgaires. Cette manière d'opérer n'a été que trop souvent mise en pratique dans notre pays. Le principe en vertu duquel ces choses sont faites est celui-ci : — chercher l'endroit le plus capable d'attirer l'attention par sa nature sauvage ou gracieuse, et là, placer sa réclame de médecine empirique ou de rhum, autant que possible en lettres monstrueuses, peintes des couleurs les plus voyantes, au point le plus saillant, et dans des conditions de durée telles que la beauté du paysage en soit détruite complétement et d'une façon permanente.

Tout homme ayant une femme ou une fille d'une grande beauté serait fort désagréablement affecté s'il trouvait gravé d'une façon indélébile sur son beau front ou sur son épaule blanche comme la neige, en lettres bleues ou rouges, une phrase comme celle-ci : « Essayez l'Elixir de Jigamaree ? » Le mode de réclame dont je parle est en tout semblable. Il n'est pas probable qu'on me suppose trop délicat en pareille matière, néanmoins je puis encore très-bien voir ce qu'il y a d'égoïste et de vulgaire dans ce mode de publicité.

Il est outrageusement égoïste de détruire les plaisirs de milliers de personnes pour ajouter quelque chose à ses chances de gain ; et il est atrocement vulgaire d'étaler les noms des remèdes empiriques et des grossiers stimulants des ivrognes au milieu des grandioses beautés de la nature. Le plaisir que donne la vue d'un beau site tient à ce que sa contemplation nous affranchit de la préoccupation de nos affaires et de nos inquiétudes de chaque jour. Une belle vue prise dans une forêt, dans des montagnes, tire, comme la plus belle femme, son principal charme de l'élévation qu'elle communique à nos sentiments en les dégageant de toute idée basse et vulgaire pour nous amener à la conception de la pureté dans l'idéal. Il est aussi répugnant de voir un beau paysage souillé par les annonces d'une nouvelle boisson ou d'un sirop pharmaceutique, que de trouver cette réclame inscrite sur le front d'une femme.

Au moment où j'écris ces lignes, je remarque que deux législatures — celle du New Hampshire et celle de New York — ont édicté des lois contre cette odieuse pratique. Cela leur fait honneur et à juste titre, car il y a tout lieu de s'étonner, tout en s'en félicitant, que quelque industriel vulgaire plus audacieux que ses devanciers n'ait pas encore élevé sur les Palissades une enseigne colossale ayant un mille de longueur ; aux Montagnes Blanches, plus d'un beau site a été gâté par ces indignes charlatans.

Il est à remarquer que la principale promenade de New York, le Parc Central, a jusqu'à présent échappé à toute souillure de ce genre. Sans posséder le moindre renseignement particulier à ce sujet, je ne fais pas un doute que les édiles ont dû recevoir la visite de bien des individus désireux d'obtenir le privilège de faire apposer leur réclames dans son enceinte. Dans le monde des faiseurs d'annonces, on a dû considérer comme d'un immense intérêt le droit de couvrir avec l'annonce d'une poudre pour la destruction des punaises ou des mouches, d'un purgatif ou d'un rhum falsifié, les grandes murailles du Réservoir, les délicates sculptures de la Terrasse, ou les gracieuses arcades du pont de Bow ; de clouer une affiche sur chaque arbre, en face de chaque banc, d'assembler une armée de crieurs et de distributeurs d'imprimés pour glisser des prospectus dans la main de tous ceux qui se présentent aux grilles, de peindre de vulgaires enseignes sur chaque rocher, et de découper, dans le vert gazon de la pelouse, des réclames de charlatan. Je suis certain que ce n'est que la ferme décision et le bon goût des édiles qui ont sauvé cette dernière retraite de la nature, au milieu de notre populeuse cité, de l'envahissement des affiches et des réclames sur les arbres, les gazons, les ponts, les arcades, et les murailles.

CHAPITRE III.

Mangin, le Charlatan Français.

L'un des plus originaux, des plus singuliers, et des plus heureux charlatans de notre époque a été Mangin, le célèbre marchand de crayons de Paris. Qui a visité la capitale de la France dans les dix ou douze dernières années, n'a pas manqué de le voir, et, lorsqu'on l'a vu une fois, on ne peut l'oublier. Lorsqu'il circulait dans les rues, il n'y avait rien dans son apparence extérieure qui fût de nature à le faire remarquer. Il conduisait un attelage de deux chevaux bais, traînant un phaéton à deux siéges ; le siége de derrière était toujours occupé par son domestique. Quelquefois il s'arrêtait au commencement des Champs Élysées, d'autres fois près de la colonne de la Place Vendôme, mais ordinairement on le voyait dans l'après-midi sur la Place de la Bastille ou de la Madeleine. Le Dimanche, sa station favorite était sur la Place de la Bourse. Mangin était un homme bien pris, d'apparence vigoureuse, avec un air de contentement de lui-même qui semblait dire : « Je suis le maître ici, et tous mes auditeurs n'ont autre chose à faire qu'à m'écouter et à m'obéir. » Quand il arrivait à l'endroit qu'il avait choisi pour s'y établir, sa voiture s'arrêtait. Son domestique lui passait une boîte de laquelle il tirait plusieurs grands portraits de lui, qu'il accrochait bien en vue aux deux côtés de sa voiture. Devant lui il plaçait une sébile remplie de médailles portant d'un côté son effigie, et de l'autre la description de ses crayons. Puis il procédait tranquillement à son changement de costume. Son chapeau rond était remplacé par un casque d'acier bruni, surmonté de grandes plumes de couleurs variées et brillantes. Son pardessus était jeté de côté, et il revêtait à la place une riche tunique de velours à franges d'or. Il fourrait ses mains dans de superbes gantelets d'acier, se couvrait la poitrine d'une cuirasse étincelante, et plaçait à son côté une épée richement montée. Son domestique avait les yeux sur lui, et, sur un signe de son maître, il endossait son costume officiel qui consistait en une tunique de velours et un casque. Le domestique alors tournait la manivelle de l'orgue de Barbarie, qui faisait toujours partie du bagage de Mangin dans ses sorties, et l'aspect grotesque de ces deux hommes, joint à leur musique, ne tardait pas à assembler la foule autour d'eux.

Le grand charlatan se tenait debout. Ses manières étaient calmes, dignes, imposantes, on pourrait presque dire solennelles, car son visage était aussi sérieux que celui d'un maître de cérémonies présidant à des funérailles. Son œil vif et intelligent scrutait la foule qui se pressait autour de sa voiture, jusqu'au moment où son regard semblait s'arrêter sur quelque individu en particulier dont la vue le faisait tressaillir. Alors, avec une expression de physionomie sombre et farouche, comme s'il se trouvait en face d'un objet répulsif, il abaissait brusquement la visière de son casque et il dérobait ainsi son visage aux regards de la foule anxieuse. Ce manége de coquetterie produisait l'effet qu'il en espérait, en excitant l'intérêt du public qui attendait avec impatience qu'il prît la parole. Quand il avait prolongé ce jeu aussi longtemps que son auditoire lui paraissait pouvoir le supporter, il levait la main, et son domestique, comprenant son signe, arrêtait son orgue. Mangin alors faisait résonner une petite sonnette, avançait d'un pas sur le devant de sa voiture, toussait légèrement comme une personne qui va parler, ouvrait la bouche, puis, tout à coup tressaillant avec un sentiment de frayeur plus accusé, donnant à sa physionomie une expression plus sombre encore, il se rasseyait comme s'il eût été tout à fait incapable de supporter la vue d'un objet désagréable sur lequel ses yeux restaient fixés. Jusque-là il n'avait pas encore dit un mot. Enfin le prélude se terminait et la comédie commençait. Après s'être avancé sur le devant de sa voiture d'où ses auditeurs pouvaient saisir chacune de ses paroles, il s'écriait : —

« Messieurs, vous semblez étonnés!... Vous vous demandez à vous-mêmes quel est ce moderne Don Quichotte?... que signifient ce costume des siècles passés, ce char doré, ces chevaux richement caparaçonnés?... quel est le nom et le but de ce curieux chevalier errant?... Messieurs, je veux bien condescendre à satisfaire votre curiosité. Je suis Mangin, le plus grand charlatan de France! Oui, messieurs, je suis un charlatan, un banquiste;... c'est ma profession... je l'exerce non par goût, mais par nécessité. Vous ne reconnaîtriez pas le mérite sincère, modeste, et honnête, mais vous êtes attirés par mon casque brillant, par son cimier surmonté de plumes ondoyantes. Vous êtes captivés par l'éclat du clinquant, et c'est là qu'est ma force. Il y a plusieurs années, j'avais loué une modeste boutique dans la Rue de Rivoli, mais je ne vendais pas assez de crayons pour payer mon loyer. Depuis que j'ai pris ce déguisement, c'est tout autre chose, j'ai attiré l'attention générale et je vends littéralement des millions de mes crayons. Je puis vous assurer qu'il n'y a peut-être pas en ce moment, en France ou dans la Grande-Bretagne, un artiste qui ne sache que les crayons de mine de plomb que je fabrique sont de beaucoup supérieurs à tous ceux qu'on a vus. »

Et son assertion était vraie, ses crayons étaient reconnus partout comme supérieurs à tous les autres.

Tout en s'adressant ainsi à son auditoire, il prenait une feuille de papier blanc, et avec un de ses crayons il avait l'air de dessiner le portrait d'une des personnes qui se trouvaient près de lui, puis, montrant ce portrait à la foule, il se trouvait que c'était une tête d'âne, ce qui naturellement produisait une explosion de rires.

« Ne voyez-vous pas combien ces crayons sont merveilleux ? Avez-vous jamais vu de ressemblance plus frappante ? »

Un franc éclat de rire ne manquait pas d'accueillir ses paroles, et alors il s'écriait : —

« Maintenant, qui veut avoir le premier crayon... ce n'est que cinq sous. »

Un acheteur se présentait, puis un autre, ils étaient suivis d'un troisième, d'un quatrième ; il accompagnait la remise de chaque crayon d'un feu nourri de saillies qui tenaient son public en bonne humeur, et souvent il lui arrivait de vendre de cent à cinq cents crayons sans un moment d'interruption. Alors il allait se rasseoir dans sa voiture pendant quelques minutes, et essuyait la sueur qui lui couvrait le visage, pendant que son domestique exécutait sur l'orgue un nouveau morceau. Cela donnait le temps à ceux qui avaient fait leurs achats de se retirer, pour faire place au nouveau cercle qui profitait de l'occasion pour se reformer. Alors il recommençait ses ventes, qui se continuaient ainsi pendant des heures. A ceux qui pouvaient être disposés à garder un souvenir du grand puffiste, il offrait six crayons, une médaille, et une de ses photographies pour un franc. Après avoir pris un moment de repos, il recommençait un nouveau boniment.

« Quand j'étais modestement vêtu comme ceux qui m'écoutent, je mourais presque de faim. Polichinelle attire la foule avec ses sornettes, mais mes bons crayons n'attiraient personne. J'ai imité Polichinelle et ses sornettes, et maintenant j'ai deux cents dépôts dans Paris. Je dîne dans les meilleurs restaurants, je bois de bon vin, je me nourris des meilleurs morceaux en toutes choses, tandis que mes détracteurs restent pauvres et malheureux comme ils méritent de l'être. Mais qui sont mes détracteurs ? Des envieux sans probité !... des gens qui cherchent à m'imiter, mais qui sont trop stupides et trop malhonnêtes pour réussir. Ils essayent d'attirer l'attention comme banquistes, et ils fourrent au public des marchandises de rebut, sans la moindre valeur, et ils espèrent réussir. Ah ! mes détracteurs, vous êtes aussi sots que vous êtes fripons ; sots de penser qu'aucun homme puisse réussir en ayant pour système de voler le public, et fripons de désirer recevoir l'argent du public sans lui en fournir l'équivalent. Je suis un honnête homme, — je n'ai pas de mauvaises habitudes ; — et, je le déclare, s'il existe quelque marchand, quelque inventeur, quelque fabricant, ou quelque philanthrope qui puisse me montrer de meilleurs crayons que les miens, je lui donne mille francs. Non, non, pas à lui, car j'ai horreur des paris, mais aux pauvres du vingt et unième arrondissement de Paris, dans lequel j'habite. »

Les harangues de Mangin étaient toujours accompagnées d'intonations de voix, de jeux de physionomie, et de gestes d'une originalité si particulière qu'il semblait toujours animer et captiver son auditoire.

Il y a environ sept ans, je le rencontrai dans un des principaux restaurants du Palais-Royal ; un ami commun nous présenta l'un à l'autre.

« Ah ! Monsieur Barnum, je suis enchanté de vous

voir. J'ai lu votre livre avec un plaisir infini, quand il a été publié ici. Je vois que vous avez une saine appréciation des choses. Votre devise est bonne : « Je m'étudie à plaire ». J'aurais beaucoup désiré visiter l'Amérique, mais je ne parle pas Anglais, aussi je reste dans ma chère et belle France. »

Je lui appris que je l'avais souvent vu en public et que j'avais acheté de ses crayons.

« Ah ! ah ! vous n'avez jamais trouvé de meilleurs crayons, n'est-ce pas ? Vous pensez bien que je ne pourrais pas soutenir ma réputation si je vendais de mauvais crayons. Mais, sacrebleu ! mes soi-disant imitateurs ne connaissent pas notre grand secret. D'abord attirer le public par du clinquant, des fusées volantes, et des feux de Bengale, et puis, autant que possible, qu'il en ait pour son argent. »

« Vous êtes très-heureux, dans votre manière d'attirer le public. Votre costume est élégant, votre voiture superbe, et votre domestique et son orgue sont à peindre. »

« Je vous remercie de votre compliment, Monsieur Barnum, mais je n'ai pas oublié votre chasse au buffle, votre sirène, et votre cheval couvert de laine. C'était un parfait équivalent de mon casque, de mon épée, de mes gantelets, et de ma brillante cuirasse. Tous deux nous avions en vue de faire de la réclame, et cela répondait à notre but. »

Après avoir conversé dans ce sens, nous nous séparâmes, et ses derniers mots furent : —

« Monsieur Barnum, j'ai dans la tête une grande réclame que je mettrai en pratique dans l'année et qui doublera la vente de mes crayons. Ne me demandez pas ce que c'est, mais dans un an vous en aurez connaissance, et vous vous convaincrez que Mangin a quelque habitude de l'humaine nature. Mon idée est magnifique, mais c'est un grand secret. »

Je confesse que ma curiosité était excitée et que j'espérais que Mangin me donnerait un nouveau tour à mettre dans mon sac ; mais le pauvre garçon ! environ quatre mois après l'époque à laquelle j'avais pris congé de lui, je lus dans les journaux l'annonce de sa mort. On ajoutait qu'il avait laissé deux cent mille francs qu'il avait légués par testament pour être employés en œuvres de charité. Cette annonce fut reproduite par presque tous les journaux du Continent et de la Grande-Bretagne, car presque tout le monde avait vu ou entendu parler de l'excentrique marchand de crayons.

Sa mort fit pousser plus d'un sincère soupir et son absence semblait jeter comme un voile de tristesse sur les places où il avait coutume de s'arrêter. Les Parisiens l'aimaient véritablement et ils étaient fiers de son habileté.

On entendait dire : « Mangin était un habile homme. Il était intelligent et doué d'une parfaite connaissance du monde. C'était un homme distingué, un homme d'intelligence, extrêmement agréable et spirituel. Ses mœurs étaient bonnes, il était charitable. Jamais il n'a trompé personne. Il vendait toujours de bonne marchandise, et ceux qui lui achetaient des crayons n'avaient pas lieu de s'en plaindre. »

J'avoue que j'étais quelque peu chagriné que Mangin eût été enlevé aussi subitement et sans me confier le grand secret à l'aide duquel il devait doubler la vente de ses crayons. Mais mes regrets à ce sujet ne furent pas de longue durée, car six mois après que Mangin était, comme on dit, descendu au tombeau, jugez de l'étonnement, de la joie de tout Paris, quand il fit sa réapparition dans la Capitale, exactement dans son même costume, monté dans la même voiture, et accompagné du même domestique avec l'orgue qui lui avait toujours servi. On apprit alors que Mangin avait vécu dans la retraite la plus absolue pendant la moitié d'une année et que l'annonce de sa mort, qui avait eu une si grande publicité, avait été faite par lui-même, comme moyen de réclame, pour accroître encore sa célébrité, et donner au public un sujet de conversation. Je rencontrai Mangin à Paris peu de temps après cet événement.

« Eh bien ! Monsieur Barnum, » s'écria-t-il, « ne vous avais-je pas dit que j'avais une nouvelle réclame qui devait doubler la vente de mes crayons. Je vous assure que mes ventes ont plus que quadruplé, et qu'il est quelquefois impossible de fabriquer assez vite pour répondre aux demandes. Vous autres, Yankees, vous êtes habiles, mais pas un de vous n'a découvert qu'il n'en vivrait que mieux s'il consentait à être mort pendant six mois. Il était réservé à Mangin de vous l'apprendre. »

L'air protecteur avec lequel il débita ce discours, en me frappant sur l'épaule avec familiarité, me le fit voir dans son véritable caractère. Quoique doué d'un naturel bon et sociable jusqu'à un certain degré, c'était en réalité l'homme le plus infatué de lui-même que j'aie jamais rencontré.

Mangin est mort l'année dernière, et l'on a dit que ses héritiers avaient recueilli plus d'un demi-million de francs, produit de son mode excentrique de travail.

CHAPITRE IV.

L'Homme aux Ours.

JAMES C. ADAMS, ou l'Homme aux Ours, comme on l'appelait généralement à cause de la quantité considérable d'ours gris qu'il avait capturés et des affreux périls auxquels l'avait exposé son audace sans pareille, était un personnage extraordinaire. Durant les nombreuses années pendant lesquelles il avait vécu de la vie des chasseurs et des trappeurs, dans les Montagnes Rocheuses et dans la Sierra Nevada, il avait acquis une insouciance qui, jointe à son courage naturel, véritablement indomptable, faisait de lui un des hommes les plus remarquables de notre temps. C'était ce qu'on appelle un homme bien trempé. En 1860, il arriva du Pacifique à New

York, avec sa fameuse collection d'animaux de la Californie pris par lui-même, et composée de vingt ou trente grands ours gris, à la tête desquels se plaçait le *Vieux Sampson* — actuellement au Musée Américain — de loups, d'une demi-douzaine d'ours d'autres espèces, de lions de la Californie, de tigres, de buffles, d'élans, etc, et du *Vieux Neptune*, grand lion de mer.

Le Vieil Adams avait apprivoisé tous ces monstres dont les plus féroces n'auraient pas hésité à attaquer un étranger s'il s'était trouvé à leur portée, de manière à les rendre pour lui aussi dociles que des petits chats. Apprivoiser de tels animaux n'était pas une plaisanterie, comme Adams l'avait appris à ses dépens, et plus d'une fois pendant qu'il leur apprenait la docilité, il avait reçu des blessures terribles qui, en fin de compte, devaient lui coûter la vie.

Quand Adams et ses autres bêtes féroces (car il était presque aussi farouche que ses élèves) arriva à New York, il se présenta immédiatement au Musée. Il était vêtu de son costume de chasseur, taillé dans la peau de petits animaux des Montagnes Rocheuses, dont les queues avaient été conservées et pendaient de tous les côtés; sa coiffure se composait de la peau de la tête et des épaules d'un loup, d'où pendaient plusieurs queues du même animal. Sous cette étrange coiffure paraissaient ses cheveux gris en désordre et sa grande barbe d'un gris blanc qui rappelait le pelage de l'ours. En somme, Adams était tout aussi curieux à montrer que ses ours. Il avait doublé le Cap Horn sur le clipper *Golden Fleece*, et un voyage par mer de trois mois et demi n'avait probablement rien ajouté à la beauté et à l'apparence de propreté du vieux chasseur d'ours.

Pendant notre conversation, Adams retira son bonnet et me montra le sommet de sa tête. Son crâne était littéralement fracassé. Il avait dans maintes occasions reçu d'effroyables coups de pattes de ses élèves les ours gris, et le dernier coup qu'il

2.

avait reçu de l'ours qu'il appelait le *Général Frémont* lui avait littéralement ouvert le crâne et mis la cervelle à nu. Il remarqua que je considérais cette blessure comme dangereuse et pouvant devenir fatale.

« Oui, » dit Adams, « elle m'emportera. Elle était presque cicatrisée, mais le *Vieux Frémont* me l'a rouverte trois ou quatre fois avant mon départ de la Californie, et il a si bien travaillé que je suis un homme fini. Néanmoins je calcule que je peux vivre encore six mois ou un an. »

Cela fut dit aussi froidement que s'il se fût agi de la vie d'un chien.

La raison déterminante qui avait amené chez moi le Vieil Adams était celle-ci : j'avais acheté une demi-part d'intérêt, dans sa ménagerie de la Californie, d'un homme qui était arrivé à New York par la voie de l'Itshme en venant de San Francisco et qui prétendait avoir un droit égal à celui d'Adams dans l'exhibition de ses bêtes. Adams soutenait que cet homme n'avait fait que lui avancer quelque argent, et qu'il n'avait pas le droit de vendre la moitié des bénéfices. Néanmoins l'homme était porteur d'un acte de vente de la moitié de la ménagerie de la Californie, et finalement le Vieil Adams consentit à m'accepter pour associé à part égale dans sa spéculation, en disant qu'il pensait que je pourrais me charger de l'administration pendant que lui ferait voir les animaux. Je me procurai une tente de toile, et lorsqu'elle fut dressée sur l'emplacement actuel du Théâtre Wallack, Adams ouvrit sa nouvelle ménagerie de la Californie. Le jour de l'ouverture, dans la matinée, une bande de musiciens se mit en marche en tête des cages renfermant les animaux et remonta Broadway jusqu'à Bowery. Le Vieil Adams, revêtu de son costume de chasseur, les précédait sur un chariot à plate-forme, sur lequel étaient placés trois ours gris gigantesques, dont deux étaient tenus à la chaîne par lui et dont le troisième, le plus énorme de tous, et sur le dos duquel il était monté, occupait le centre, libre de toute espèce de liens. C'était l'ours connu sous le nom du *Général Frémont*, qui était devenu si docile que le Vieil Adams avait coutume de l'employer à porter ses bagages, sa cantine, et son attirail de chasse ; il l'avait utilisé de la sorte pendant une excursion de six mois à travers les montagnes, et il avait parcouru, monté sur son dos, des centaines de lieues. Mais tout dociles que semblaient en apparence ces animaux, cela n'empêchait pas l'un d'eux de donner sournoisement un mauvais coup à Adams quand il en trouvait l'occasion favorable. Aussi Adams n'était-il plus que l'ombre de ce qu'il avait été, et était-il bien près de la vérité lorsqu'il disait : —

« Monsieur Barnum, je ne suis plus l'homme que j'étais il y a cinq ans : alors je me sentais capable de tenir tête à n'importe quel ours, et j'étais toujours disposé à aller seul à la rencontre de n'importe quel animal ayant l'audace de se dresser devant moi. Mais j'ai été mis en compote, estropié membre par membre, presque mangé par ces sournois d'ours. Néanmoins je suis encore bon pour quelques mois, et d'ici là j'espère que nous aurons gagné assez d'argent pour assurer une existence tranquille à ma vieille femme dont je suis séparé depuis plusieurs années. »

Sa femme vint du Massachusetts à New York et le soigna. Le Docteur Johns pansait ses blessures tous les jours, et non-seulement il dit à Adams qu'il ne se rétablirait jamais, mais il prévint ses amis que probablement, dans très-peu de semaines, il serait couché dans son tombeau.

Néanmoins Adams était aussi ferme qu'un roc, aussi résolu qu'un lion. Parmi les milliers de personnes qui l'ont vu dans son grotesque costume de chasseur, qui ont été témoins de l'apparente vigueur qu'il déployait pour réduire, à coups de fouet, ses monstres féroces à l'état le plus parfait d'apparente docilité, probablement nul ne se doutait que cet espèce de sauvage, qui avait l'air si fort et si terrible, souffrait horriblement des douleurs que lui causaient sa tête brisée et la fièvre qui le minait, et que s'il ne se mettait pas au lit pour y attendre la mort, il n'était retenu que par son extraordinaire et indomptable volonté.

Lorsque six semaines se furent écoulées depuis l'ouverture de la ménagerie, le Docteur insista pour qu'Adams vendît sa part et mît en ordre ses affaires en ce monde, attendu qu'il déclinait de jour en jour et que son existence terrestre touchait à son terme.

« Je vivrai un peu plus longtemps que vous ne pensez, Docteur, » répondit brusquement Adams; puis, paraissant après tout se rendre à l'opinion du Docteur, il se tourna de mon côté et me dit : « Eh bien, Monsieur Barnum, il faut m'acheter ma part. »

Il fit son prix pour la moitié qui était sa propriété, et j'acceptai son offre. Nous avions pris des arrangements pour faire voir les ours dans le Connecticut et dans le Massachusetts pendant l'été, en adjoignant cette exhibition à un Cirque, et Adams insista pour que je lui fisse un engagement pour l'été, comme chargé de faire exécuter aux ours leurs curieux exercices. Il m'offrit de venir avec moi pour soixante dollars par semaine et à condition que je paierais les dépenses de sa femme et les siennes.

Je lui répondis que je serais heureux de le garder avec moi aussi longtemps qu'il lui serait possible de faire son service, mais que je l'engageais à renoncer aux affaires et à se retirer chez lui dans le Massachusetts.

« Car, » lui dis-je, « vos forces diminuent chaque jour et vous ne pourrez pas résister plus d'une quinzaine. »

« Que me donnerez-vous en plus si je voyage et si je procède chaque jour à l'exhibition des ours pendant dix semaines? » me demanda sérieusement Adams.

« Cinq cents dollars, » répliquai-je en riant.

« Accepté! Je m'en charge; dressez l'acte à l'instant; mais stipulez que la somme sera payable à ma femme, car il se peut que je sois trop faible pour m'occuper d'affaires après l'expiration des six semaines, et si je remplis mon engagement, je veux qu'elle reçoive les cinq cents dollars sans la moindre difficulté. »

Je dressai un acte par lequel je m'engageais à lui payer soixante dollars par semaine pour ses services, et dans le cas où il continuerait de montrer les ours pendant dix semaines consécutives, à payer à lui ou à sa femme la somme de cinq cents dollars en plus.

« Vous avez perdu vos cinq cents dollars! » s'écria Adams en prenant l'acte, « car me voilà obligé par contrat à vivre pour les gagner. »

« Je souhaite de tout mon cœur que vous viviez assez pour cela et cent ans de plus si vous le désirez. »

« Vous pourrez me traiter d'imbécile si je ne gagne pas les cinq cents dollars! » s'écria Adams en riant d'un air triomphant.

La caravane se mit en route à quelques jours de là, et au bout de la quinzaine je le revis à Hertford dans le Connecticut.

« Eh bien, » dis-je à Adams, « vous semblez aller assez bien, j'espère que votre femme et vous, vous êtes satisfaits. »

« Oui, » répliqua-t-il en riant, « et je vous engage à vous efforcer de vous maintenir également en joie, car vos cinq cents dollars sont perdus. »

« Très-bien! j'espère que votre santé s'améliorera de jour en jour. »

Mais je voyais à sa face pâle et à d'autres indices qu'il déclinait rapidement.

Trois semaines après, je le retrouvai à New Bedford dans le Massachusetts; il me sembla qu'il n'irait pas au delà d'une semaine, car ses yeux étaient vitreux et ses mains tremblaient, mais son cœur était aussi ferme que jamais.

« Ce temps chaud est assez mauvais pour moi, » me dit-il, « mais la moitié de mes dix semaines est passée, et je suis encore bon pour gagner mes cinq cents dollars et vivre encore quelques mois de plus. »

Il parlait d'un air aussi dégagé que s'il se fût agi

d'un pari sur un cheval de course. Je lui offris de lui payer la moitié des cinq cents dollars s'il voulait renoncer aux affaires et se retirer chez lui, mais il refusa de la façon la plus péremptoire d'entrer dans aucun arrangement.

Pendant la neuvième semaine, je le rencontrai à Boston. Il avait considérablement baissé depuis que je ne l'avais vu, mais il continuait à montrer ses ours et il souriait à l'idée de la presque certitude de son triomphe. Je me mis à l'unisson de sa gaieté, et je le félicitai sur son courage et sur ses chances probables de succès. Je restai avec lui jusqu'à l'expiration de la dixième semaine, et je lui remis ses cinq cents dollars. Il prit son argent avec un air de vive satisfaction, et il me dit qu'il regrettait que je fusse un homme aussi sobre, car il aurait aimé à me bien traiter.

Avant que la ménagerie ne quittât New York, j'avais payé cent vingt-cinq dollars un nouveau costume de peau de bêtes semblable à celui qu'Adams avait usé.

Ce costume, je le destinais à Driesbach, le dompteur, que j'avais engagé pour remplacer Adams quand il serait obligé de prendre sa retraite.

Adams, au moment du départ de New York, me pria de lui prêter ce nouveau costume pour le mettre de temps en temps dans les bonnes journées et lorsqu'il y aurait une foule nombreuses de spectateurs, car son costume était considérablement délabré. J'y consentis, et quand je lui eus remis ses cinq cents dollars, il me dit : —

« Monsieur Barnum, je suppose que vous allez me faire présent du costume de chasse? »

« Oh! non, je l'ai fait faire pour votre successeur qui demain va montrer les ours, et puis vous n'en avez plus besoin. »

« Allons, vous n'allez pas lésiner maintenant; si vous ne voulez pas me le donner, prêtez-le-moi, je désire le porter le jour de ma rentrée dans mon village natal. »

Je ne pouvais rien refuser à ce pauvre vieillard, et conséquemment je répondis : —

« Eh bien, Adams, je vous prête cet habillement, mais vous me le renverrez. »

« Oui, quand je n'en aurai plus besoin, » répondit-il avec un sourire de triomphe.

Je pensais en moi-même qu'il ne lui serait bientôt plus utile, et j'ajoutai : —

« C'est convenu. »

Une nouvelle idée s'était emparée de lui, car il me dit avec un air de satisfaction : —

« Jusqu'à présent, Monsieur Barnum, vous avez tiré un bon parti de la ménagerie de la Californie, et moi aussi. Mais vous avez encore une masse d'argent à gagner. Aussi, puisque vous ne voulez pas me donner cet habillement de chasse, vous allez me faire un petit écrit par lequel vous m'autoriserez à le porter jusqu'à ce que je n'en aie plus besoin. »

Naturellement, je savais que dans quelques jours au plus il en aurait fini avec ce monde, et pour lui faire plaisir, je signai de grand cœur l'autorisation qu'il me demandait.

« Allons, vieux Yankee, je vous tiens, cette fois; voyez si je ne vous tiens pas ! » s'écria Adams qui fit une grimace de satisfaction en prenant le papier.

Je souriai et je lui dis : —

« Très-bien, mon cher ami; plus vous vivrez et plus j'en serai content. »

Nous nous séparâmes et il se rendit à Neponset, petite ville près de Boston, où habitaient sa femme et sa fille. Il prit le lit aussitôt son arrivée pour ne plus se relever. La surexcitation qui l'avait soutenu avait cessé, et son énergie ne pouvait plus accomplir un nouvel effort.

Le cinquième jour après son arrivée chez lui, le médecin lui annonça que sa vie ne pouvait pas se prolonger au delà du lendemain matin. Il reçut cette nouvelle avec le plus grand calme et avec l'apparence de la plus complète indifférence. Puis, se tournant du côté de sa femme en souriant, il lui enjoignit de le faire enterrer dans le nouveau costume de chasse.

« M. Barnum a consenti à me le laisser tant que j'en aurais besoin, et je suis bien décidé à le mettre cette fois pour toujours. Il ne le reverra jamais. »

Sa femme lui assura que sa volonté serait faite. Il demanda alors qu'on envoyât chercher le pasteur, et pendant plusieurs heures ils s'entretinrent ensemble.

Adams dit au pasteur qu'il avait à se reprocher d'avoir compté quelques histoires un peu fortes au sujet de ses ours, mais qu'il avait toujours cherché à se maintenir dans la droite ligne, dans ses rapports d'homme à homme.

« J'ai été au prêche tous les jours, les Dimanches comme les autres jours, pendant les six dernières années. Quelquefois c'était un vieil ours gris qui faisait les frais du sermon, quelquefois c'était une panthère. Souvent c'était le tonnerre et les éclairs, l'orage et la tempête au milieu des pics de la Sierra Nevada ou dans les gorges des Montagnes Rocheuses. Mais n'importe qui prêchait, pour moi cela m'apprenait toujours à reconnaître la majesté du Créateur, et cela me révélait l'amour éternel et immuable de notre Père qui est au ciel. Quoique je sois un assez grossier personnage, » ajouta le mourant, « je m'imagine que j'ai le cœur suffisamment bien placé, et j'attends avec confiance de notre Divin Sauveur ce repos dont j'ai tant besoin et dont j'ai si peu joui sur cette terre. »

Alors il demanda au pasteur de prier avec lui, puis il le remercia de sa bonté, et lui fit ses adieux.

Une heure après, son âme s'était envolée, et il a été dit, par ceux qui étaient présents, qu'au moment où il exhalait son dernier souffle, un sourire avait éclairé son visage, et que ce sourire, il l'avait emporté dans la tombe. Les derniers mots qu'il prononça furent ceux-ci : —

« Quels yeux Barnum va ouvrir quand il apprendra que je lui ai joué le tour de me faire enterrer dans son nouveau costume de chasse ! »

Cet habillement fut en effet le linceul dans lequel il fut enseveli.

Et ce fut le dernier que porta sur cette terre le Vieil Adams, dit l'Homme aux Ours.

CHAPITRE V.

Les Pigeons d'Or — Le Vieil Adams — Le Chimiste Allemand — L'Heureuse Famille — Le Naturaliste Français.

LE VIEIL ADAMS avait été tout à fait sincère, quand, à sa dernière heure, il avait confessé au pasteur qu'il avait conté quelques histoires un peu fortes au sujet de ses ours. En réalité, ces grandes histoires étaient le péché mignon d'Adams. A l'entendre, on aurait supposé qu'il avait vu et touché tout ce qui était décrit dans les livres ou dont on pouvait parler. Selon ce qu'il rapportait, la Californie contenait des spécimens de toutes les choses, animées ou inanimées, qu'on pouvait trouver dans quelque partie du globe que ce soit. Il parlait avec aplomb des lions de la Californie, des tigres de la Californie, des léopards de la Californie, des hyènes, des chameaux, et des hippopotames de la Californie. Il allait jusqu'à déclarer qu'une fois il avait vu un éléphant de la Californie, *à une grande distance, il est vrai ;* il ne voulait pas l'assurer, — *car il était d'une grande réserve,* — mais cela ne faisait pas un doute pour lui qu'il existât des girafes en Californie, — *quelque part dans le voisinage des grands arbres.*

J'avais un vif désir de trouver l'occasion de faire comprendre à Adams son côté faible, en lui montrant l'absurdité qu'il y avait à débiter d'aussi ridicules histoires. Cette occasion se présenta bientôt. Un jour, pendant que j'étais occupé dans mon cabinet, au Musée, un homme ayant le type Allemand et un accent Teutonique très-prononcé s'approcha de la porte et demanda si je ne voudrais pas acheter une paire de pigeons d'or tout vivants.

« Oui, » lui répondis-je. « J'en achèterai de quoi garnir tout un colombier et je les payerai leur pesant d'argent, car il n'existe pas de pigeons d'or, à moins qu'ils ne soient faits de ce pur métal. »

« Eh bien, vous allez voir des pigeons d'or parfaitement vivants, » reprit-il en entrant dans mon cabinet et en fermant la porte derrière lui.

Il souleva alors le couvercle du petit panier qu'il tenait à la main, et il est positif qu'il contenait, se serrant l'un contre l'autre, deux beaux pigeons aussi jaunes que du safran et aussi brillants qu'un aigle d'or qui sort de la monnaie.

J'avoue que je fus un peu surpris à leur vue et que je demandai à cet homme de quel pays ils venaient.

Un sourire se dessina lentement sur le visage grave de l'Allemand qui répondit d'une voix trainante et gutturale : —

« Qu'en pensez-vous vous-même? »

Saisissant aussitôt ce qu'il voulait dire, je lui répondis vivement : —

« Je pense que c'est une blague. »

« Comme de raison, je savais d'avance ce que vous alliez dire. Car il n'y a pas d'homme qui se connaisse mieux que vous à ces sortes de choses, et je ne chercherai pas à vous tromper. C'est moi qui les ai colorés. »

En poussant plus loin mon enquête, j'appris que cet Allemand était un chimiste et qu'il possédait le moyen de colorer les oiseaux de toutes les nuances qu'on pouvait désirer tout en conservant à leurs plumes leur brillant naturel, ce qui donnait à ces couleurs empruntées toutes les apparences de la réalité.

« Je peux peindre un pigeon vert, ou bleu, ou gris, ou noir, ou brun, ou moitié bleu et moitié vert, » dit l'Allemand, « et si vous le préférez, je puis le peindre en rose, ou en pourpre, ou, en fondant les couleurs, vous faire un pigeon arc-en-ciel. »

Le pigeon *arc-en-ciel* ne me parut pas une chose bien tentante, mais pensant qu'il y avait là une bonne occasion d'attraper le Vieil Adams, j'achetai la paire de pigeons d'or dix dollars, et je les envoyai à « l'Heureuse Famille, » (c'est ainsi que j'appelais la Ménagerie), avec cette désignation : « Pigeons d'or de la Californie. » M. Taylor, le grand pacificateur, qui avait la direction de l'Heureuse Famille, descendit bientôt tout en sueur dans mon cabinet.

« Réellement, Monsieur Barnum, je ne saurais avoir la pensée de mettre ces élégants pigeons d'or au milieu de l'Heureuse Famille. Il pourrait leur arriver malheur.... ce sont des oiseaux d'un trop grand prix.... ce sont les plus beaux pigeons que j'aie jamais vus, et puis ils sont si rares que je ne voudrais pas pour rien au monde exposer leur précieuse existence. »

« Eh bien ! vous pouvez les mettre dans une cage séparée surmontée d'une inscription convenable. »

M. Guillaudeu, le naturaliste et taxidermiste du Musée, est attaché à cet établissement depuis sa fondation qui remonte à 1810. Il est Français, et il a lu tout ce qui a été publié sur l'histoire naturelle, tant en France qu'en Angleterre. Il est maintenant âgé de soixante-dix ans, mais il est vif comme un grillon, et prend autant d'intérêt que jamais à tout ce qui touche à l'histoire naturelle. Quand il vit les pigeons d'or de la Californie, il fut considérablement étonné; il les examina avec le plus vif plaisir pendant une demi-heure, et s'extasia sur la beauté de leur couleur et sur la ressemblance exacte qu'ils avaient en tous points avec les pigeons d'Amérique. Il ne tarda pas à venir me trouver, et me dit : —

« Monsieur Barnum, ces pigeons sont superbes, mais ils ne doivent pas être originaires de la Californie. Audubon ne mentionne aucun oiseau semblable dans son ouvrage sur l'ornithologie Américaine. »

Je lui dis qu'il ferait bien d'emporter ce soir-là l'ouvrage d'Audubon, et qu'en le consultant avec attention il trouverait peut-être sujet de changer d'opinion.

Le lendemain, le vieux naturaliste se présenta dans mon cabinet.

« Monsieur Barnum, ces pigeons sont des oiseaux plus rares que vous ne vous l'imaginez. Il n'en est fait mention ni par Linnée, ni par Cuvier, ni par Goldsmith, ni par aucun autre auteur ayant écrit sur l'histoire naturelle, autant que j'ai pu m'en assurer. Je suppose qu'ils doivent plutôt venir de quelque partie encore inexplorée de l'Australie. »

« Ne vous inquiétez pas, nous éclaircirons ce point peut-être avant qu'il soit longtemps. Nous continuerons à les désigner comme pigeons de la Californie jusqu'à ce que nous soyons mieux édifiés sur leur origine. »

Le lendemain matin, le Vieil Adams, dont l'exhibition d'ours était ouverte dans la quatorzième rue, vint à traverser le Musée, et ses yeux s'arrêtèrent sur les pigeons de la Californie. Il les examina, et sans aucun doute il les admira. Il se rendit aussitôt auprès de moi.

« Monsieur Barnum, vous devriez me laisser emporter ces pigeons de la Californie. »

« Je ne puis en priver le Musée. »

« Il le faut, cependant. Tous les oiseaux et tous les animaux de la Californie doivent être ensemble. Vous êtes propriétaire de la moitié de ma ménagerie Californienne et vous devez me prêter ces pigeons. »

« Adams, ce sont des oiseaux trop rares et d'une trop grande valeur pour en disposer ainsi légèrement, et de plus ils sont appelés à attirer ici une affluence considérable. »

« Oh! ne me dites pas d'absurdités! Cela des oiseaux rares! Mais ils sont aussi communs en Californie que n'importe quelle espèce d'oiseau. J'aurai pu en rapporter une centaine de San Francisco si j'y avais pensé. »

« Mais pourquoi n'y avez-vous pas pensé? » lui dis-je en dissimulant un sourire.

« Parce qu'ils sont si communs là-bas que l'idée ne m'est pas venue qu'ils pourraient être ici l'objet de la curiosité. J'en ai mangé en pâtés au moins une centaine de fois, et j'en ai tué par milliers. »

J'avais une furieuse envie d'éclater de rire en voyant avec quelle merveilleuse facilité Adams mordait à l'hameçon ; mais je lui dis en faisant tous mes efforts pour garder mon sérieux : —

« Oh ! alors, Adams, s'ils sont en effet si communs que cela, vous pouvez les prendre, et je vous serai obligé d'écrire en Californie pour qu'on m'en envoie une demi-douzaine de paires pour le Musée. »

« Très-bien, je vais m'adresser à un de mes amis de San Francisco, et vous aurez vos pigeons dans deux mois d'ici. »

Je dis à Adams que pour certaines raisons je préférais changer la désignation qui leur était donnée et la remplacer, sur l'inscription, par celle de Pigeons d'or de l'Australie.

« Ah ! appelez-les comme il vous plaira. Je suppose qu'ils doivent être aussi communs en Australie qu'ils le sont en Californie. »

Je crus découvrir un sourire malin dans l'œil du vieux chasseur d'ours lorsqu'il me fit cette réponse.

Je fis donner à mes pigeons la désignation que j'avais proposée : et voilà comment l'incrédule dame de Bridgeport, dont il est question dans le chapitre suivant, fut assez émerveillée pour solliciter quelques-uns de leurs œufs à l'effet d'en perpétuer la race dans le vieux Connecticut.

Six ou huit semaines après cet incident, j'étais à la Ménagerie de la Californie et je remarquai que les pigeons d'or avaient pris un aspect assez bigarré, leurs plumes avaient poussé, et ils étaient à moitié blancs. Adams avait été si occupé de ses ours, qu'il n'avait pas remarqué ce changement. Je l'appelai auprès de la cage des pigeons.

« Adams, » lui dis-je, » je crains bien que vous ne perdiez vos pigeons d'or. Ils doivent être bien malades. Je remarque qu'ils sont devenus très-pâles ! »

Adams les regarda pendant un moment avec étonnement, et voyant que j'avais de la peine à cacher mon envie de rire, il s'écria avec indignation : —

« Que la foudre brûle vos pigeons d'or ! Ce que vous avez de mieux à faire, c'est de les faire reporter au Musée. Vous ne m'attraperez pas avec vos pigeons peints. »

C'en était trop, et je partis d'un immense éclat de rire en voyant l'air d'étonnement mêlé de vexation qui se peignait sur le visage du Vieil Adams.

« Ces pigeons d'or sont très-communs en Californie, il me semble vous l'avoir entendu dire. Quand dois-je compter voir arriver la demi-douzaine que vous devez me faire envoyer ? »

« Allez au diable, vieux blagueur ! » s'écria Adams en s'éloignant avec indignation.

Et il eut bientôt disparu derrière les cages de ses ours.

A compter de ce jour, le Vieil Adams fut plus sobre de ses grandes histoires. Peut-être n'était-il pas radicalement guéri de cette mauvaise habitude, mais il s'arrangeait de façon, dans ses récits merveilleux, à ne pas recevoir un démenti aussi facile à constater que celui qui était résulté de la simple vue des pigeons d'or de Californie.

CHAPITRE VI.

La Baleine — Le Poisson Doré, et les Pigeons d'Or.

Si le fait pouvait être régulièrement constaté, je pense qu'on découvrirait qu'en ce monde il y a plus de personnes attrapées parce qu'elles ne croient pas assez, qu'il y en a qui le sont pour trop croire. Beaucoup de gens ont une telle horreur d'être mis dedans et une si grande opinion de leur finesse, qu'ils se figurent que dans toutes choses il y a une tromperie, et qu'en vertu de ce principe il leur arrive continuellement de se tromper eux-mêmes.

Il y a plusieurs années, j'avais acheté une baleine vivante, qui avait été prise près du Labrador, et je réussis à la placer, dans de bonnes conditions, au milieu d'un grand bassin de cinquante pieds de long, alimenté d'eau de mer, qui avait été creusé dans les caves du Musée. J'étais obligé d'éclairer ces caves au gaz, et cela effrayait le monstre marin à un tel point qu'il se tenait toujours au fond du bassin, excepté quand il était contraint par la nécessité de montrer son nez à la surface pour respirer ou souffler, et alors il replongeait au fond aussi vite que possible. Les visiteurs restaient quelquefois une demi-heure à guetter la baleine; car, bien qu'elle ne pût rester sous l'eau que l'espace de deux minutes au plus, il arrivait qu'elle apparaissait sur un point du bassin vers lequel les yeux n'étaient pas dirigés, et qu'avant qu'ils eussent eu la chance de l'apercevoir elle disparaissait de nouveau. Quelques personnes impatientes et incrédules, après avoir attendu environ dix minutes, qui leur semblaient avoir la durée d'une heure, s'écriaient quelquefois : —

« Oh ! quelle farce ! Je suis sûr qu'il n'y a pas de baleine du tout. »

Cette incrédulité me faisait parfois perdre patience et dire : —

« Mesdames et Messieurs, il y a une baleine vivante dans le bassin. Elle est effrayée par la lumière du gaz et par la vue des visiteurs; mais elle est obligée de venir à la surface toutes les deux minutes, et si vous voulez regarder avec attention, vous la verrez. Je regrette de ne pouvoir lui faire danser une gigue ou exécuter tout autre chose merveilleuse à commandement; mais si vous vous armez de patience pendant quelques minutes encore, je vous assure que vous la verrez avec infiniment moins de peine qu'il ne vous en coûterait pour faire le voyage du Labrador exprès pour arriver à ce résultat. »

Ces paroles réussissaient habituellement à remettre mes visiteurs en bonne humeur — mais j'étais moi-même souvent ennuyé de la persistance et de l'entétement que mettait cette maudite baleine à rester au fond du bassin et à se dissimuler à tous les yeux.

Un jour, une fine Américaine et sa fille, venant du Connecticut, visitèrent le Musée. Je les connaissais fort bien, et sur la demande qu'elles me firent de leur indiquer l'endroit où était la baleine, je leur indiquai le chemin des caves. Une demi-heure après, elles me firent une visite dans mon cabinet, et la mère me dit, d'un ton moitié confidentiel, moitié sérieux, et moitié comique : —

« Monsieur Barnum, il est vraiment surprenant de songer au nombre d'applications diverses que nous autres Yankees, nous avons fait du caoutchouc. »

Je lui demandai ce qu'elle voulait dire, et je fus bientôt informé qu'elle était parfaitement convaincue que ma baleine était une baleine de caoutchouc mise en mouvement par une machine à vapeur, qui la faisait paraître à de courts intervalles et souffler avec la régularité de deux soufflets de forge. A son air sérieux et confiant, je vis qu'il serait inutile de chercher à la désabuser. En conséquence, j'avouai naïvement qu'elle était trop fine pour moi, et je confessai ma supercherie ; mais je la priai de ne pas me compromettre, car elle était la seule personne qui se fût aperçue du tour.

On aurait payé pour voir le sourire de satisfaction avec lequel elle reçut l'assurance que personne n'avait eu sa pénétration ; et la manière protectrice avec laquelle elle me dit d'être parfaitement tranquille, qu'elle regardait la chose comme toute confidentielle, et qu'elle me garderait le secret, était impayable. Il était évident qu'elle se trouvait plus que remboursée du prix de son billet d'entrée au Musée par l'agréable satisfaction qu'elle éprouvait de penser qu'on ne pouvait pas la tromper, et par le plaisir qu'elle éprouvait à voir combien j'étais humilié de n'avoir pas pu échapper à sa merveilleuse pénétration. J'ai eu depuis l'occasion de rencontrer plusieurs fois cette bonne dame, et chaque fois j'affectais de paraître un peu embarrassé ; mais, invariablement, elle m'assurait qu'elle n'avait pas divulgué mon secret, et que jamais elle n'en parlerait.

Dans une autre occasion, une dame tout aussi fine et qui habitait près de ma demeure dans le Connecticut, après avoir examiné pendant quelque temps un poisson doré nageant dans un aquarium, me dit tout à coup : —

« Vous ne m'attraperez pas, Monsieur Barnum, ce poisson est peint ! »

« Quelle folie ! » m'écriai-je en riant. « La chose est impossible. »

« Je ne m'inquiète pas de cela, je sais qu'il est peint : c'est aussi clair que le jour. »

« Mais, ma chère Mme H——, la peinture ne pourrait pas tenir sur les flancs du poisson au milieu de l'eau, ou, si elle y était fixée d'une façon indélébile, elle le tuerait. De plus, » ajoutai-je avec le plus grand sérieux, « nous ne nous permettons jamais ici la moindre supercherie. »

« Oh ! l'endroit est bien choisi pour dire pareille chose, » s'écria-t-elle avec un sourire, « et je dois dire que je suis plus qu'à moitié certaine que votre poisson est peint. »

A la fin, elle se retira à demi convaincue de son erreur.

Dans l'après-midi du même jour, je la retrouvai dans la Ménagerie du Vieil Adams. Elle savait que j'étais propriétaire pour partie de cet établissement, et en me voyant en conversation avec le Vieil Adams, elle s'approcha de moi en toute hâte, et, les yeux brillants d'animation, elle me dit : —

« Oh ! Monsieur Barnum, je n'ai jamais rien vu d'aussi beau que ces élégants pigeons d'or de l'Australie. Je voudrais bien que vous me fissiez réserver quelques-uns de leurs œufs, que je ferai couver chez moi par mes pigeons. J'ai pour ces brillants oiseaux une admiration sans bornes. »

« Oh ! vous n'avez que faire des pigeons d'or de l'Australie ; ils sont peints. »

« Non, ils ne sont pas peints, » dit-elle en riant ;

« mais je suis toujours à demi convaincue que votre poisson doré est peint. »

Je ne pus me contenir en présence de cette curieuse coïncidence, et c'est en riant aux éclats que je lui dis : —

« Ma chère Mme H——, je ne sais pas résister à une bonne plaisanterie, même quand elle compromet mes secrets. Je vous affirme, sur l'honneur, que les pigeons annoncés comme pigeons d'or d'Australie sont réellement peints, et que dans leur état naturel ils ne sont ni plus ni moins que des pigeons blancs de l'espèce la plus commune en Amérique. »

Et c'était la vérité ; la raison pour laquelle ils avaient été exposés sous ce déguisement aurifère tenait à l'amusante circonstance expliquée dans le précédent chapitre.

Il suffira d'ajouter que, depuis ce jour, cette Mme H—— rougit jusqu'aux sourcils chaque fois qu'une allusion est faite au poisson doré ou aux pigeons d'or.

CHAPITRE VII.

Le Marrube Confit de Pease — La Révolte de Dorr — L'Alderman de Philadelphie.

Dans l'année 1842, un nouveau genre d'annonces parut dans les journaux et dans les affiches, et attira l'attention publique en raison même de sa nouveauté. L'article objet de cette réclame était le Marrube Confit de Pease, excellent spécifique contre les rhumes et la toux. Il était divisé par paquets de vingt-cinq cents, et il s'en vendit, en gros et en détail, une énorme quantité. Le système de réclame de Pease était, je crois, un procédé tout à fait nouveau dans notre pays, quoiqu'il ait été souvent mis en pratique depuis avec moins de succès — car les imitateurs réussissent rarement. Il consistait à s'emparer de la question intéressante du moment, de celle qui fait le sujet de toutes les conversations, de la développer habilement dans une cinquantaine ou une centaine de lignes dans les colonnes d'un journal, puis d'arriver graduellement au panégyrique du Marrube Confit de Pease. Par une conséquence toute naturelle, le lecteur se trouvait engagé et attiré par le commencement de l'article, et des milliers de personnes avalaient le spécifique de Pease avant de l'avoir jamais vu. En réalité, il était presque impossible de prendre connaissance des nouvelles du jour dans un journal sans tomber sur un paquet de Marrube Confit de Pease. Quelquefois le lecteur s'indignait, après avoir lu avec intérêt le quart d'une colonne sur un sujet dont son esprit était préoccupé, de ne trouver comme conclusion qu'une réclame de Pease. Son premier mouvement était de jeter le journal avec dépit, mais il finissait par rire de l'esprit dépensé par Pease pour captiver l'attention du lecteur. Le résultat de tout cela était généralement l'essai du spécifique de Pease au premier symptôme de rhume. L'abus qui a été fait depuis de ce moyen de publicité l'a rendu assommant et répulsif. Presque toutes les idées neuves et originales qui se produisent en ce genre ont généralement l'inconvénient de susciter une foule de maladroites imitations, qui profitent du procédé nouveau avec aussi peu d'art que d'utilité.

Dans la même année où parut à l'horizon commercial le Marrube Confit de Pease, éclata à Rhode Island la révolte du Gouverneur Dorr. Cette révolte, bien des personnes peuvent se le rappeler, causa une grande émotion dans toute l'Amérique. Les citoyens de Rhode Island prirent les armes les uns contre les autres, et l'on conçut la crainte sérieuse qu'une guerre civile ne s'ensuivît.

Environ dans le même temps, une élection municipale devait prochainement avoir lieu à Philadelphie. Les deux partis politiques qui entraient en lutte étaient à peu près d'égale force, et il y avait certaines raisons qui faisaient regarder cette élection comme exceptionnellement importante. L'approche du moment où elle devait avoir lieu causait une agitation comme on n'en avait pas vu depuis l'élection Présidentielle. Les chefs de partis avaient dressé leurs batteries longtemps à l'avance, et de chaque côté, les agents d'élection se donnaient beaucoup de mouvement. A la tête de la racaille, sur laquelle l'un des partis comptait pour augmenter le nombre de ses votes, se trouvait un misérable ivrogne que nous appellerons Tom Simmons. Tom était un grand chauffeur d'élection, dans les tavernes et les débits de boisson, et son parti avait toujours les yeux sur lui, à chaque élection, pour tirer des bas-fonds de la populace une foule de votants qu'il réunissait autour de sa grande bannière, en leur offrant l'agréable perspective d'un pot de wisky.

L'intéressante élection d'un maire et de plusieurs aldermen pour la bonne ville de Philadelphie attira vite auprès de Tom plusieurs membres du comité électoral.

« Allons, Tom, » dit à ce dernier le principal des agents d'élection de son parti, « voilà l'élection qui approche, et nous vous recommandons de n'épargner ni votre éloquence ni les pots de liqueurs pour entraîner vers les bureaux de vote le plus grand nombre possible de personnes disposées à voter sous votre influence. »

« Eh bien, Monsieur, » répondit Tom d'un air insouciant, « je suis décidé à ne pas me déranger pour cette élection. Cela ne rapporte rien. »

« Comment, cela ne rapporte rien ! Mais, Tom, n'êtes-vous pas un sincère ami de notre parti ? N'avez-vous pas concouru aux assemblées préparatoires, assommé les intrus, et expulsé tout homme essayant de parler de conscience ou refusant d'appuyer la liste de vote dans toute son intégrité ? Et, quant à la rémunération, n'avez-vous pas toujours été pourvu d'argent en suffisante quantité pour régaler ceux dont le vote était douteux, et pour noyer ceux que vous entraîniez aux bureaux de vote dans des flots de wisky? Je vous avoue, Tom, que je suis pétrifié d'étonnement en voyant votre indifférence au moment de la crise alarmante qui menace notre pays et notre parti, et dont rien au monde ne peut nous sauver, que notre succès aux prochaines élections! »

« Oh! ces choses-là sont bonnes à dire aux niais; nous n'avons jamais eu d'élection sans être sous le coup d'une crise imminente, et, quel que soit le parti qui ait triomphé, nous n'en avons pas moins continué à vivre, qu'il y ait crise ou non. En réalité, ma curiosité est un peu excitée, et j'aimerais à voir cette crise dont on nous fait un monstre à chaque élection. Laissons donc venir votre crise, nous verrons la figure qu'elle a. En outre, et quant à la question de payement, je reconnais l'approvisionnement de wisky, et voilà tout. Quand moi et mes compagnons nous vous avons fait arriver à de bons postes qui vous permettent de rouler carrosse et de vivre aux dépens du pays, nous n'y gagnons rien ou au moins presque rien. Tout ce que cela nous rapporte, c'est d'arriver à l'ivresse! Eh bien! Monsieur, je passe dans l'autre camp pour cette élection, si vous ne me donnez pas un emploi. »

« Un emploi! » s'écria l'agent d'élection en élevant les mains en l'air et en roulant les yeux avec les signes du plus complet étonnement. « Mais, Tom, quel emploi voulez-vous? »

« Je veux être Alderman! et j'ai assez d'influence pour faire tourner les élections dans l'autre sens. Si notre parti ne se rappelle pas avec reconnaissance mes services passés, s'il ne m'en récompense pas, l'autre parti sera heureux de mettre mon nom sur sa liste, et je passe de son bord. »

L'agent du comité électoral reconnut au ton ferme de Tom que sa résolution était inébranlable et que ses principes, comme ceux de beaucoup d'autres, avaient pour base ses intérêts; en conséquence, on consentit à mettre le nom de Tom sur la liste, et, le plus fâcheux de l'histoire, c'est qu'il fut élu.

Au bout de fort peu de temps, Tom était régulièrement installé dans un fauteuil d'Alderman, et l'étude qu'il avait ouverte dans un bon quartier, fit d'excellentes affaires. Il était généralement occupé pendant toute la journée à juger les actions dirigées contre les débiteurs pour de petites sommes qui variaient entre deux, cinq, six, huit, et dix dollars. Il avait fréquemment trente et quarante affaires de ce genre portées devant lui, et, comme l'emprisonnement pour dettes était permis à cette époque, les pauvres défendants étaient disposés à toutes les démarches et à tous les sacrifices pour éviter la prison. D'énormes honoraires entrèrent dans la poche de l'Alderman, et ce dignitaire, comme conséquence naturelle, devint riche et impudent, justifiant une fois de plus la vérité du proverbe : « Mettez un mendiant sur un cheval, et il éclaboussera les passants. »

A mesure que l'Alderman s'enrichissait, il devenait de plus en plus despotique, entêté, et important. Il commençait à s'imaginer qu'il avait monopolisé en sa personne toute la sagesse de son parti et que sa parole avait force de loi. Pas une assemblée électorale ou politique n'avait lieu sans qu'elle fût marquée par les vulgaires harangues de l'orgueilleux Alderman. Comme il faisait partie du comité, il avait la main dans toutes les intrigues et sa part dans tous les profits déshonnêtes. Il avait sa voiture, et, dans ses déportements, il offrait toutes les particularités qui distinguent la grande existence du bas de l'échelle sociale.

Mais après que Tom eut déshonoré sa charge pendant deux années d'exercice, une nouvelle élection gouvernementale eut lieu, et le parti opposé au sien triompha. Parmi les premières lois qui passèrent lors de l'ouverture de la nouvelle législature, il y en eut une qui déclara que l'emprisonnement pour dettes ne serait pas permis dans l'État de Pensylvanie pour une somme moindre de dix dollars.

Cette disposition législative détruisait la principale source de profits de l'Alderman, et quand la nouvelle parvint à Philadelphie que cette loi avait passé, Tom fut l'homme le plus indigné qu'il soit possible de voir.

Debout devant la porte de son étude, entouré de plusieurs de ses amis politiques, il s'écria, le lendemain matin : —

« Savez-vous ce que ces infâmes tories ont fait là-bas à Harrisburg? Ils ont décrété une loi monstrueuse, oppressive, barbare, et inconstitutionnelle! La belle idée, ma foi, si un créancier ne peut plus faire mettre son débiteur en prison pour une somme moindre de dix dollars! Comment ferai-je pour soutenir ma famille, si cette loi est maintenue? Je vous le dis, Messieurs, cette loi est inconstitutionnelle, et vous verrez le sang couler dans les rues si ces canailles de tories ne la rapportent pas! »

Ses amis riaient, car ils voyaient fort bien que Tom raisonnait avec sa poche, au lieu de faire agir sa cervelle; et comme dans sa rage impuissante l'écume lui venait à la bouche, ils ne pouvaient s'empêcher de sourire.

« Oh! vous pouvez rire, Messieurs... vous pouvez rire, mais vous verrez. Notre parti ne voudra pas se déshonorer en souffrant que les tories le dépouillent de tous ses droits en décrétant des lois inconstitutionnelles. Et je vous le dis, le sang coulera bientôt dans les rues. »

En ce moment, quelqu'un s'approchant de l'Alderman, lui dit : —

« Monsieur l'Alderman, j'ai une affaire à porter devant vous ce matin pour une créance. »

« Et à quelle somme se monte votre réclamation? »

« Quatre dollars, » répondit le marchand de rhum — car telle était sa profession — et la créance qu'il réclamait avait pour cause des boissons inscrites sur l'ardoise d'une de ses pratiques.

« Vous n'aurez pas vos quatre dollars, Monsieur, » répliqua l'Alderman avec animation. « Vous êtes volé de vos quatre dollars, Monsieur. J'étais en train de dire que cinquante mille honnêtes gens de la ville de Philadelphie sont volés de leur quatre dollars par cette loi inconstitutionnelle! Ah! messieurs, vous verrez le sang couler dans les rues avant que vous soyez plus vieux d'un mois. *(Rires.)* Oh! vous pouvez rire; mais vous verrez... vous verrez si cela n'arrive pas! »

En ce moment passait un marchand de journaux.

« Holà, garçon, donnez-moi le *Morning Ledger*, » dit l'Alderman en prenant le journal des mains du jeune garçon et en lui donnant deux sous. « Voyons ce que ces maudits enfants de vache ont fait de nouveau là-bas à Harrisburg. Ah!... que vois-je?... *(Lisant.)* Sang!... Sang!... Sang!... Ah! ah! riez, Messieurs. C'est écrit, lisez... »

« Sang!... Sang!... Sang!... Les Dorrites se sont emparés de
« Providence. La garnison a été rappelée. Le père s'est armé contre
« le père, le fils contre le fils. Le sang coule maintenant dans nos
« rues. »

« Et maintenant, Messieurs, riez-vous encore? Le sang coule dans les rues de Providence; il coulera dans les rues de Philadelphie avant une quinzaine. Les tories de Providence ainsi que les tories de Philadelphie auront à répondre de ce sang versé, car ce sont leurs lois inconstitutionnelles qui sont cause qu'il a été répandu. Voyons la fin de cette scène tragique. — Lisons. »

« Existe-t-il un remède à cet effroyable état de choses? »

L'ALDERMAN. — « Naturellement non, si ce n'est de pendre tous les misérables qui marchent à pieds joints sur notre glorieuse Constitution.

« Existe-t-il un remède à cet effroyable état de choses? Oui, il
« en existe un. »

L'ALDERMAN. — « Oh! quel est-il! Voyons, lisons. »

« Achetez deux paquets du Marrube Confit de Pease. »

« Que la foudre brûle cet infernal *Ledger!* » s'écria l'Alderman au comble de l'indignation et en jetant le journal sur le pavé avec le plus horrible dégoût, au milieu des éclats de rire et des hurrahs d'une vingtaine de personnes qui pendant ce temps s'étaient assemblées autour du furieux Alderman Tom Simmons.

Comme je l'ai déjà fait observer plus haut, le Marrube Confit de Pease était une fort bonne chose, excellente pour le but qu'elle se proposait d'atteindre, et comme Pease était un homme aussi infatigable qu'il était habile dans les réclames, il eut bientôt fait fortune. Pease, junior, vit maintenant à Brooklyn au milieu de l'abondance, et il a élevé une heureuse famille qui jouit du fruit de son industrie, de sa probité, et de son intelligence.

Le puff, dans cette affaire, ne consistait naturellement que dans le mode de réclame. Il n'y avait pas de tromperie sur la marchandise fabriquée et vendue.

CHAPITRE VIII.

Les Pilules de Brandreth — Une magnifique Réclame
La Puissance de l'Imagination.

DANS l'année 1834, le Docteur Benjamin Brandreth commença à annoncer dans New York les Pilules de Brandreth, spécialement recommandées pour purifier le sang. Son établissement consistait en une pièce de dix pieds carrés, dépendant d'une maison connue sous le nom d'Office du *Soleil*, et faisant l'encoignure de Spruce Street et de Nassau Street où se trouvent actuellement les bureaux de *la Tribune*. Sa fabrique était à sa maison d'habitation dans Hudson Street. Il fit placer sur l'Office du *Soleil* une grande enseigne de cinq ou six pieds de long, qui attira considérablement l'attention, car c'était probablement la plus grande de toutes les enseignes qui existaient alors à New York. Le Docteur Brandreth avait la plus grande confiance dans ses Pilules, et il croyait, non sans raison, car un grand nombre de personnes furent bientôt convaincues de la vérité de son assertion, que toutes les maladies proviennent de l'impureté ou de l'imparfaite circulation du sang, et qu'en se purgeant avec les Pilules de Brandreth, toutes ces maladies pouvaient être guéries.

Mais quelque grande et quelque raisonnable que fût la confiance du Docteur Brandreth dans l'efficacité de ses Pilules, celle qu'il avait dans la puissance de la réclame n'était pas moins forte. Aussi commença-t-il à faire de grandes réclames dans le journal *le Soleil*, auquel il paya, dans sa première année, plus de cinq mille dollars d'annonces. Cette somme peut ne pas paraître considérable, aujourd'hui qu'il existe des gens qui sont connus pour employer une somme plus forte dans leurs annonces d'un seul jour dans les principaux journaux, mais à l'époque où le Docteur Brandreth se fit connaître, il était considéré comme l'homme qui payait le plus large tribut aux journaux pour les réclames..

La réclame est pour un produit commercial ce que l'engrais est pour la terre, elle en augmente considérablement le rapport : des milliers de personnes lisent votre annonce pendant que vous mangez, que vous dormez, ou que vous êtes occupé de vos affaires; l'attention du public est éveillée, et de nouvelles pratiques vous arrivent; si vous leur donnez l'équivalent de la valeur de leur argent, elles continueront à s'adresser à vous et à vous recommander à leurs amis et connaissances.

Au commencement de sa carrière, le Docteur

Brandreth contracta une dette de reconnaissance envers M. Moses Beach, le propriétaire du journal *le Soleil de New York*, à raison des facilités qu'il lui donna pour l'insertion de ses annonces. Mais ces réclames lui amenèrent promptement d'énormes recettes.

La vente de ses Pilules se faisait par boîtes de vingt-cinq cents; — mais elles s'enlevaient avec une telle rapidité, que des tonnes de pilules, purement végétales, étaient envoyées par grandes caisses de la nouvelle fabrique, toutes les semaines. A mesure que ses affaires prenaient de l'extension, il augmentait les annonces en proportion. Le Docteur engagea une fois un homme de lettres pour rédiger ses réclames, et se charger, sous sa surveillance, de tout ce qui concernait la publicité. Colonnes sur colonnes d'annonces parurent dans les journaux, sous la forme de discussions scientifiques et pathologiques, dont la seule lecture était de nature à faire courir les pauvres mortels impatients de posséder une boîte de Pilules de Brandreth, tant il était évident, d'après les assertions de l'annonce, que personne ne pouvait avoir le sang pur, à moins d'avoir pris de une à une douzaine de boîtes de ces Pilules destinées à agir comme dépuratif. L'intelligence déployée dans la rédaction de ces réclames était réellement prodigieuse, et c'est à peine s'il en avait fallu autant pour composer les Pilules.

Pas une peine, pas une douleur, sourde ou aiguë, pas une sensation bonne, mauvaise, ou indifférente, éprouvée par un membre de la famille humaine, qui ne fût une preuve irréfragable de l'impureté du sang, ou d'un trouble dans sa circulation ; et c'eût été un blasphème que de mettre en doute cette théorie de la dernière évidence — que toutes les maladies proviennent de l'impureté ou de l'imparfaite circulation du sang, et qu'une purgation par les Pilules du Docteur Brandreth suffit pour guérir tous ces maux.

Le Docteur prétend que son grand-père fut le

premier qui fabriqua ces Pilules en 1751. Je suppose que cela doit être la vérité, car nul être vivant ne pourrait certifier le contraire. Voici un extrait d'une des dernières annonces du Docteur Brandreth, qui donnera une idée de son style : —

« Ce qu'on connaît depuis le plus long temps a été le mieux ob-
« servé, et ce qui a été bien observé est ce qu'on connaît le
« mieux.
« La vie de la chair est dans le sang. — Lev. xxii-2.
« La saignée diminue la puissance vitale, l'emploi des Pilules de
« Brandreth l'accroît. Ainsi donc, en état de maladie, ne vous faites
« jamais saigner, surtout en cas de Vertiges ou d'Apoplexie, mais
« prenez toujours les Pilules de Brandreth.
« Les lois de la vie sont écrites dans la Nature. La Tem-
« pête, l'Ouragan, l'Orage, nous apportent la santé du fond des
« grandes Solitudes de Dieu. Le flux et le reflux des Marées sont
« les agitateurs journaliers et les purificateurs du Puissant Monde
« des Eaux.
« Ce que sont ces moyens providentiels, comme Purification de
« l'Atmosphère ou de l'Air, les Pilules de Brandreth le sont pour le
« corps humain. »

Ce merveilleux système d'annonces, et les efforts incessants qu'il fallait faire pour le soutenir, excitèrent l'admiration de tous les gens d'affaires. Dans le cours de quelques années il donna de l'extension à son magasin, et comme il devint encore insuffisant, il prit la boutique du N° 241, dans Broadway, et ouvrit une succursale au N° 187, dans Hudson Street. Le Docteur continuait son système d'annonces, et finalement, dans l'année 1836, il fut forcé de transporter la fabrique à Sing Sing, où la quantité de Pilules manufacturées et vendues arriva à des chiffres tellement énormes qu'il serait presque impossible d'en donner une statistique exacte. Qu'il suffise de dire que le seul charlatanisme que présentassent ces Pilules étaient dans la nouveauté de la méthode, aussi inoffensive qu'inattaquable, qui était mise en œuvre pour les annoncer ; et comme le Docteur, en les fabriquant, amassa une grande fortune, disons que c'est là une preuve évidente de la valeur réelle de ce purgatif.

Souvenirs Personnels. 57

Une amusante aventure m'arriva au sujet de ces fameuses Pilules. Dans l'année 1836, pendant que je voyageais dans les États de l'Alabama, du Mississipi, et de la Louisiane, je fus convaincu, par la lecture des réclames du Docteur Brandreth, que j'avais besoin d'avoir recours à ses Pilules. En réalité, j'y trouvai la preuve que les différents symptômes que j'éprouvais me rendaient leur emploi absolument nécessaire. J'achetai une boîte de Pilules de Brandreth à Colombus, dans l'État du Mississipi. L'effet fut miraculeux. Comme de raison, il réalisa complétement ce qui était annoncé dans les réclames. A Tuscaloosa, dans l'Alabama, j'achetai une demi-douzaine de boîtes. Elles étaient toutes vides lorsqu'après mon excursion j'arrivai à Wicksburg, et j'étais devenu un fervent disciple de la théorie sur la purification du sang. Là j'achetai une douzaine de boîtes. A Natchez, je renouvelai ma provision. A la Nouvelle-Orléans, où je passai plusieurs mois, j'étais devenu un excellent client pour le droguiste et j'étais pleinement convaincu que les seuls fous dans ce monde étaient ceux qui préféraient la viande, et le pain aux Pilules du Docteur Brandreth. Les annonces disaient qu'on ne saurait en trop prendre, et que si une boîte suffisait pour purifier le sang, on pouvait en prendre onze boîtes de plus sans aucun danger.

A mon arrivée à New York, en Juin 1838, j'étais devenu un si fervent croyant dans l'efficacité des Pilules de Brandreth, que je pris à peine le temps d'embrasser ma famille, et que je me hâtai de courir à l'établissement principal du Docteur Brandreth pour le féliciter comme le plus grand bienfaiteur de l'humanité dans notre siècle.

Je trouvai le Docteur chez lui et j'entrai sans cérémonie. Je lui dis les expériences que j'avais faites, et il fut enchanté. Je lui confirmai de grand cœur l'exactitude de toutes les assertions contenues dans ses réclames, et il n'en fut pas surpris, car il savait que ses pilules devaient produire les effets que je décrivais. Néanmoins il était ravi d'avoir un nouveau sujet sur lequel l'emploi à hautes doses de ses Pilules avait produit des résultats aussi satisfaisants. Le Docteur et moi nous étions tous les deux enchantés : lui d'avoir pu faire tant de bien à l'humanité, moi d'avoir obtenu de si grands avantages de l'emploi de sa découverte.

Enfin, il arriva au Docteur de me dire qu'il était étonné que j'eusse trouvé de ses Pilules à Natchez, attendu qu'il n'avait pas encore d'agent dans cette ville.

« Oh ! » lui répondis-je, « j'ai toujours acheté mes pilules dans les pharmacies. »

« Dieu du ciel ! mais alors elles étaient toutes contrefaites ! Ce n'était qu'une composition sans valeur ou empoisonnée ! Je n'ai jamais vendu une seule Pilule à un droguiste ! Je n'ai jamais souffert qu'un apothicaire en touchât une seule ; mais ils les contrefont au boisseau, ces imposteurs sans principes et sans cœur ! »

Je n'ai pas besoin de dire quelle fut ma surprise. Était-il donc possible que l'imagination eût tout fait et que j'eusse été guéri par des pilules empoisonnées en croyant faire usage des Pilules de Brandreth ? Je confesse que je me mis à rire de bon cœur et que je dis au Docteur qu'après tout il semblait que les pilules contrefaites devaient être aussi bonnes que les pilules réelles, pourvu toutefois que le malade eût en elles une confiance égale à celle que méritaient les véritables.

Le Docteur parut aussi surpris que contrarié, mais une idée lui vint qui lui fit bientôt recouvrer son calme habituel.

« Je vais vous dire ce qui en est. Sans aucun doute, les droguistes du Sud ont obtenu de moi des Pilules sous une qualité supposée. Ils se seront fait passer pour des planteurs, et m'auront demandé des Pilules en grande quantité pour les employer sur leurs plantations : et de cette manière ils ont approvisionné leur officines de mes Pilules. »

Je me mis à rire en entendant cette habile explication, et je répondis : —

« Cela est possible, mais je suis plus porté à croire que c'est mon imagination qui a tout fait. »

Le Docteur se sentait mal à l'aise, et il me demanda, comme une faveur, de lui apporter une des boîtes ayant contenu les Pilules que j'avais achetées dans le Sud. Le lendemain, je satisfis à sa demande, et je dois dire, pour rendre justice au Docteur, que de la comparaison des boîtes, il résulta la preuve que ce qu'il avait supposé était la vérité. Les Pilules étaient de bon aloi, et malgré les annonces qu'il avait faites pour prévenir le public que les Pilules ne se trouvaient pas chez les droguistes, leur célébrité était devenue si grande que ces derniers avaient trouvé avantageux de se les procurer par un moyen ou par un autre ; et la conséquence de tout ceci fut pour moi l'occasion d'un franc éclat de rire, et pour le Docteur celle d'un grand soulagement.

Depuis longtemps déjà la fortune du Docteur est faite, bien qu'il continue toujours à donner ses soins personnels à la fabrication de ses Pilules végétales et inoffensives, dont nulle plume ne saurait décrire les effets bienfaisants qui redonnent à l'homme une vie nouvelle.

En 1849, le Docteur fut nommé Président du village de Sing-Sing, de l'État de New York, qu'il continue d'habiter, et il fut réélu aux mêmes fonctions pendant sept années consécutives. Dans la même année, il fut élu membre du Sénat de New York, et en 1859, il a été réélu.

Le Docteur Brandreth est un homme à idées libérales, d'un commerce agréable et solide ; il mérite tous les succès qu'il a obtenus. Puisse-t-il jouir longtemps de sa prospérité.

II. — LES SPIRITES.

CHAPITRE IX.

La Blague des Esprits Frappeurs et des Médiums — Son Origine — Comment les Choses se passent — 500 Dollars de Récompense.

La blague des esprits frappeurs prit naissance à Hydesville, dans l'État de New York, il y a environ dix-sept ans, grâce aux filles d'un certain M. Fox, qui habitait cette ville. Ces jeunes filles avaient remarqué que certains jeux des articulations de leurs corps produisaient des bruits mystérieux — ou plutôt des bruits qui n'étaient mystérieux pour ceux qui les entendaient que parce que les moyens à l'aide desquels ils étaient produits leur étaient inconnus. Le retentissement de cette merveille se répandit au dehors, et la famille Fox reçut la visite de nombreuses personnes avides de tout ce qui avait un caractère surnaturel. Peu de temps après que ces bruits étranges eurent été entendus pour la première fois, quelqu'un suggéra l'idée qu'ils étaient peut-être produits par des esprits, et demanda, si sa supposition était exacte, qu'il fût répondu à sa question par la production d'un nombre déterminé de coups frappés. Le nombre spécifié de coups se fit entendre immédiatement. Un système fut aussitôt proposé pour arriver à se mettre en communication avec les esprits. L'investigateur devait réciter l'alphabet en écrivant les lettres qui seraient désignées par les coups frappés. De cette manière, des phrases furent obtenues — mais l'orthographe en était bien décidément défectueuse.

L'esprit d'un colporteur, qu'on supposait avoir été assassiné, expliqua sa disparition. Il dit que son corps était enterré dans la maison même où l'on se trouvait, dans un coin de la cave, et qu'il avait été assassiné par un précédent locataire. Un colporteur avait en effet disparu du pays depuis quelque temps d'une façon assez mystérieuse, et tout le monde fut disposé à ajouter foi à l'explication donnée par l'esprit frappeur. Des fouilles furent faites dans la cave jusqu'à une profondeur de huit pieds, mais on ne trouva pas le moindre vestige du cadavre. Bientôt après le colporteur reparut à Hydesville *en chair et en os*, et pourvu d'un nouvel assortiment de marchandises à vendre.

Que ces coups frappés, que ces *raps*, pour nous servir de l'expression admise dans la langue des adeptes, fussent produits par des esprits, beaucoup de gens y croyaient fermement. Les fausses communications étaient attribuées à de mauvais esprits. Les réponses aux questions étaient aussi souvent fausses que justes, et elles n'étaient justes que lorsqu'elles pouvaient être facilement devinées, et qu'elles découlaient de la nature même de la question.

La famille Fox se transporta à Rochester, dans l'État de New York, aussitôt que la blague des esprits frappeurs eut pris naissance, et ce fut là que furent tentés ses premiers essais publics. Un comité fut choisi pour examiner et contrôler les expériences. Dans leurs rapports, la plupart des commissaires se prononcèrent contre les prétentions des médiums, quoique tous fussent fort embarrassés pour dire comment la chose était faite. A Buffalo, où les Demoiselles Fox firent ensuite émigrer leurs esprits, un comité de médecins décida que les bruits étaient produits par les Demoiselles Fox elles-mêmes, qui les obtenaient à l'aide du relâchement des attaches de leurs articulations et en faisant craquer les jointures de leurs orteils et de leurs genoux. Cette théorie, qui fut tournée en ridicule par les spirites au moment où elle se produisit aussi bien que depuis, était exacte, et fut prouvée par les nouveaux développements qui lui furent donnés.

Mme Culver, une parente des Demoiselles Fox, déclara solennellement devant un magistrat que l'une des jeunes filles lui avait appris le moyen de produire des *raps*, sous la condition de ne communiquer à personne la révélation qu'elle lui faisait. Mme Culver était une bonne Chrétienne, et elle considéra comme un devoir de dénoncer une fourberie poussée aussi loin.

Comme preuve de sa déclaration, elle produisit des *raps* devant le magistrat, et lui expliqua la manière dont ils étaient obtenus.

Le Docteur W. F. Van Vleck, de l'Ohio, qui, pour savoir les moyens employés par les différents médiums, s'était fait passer pour un fervent adepte du spiritisme et avait paru leur prêter un actif concours, produisait, devant le cercle de personnes qui l'entourait, des *raps* qu'il variait de manière à ce qu'ils parussent partir de différents points de la salle, et pourtant pas un mouvement de son corps ne venait trahir qu'ils fussent produits par lui.

La famille Fox trouva qu'il y avait dans les *raps* une affaire à exploiter, et elle continua son petit commerce pendant plusieurs années avec des chances diverses, en prenant New York comme résidence et comme principal centre d'opération. Je crois que pas un des membres qui la composent ne fait maintenant profession de spiritisme. Margaret Fox, la plus jeune des sœurs, a embrassé, il y a quelque temps, la Religion Catholique Romaine.

Depuis l'apparition du spiritisme, les merveilles qu'on lui a demandées se sont accrues constamment avec le nombre toujours croissant des médiums.

Beaucoup d'individus, qui autrement n'avaient pas la moindre chance de se distinguer de la foule, sont devenus médiums pour acquérir au moins la célébrité, à défaut d'avantages plus positifs.

Les communications au moyen des *raps* étaient un procédé lent, aussi quelques médiums prirent-ils la liberté d'écrire à l'aide de mouvements convulsifs ; d'autres parlèrent, plongés dans un état d'extase — et tout cela sous l'influence des esprits !

La médianimité est devenue une profession au moyen de laquelle bon nombre de personnes gagnent leur vie.

Il y a plusieurs classes de médiums, et chacun des médiums appartenant à ces différentes classes renferme ses opérations dans un cercle particulier de jongleries spirites.

Quelques-uns se donnent la qualité de médiums à épreuves, et par la répétition de certaines formules ils arrivent à étonner, si ce n'est à convaincre, le plus grand nombre de ceux qui assistent à leurs expériences. C'est par les médiums de cette catégorie que le public a le plus de chances probables d'être trompé.

Il existe un individu du nom de J. V. Mansfield, qui a été appelé par les spirites le Directeur Général des Postes des Esprits ; sa spécialité consiste à répondre aux lettres cachetées qui sont adressées aux esprits. Ces lettres sont renvoyées à ceux qui les ont écrites, sans qu'il paraisse qu'elles aient été ouvertes, en même temps que la réponse faite par les esprits, par l'intermédiaire de Mansfield. Quelques-unes de ces lettres, simplement enfermées dans des enveloppes collées à la gomme arabique, peuvent être facilement ouvertes en les exposant à la vapeur d'eau chaude, puis remises dans leur enveloppe et rendues à leur état primitif. S'il a été fait usage de cire à cacheter, une lame mince et tranchante permet au médium de détacher le cachet sans couper le papier sur lequel il est apposé, et quand il a pris connaissance du contenu de la lettre, l'opérateur replace le cachet à l'endroit où il se trouvait, en l'y fixant à l'aide de la gomme arabique. Pas une personne sur cent ne s'apercevra probablement que le cachet ait été altéré. Celui qui s'est adressé aux esprits ouvre sa lettre quand elle lui est renvoyée en la fendant sur le côté et en ayant soin de laisser le cachet intact, pour faire voir à ses amis qu'il a reçu la réponse sans que la lettre ait été ouverte.

Une autre méthode employée par le médium consiste à fendre l'enveloppe par un bout avec un canif bien effilé, et après connaissance prise du contenu de la lettre et sa réintégration dans l'enveloppe, de recoller la partie coupée avec de la gomme arabique dont on enlève toute trace par un léger coup de grattoir.

Mansfield ne s'engage pas à répondre à toutes les lettres, celles qu'il laisse sans réponse sont celles qui sont trop bien cachetées pour qu'il puisse les ouvrir. Pour s'assurer les services du Directeur Général des Postes des Esprits, il faut faire accompagner sa lettre de cinq dollars, et qu'il soit fait ou non une réponse à la lettre ainsi adressée, l'argent est acquis au médium.

C'est un affranchissement d'un prix un peu élevé !

Il y a quelques années, un habitant de Buffalo adressa quelques questions à l'esprit d'un de ses amis et les enferma, avec un cheveu et un grain de sable, dans une enveloppe qu'il cacheta avec tout le soin possible de manière à ce que rien ne pût s'en échapper pendant la transmission de la lettre par la poste. Ces questions furent envoyées à Mansfield, en requérant une réponse par l'entremise du médium. L'enveloppe contenant les questions revint bientôt avec la réponse. La lettre ne paraissait pas avoir été ouverte. Après avoir étendu une grande feuille de papier blanc devant lui, celui qui avait adressé la lettre ouvrit l'enveloppe, il en déposa soigneusement le contenu sur la table : le cheveu et le grain de sable n'y étaient plus.

Maintes et maintes fois Mansfield a été convaincu d'imposture, mais il n'en continue pas moins son singulier commerce.

Le Directeur Général des Postes des Esprits ne répond pas aux questions comme celles-ci : —

« Où êtes-vous mort ? »

« Quand ? »

« Qui vous a soigné dans votre dernière maladie ? »

« Combien de personnes étaient présentes au moment de votre mort ? »

Mais si les questions sont de la nature de celles qui suivent, les réponses parviennent généralement:

« Êtes-vous heureux ? »

« Êtes-vous souvent près de moi ? »

« Pouvez-vous avoir une influence sur moi ? »

« Vos idées religieuses se sont-elles modifiées depuis que vous êtes entré dans le monde des esprits ? »

Il est à remarquer que les questions auxquelles le Directeur Général des Postes des Esprits répond n'exigent pas la connaissance des faits qui se rapportent à l'existence de celui auquel elles sont adressées, tandis que pour celles qu'il laisse sans réponse cette connaissance paraît nécessaire.

Adressez-vous, par exemple, à l'esprit de votre père sans mentionner son nom, et ce nom ne se trouvera pas dans la réponse soi-disant émanée de lui.

Je suis prêt à écrire une série de questions à l'esprit d'un de mes amis, et si Mansfield, ou tout autre prétendu médium, répond à ces questions d'une façon pertinente, et cela en ma présence, et sans toucher l'enveloppe dans laquelle elles seront enfermées, je m'engage à payer à celui qui me donnera satisfaction la somme de cinq cents dollars et à considérer mon argent comme bien employé.

CHAPITRE X.

L'Épreuve du Scrutin — Singulier Résultat d'une Prononciation vicieuse — Un Esprit affamé — L'Escamotage d'un Bulletin — Révélations sur les bandes de papier.

Une grande aptitude à la tromperie est la première et la plus essentielle des qualités pour toute personne voulant devenir médium spirite, ou du moins acquérir la réputation de l'être. Appuyer ses prétentions à la médianimité sur certaines pratiques mystérieuses, suffit pour attirer l'attention et s'assurer des prosélytes.

L'un des plus célèbres médiums — dont pour le moment je crois devoir taire le nom — exerça son industrie avec persévérance pendant plusieurs années dans une salle située dans Broadway à New York, et réussit non-seulement à en imposer à beaucoup de gens, mais, ce qui était plus important pour lui, à gagner véritablement de l'argent. Il procédait dans ses opérations par voie de scrutin, et voilà comme il s'y prenait.

Le médium et l'investigateur étant placés en face l'un de l'autre à une table, ce dernier était invité à écrire sur chacune des petites bandes de papier qui lui étaient remises, le prénom ou nom de baptême de plusieurs des parents qu'il avait perdus. Ceci fait, on l'invitait à toucher l'une après l'autre chacune des petites bandes de papier qui avaient été pliées et roulées après que le nom y avait été inscrit, jusqu'à ce que trois coups frappés par le pied de la table eussent désigné le bulletin contenant le nom de celui des esprits invoqués qui consentait à entrer en communication avec l'investigateur. Le bulletin choisi était mis à part, et les autres étaient jetés sur le plancher ; l'investigateur était alors prié d'écrire, sur autant de morceaux de papier qu'il y avait de prénoms portés sur les premiers bulletins, l'indication du lien de parenté qui l'unissait à ceux qui les portaient. Supposons, par exemple, que les noms écrits fussent Marie, Joseph, et Samuel, mère, père, et frère de l'investigateur. On procédait avec ces nouveaux bulletins comme avec les premiers, et trois coups frappés par la table indiquaient celui qui était choisi. Une troisième série de bulletins, contenant l'âge respectif des personnes décédées, était ensuite écrite, et l'un des bulletins désigné de la même façon. La première épreuve consistait à établir que les trois bulletins portant le prénom, le degré de parenté avec l'investigateur, et l'âge de la personne décédée, se rapportaient bien à la même personne, point que l'investigateur était invité à vérifier en ouvrant les bulletins qui avaient été désignés successivement et mis à part. Si la concordance était reconnue exacte, la communication s'établissait promptement, et les questions écrites en présence du médium et adressées à la personne dont le prénom, la parenté, et l'âge avaient été précisés, recevaient des réponses admissibles, sinon fort concluantes. Généralement les investigateurs écrivaient leurs questions en se tenant sur leurs gardes et en interposant leur main gauche entre le papier sur lequel ils écrivaient et les yeux du médium, et ils étaient fort étonnés lorsqu'ils recevaient une communication rédigée en termes affectueux et portant le nom de leur parent appartenant actuellement au monde des esprits.

Par une longue pratique le médium était arrivé à discerner ce qu'écrivait l'investigateur par le mouvement des doigts de la main. Neuf fois sur dix l'investigateur suit, pour écrire sur les seconds bulletins contenant le degré de parenté, l'ordre qu'il a suivi pour écrire les prénoms. Par conséquent, si le médium choisit le premier de chaque série de bulletins, la plupart du temps ils se rapportent à la même personne. Il attend, pour procéder aux réponses, que la concordance entre les prénoms, titre de parenté, et âge, ait été affirmée, car il ne se soucierait pas d'écrire votre oncle Jean quand il faudrait dire votre père Jean. La raison pour laquelle le médium choisit de préférence le prénom au lieu du nom est celle-ci : les noms de baptême sont communs, et il est familier avec le mouvement que fait la main pour les écrire, tandis que, comparativement, peu de personnes portent le même nom de famille, et les distinguer au mouvement de la main de celui qui les trace est chose beaucoup plus difficile. En somme, le médium ne fait intervenir dans ses communications aucun fait dont il n'ait pas adroitement obtenu connaissance de l'investigateur lui-même.

Un vieux Monsieur, ayant l'apparence d'un provincial, entra un jour chez un médium et exprima le désir de communiquer avec les esprits.

On lui dit de s'asseoir à une table et d'écrire les noms de ses parents décédés. Le médium, comme cela arrive à beaucoup d'autres, prononça le mot *deceased*, qui veut dire décédé, comme *diseased*, qui veut dire malade.

Le vieux Monsieur ajusta ses lunettes sur son nez et fit ce qu'on lui demandait. Deux bulletins ayant été choisis portant le prénom et le degré de parenté, l'investigateur fut prié de s'assurer s'ils se rapportaient bien à la même personne.

« Très-bien. Je déclare que la concordance est parfaite, » dit-il ; « mais dites-moi, Monsieur, quel rapport ces morceaux de papier ont-ils avec la communication que je désire ? »

« Vous allez le voir à l'instant. »

Et immédiatement le médium se mit à écrire à l'aide de mouvements convulsifs la communication suivante : —

« MON CHER ÉPOUX, — Je suis très-heureuse de communiquer
« avec vous par ce moyen. Persévérez dans vos investigations, et
« vous serez convaincu du grand fait de la mise en rapport avec
« les esprits. Je suis très-heureuse dans la nouvelle demeure
« qu'habite mon esprit, et j'attends avec patience le temps où vous
« viendrez m'y rejoindre, etc. Votre femme, qui vous aime,
« BETZY. »

« Dieu de miséricorde ! mais ma pauvre vieille

femme ne peut être morte, » s'écria l'investigateur, « car je l'ai laissée à la maison. »

« Elle n'est point morte! » s'écria le médium, « ne vous avais-je pas dit d'écrire les prénoms de vos parents décédés? »

« Vous avez dit malades, » répliqua le vieillard faisant de nouveau la confusion entre les mots *deceased* et *diseased*, « et elle l'est en effet, car elle souffre d'un rhumatisme depuis six mois! »

En disant cela il prit son chapeau et s'en alla, jugeant inutile de pousser plus loin ses investigations.

Peu de temps après, ce même médium passa en Angleterre pour y exercer sa profession.

Dans une ville d'Écosse, un investigateur perspicace devina que le médium devait distinguer à peu près quelle était la question au mouvement des doigts.

« *Are you happy?* » (ce qui veut dire : Êtes-vous heureux?) étant une question communément adressée aux esprits, il y fit un variante en écrivant : « *Are you hungry?* » (Avez-vous faim?) La réponse fut imperturbablement affirmative.

D'autres tours furent joués au médium, l'un d'eux consistait à mettre le nom de personnes vivantes au lieu de celui de personnes mortes, ce qui n'empêchait pas la communication d'avoir lieu.

Pour faire lever le pied de la table sans mouvement apparent, le charlatan y pose sa main de façon à ce que l'os pisiforme, qui fait saillie à la base de la paume de la main, au-dessous du pouce, appuie contre le bord de la table. En poussant sur la table, que de légères pointes fixées dans les pieds du côté opposé à celui où est assis l'opérateur empêchent de glisser, il arrive à soulever les pieds qui se trouvent de son côté et à les faire frapper le sol à sa volonté.

Les médiums qui opèrent par voie de scrutin ont plusieurs manières de s'y prendre pour en imposer au public. Il y en a qui font écrire aux investigateurs les noms et prénoms de leurs parents décédés.

Les morceaux de papier qui les contiennent sont roulés et déposés sur la table, le médium alors prend un des bulletins et demande : —

« L'esprit de celui dont les noms sont ici est-il présent? »

Puis, laissant retomber le bulletin, il en prend un autre en répétant sa question.

De cette manière il touche tous les bulletins sans recevoir de réponse. Pendant ce temps il a subtilement dissimulé dans le creux de sa main l'un des bulletins qu'il déroule sur ses genoux à l'aide de sa main gauche, pendant qu'il occupe l'attention de l'investigateur.

Un seul regard lui suffit pour lire le nom; il replie le bulletin qu'il garde dans le creux de sa main, et dit : —

« Nous allons toucher une seconde fois les bulletins, et peut-être cette fois-ci l'un d'eux nous sera-t-il désigné. »

Après avoir laissé retomber avec les autres celui qu'il a rapporté dans sa main, il le ramasse, l'élève en l'air, et trois coups rapides se font entendre.

« Ce papier, » dit-il à l'investigateur, « contient probablement le nom de l'esprit qui a frappé; prenez-le, je vous prie, dans votre main. »

Puis, saisissant un crayon, il écrit rapidement le nom que l'investigateur trouve écrit sur le bulletin.

Si les bulletins sont peu nombreux, le médium substitue un bulletin blanc à celui qu'il enlève et dont l'absence pourrait être remarquée.

Il semble que les esprits ne peuvent jamais donner leurs noms sans qu'il leur ait été rappelé par les investigateurs, et même alors ils sont si incertains de leur propre identité qu'ils ont fort peu de chose à dire d'eux-mêmes.

Un médium auquel j'ai déjà fait allusion, après un séjour de quelques années en Californie, où il était allé en venant de Boston à la recherche de nouvelles dupes, est maintenant de retour dans l'Est et opère dans cette même ville de Boston. En outre des réponses aux lettres cachetées qu'il fait parvenir à ceux qui les lui adressent, il fait des communications écrites à ceux qui se présentent chez lui, où il ne reçoit qu'une personne à la fois. Son prix n'est que de cinq dollars l'heure.

Assis à une table dans la partie la plus éclairée de la salle, il remet à l'investigateur une bande de papier blanc, mince, et transparent, d'un mètre environ de long sur six pouces de large, en l'invitant à écrire à l'un des bouts une seule question adressée à l'esprit d'un ami, de la signer de son nom, et de plier le papier une fois ou deux fois par-dessus la partie écrite. Par exemple : —

« Frère Samuel, — Voulez-vous communiquer avec moi par « l'intermédiaire de ce médium ? William Franklin. »

Pour savoir ce qui a été écrit, le médium pose le papier sur la table et promène plusieurs fois les doigts de la main gauche sur les plis faits par l'investigateur. Si cela ne suffit pas pour rendre l'écriture visible à travers l'épaisseur de papier qui la recouvre, il soulève légèrement le pli avec sa main gauche pendant qu'il continue à frotter avec la main droite, de manière à ce que le jour passe à travers le papier et lui permette de lire. L'investigateur est placé en face de lui, dans une position à ne pas voir à travers le papier et à ne pas supposer que la chose soit possible pour le médium, qui a eu le soin de prévenir que les manipulations auxquelles il se livre sont des passes magnétiques, destinées à rendre plus facile aux esprits la prise de connaissance des questions qui leur sont adressées par écrit.

Lorsqu'il a lu la question, naturellement le médium peut répondre en signant du nom de l'esprit auquel elle est adressée, mais avant d'écrire cette réponse, il replie le papier deux fois par-dessus les plis primitifs faits par l'investigateur pour rendre l'opacité plus complète, et il repasse de nouveau ses doigts sur le papier ainsi replié. Ces nouveaux plis, ajoutés à ceux faits par l'investigateur, ont pour objet de l'empêcher de s'apercevoir qu'il était possible de lire à l'aide de la transparence. La réponse est alors écrite sur la même bande de papier qui contient la question.

Le médium invite l'investigateur à écrire chacune de ses questions sur une bande de papier séparée, et chaque fois, avant de répondre, il manipule le papier ainsi que nous venons de le décrire. Pendant qu'il promène ses doigts sur la bande de papier plié, souvent le médium ferme l'œil qui se trouve du côté de l'investigateur pour prévenir tous soupçons; mais l'autre est suffisamment ouvert pour lui permettre de lire la question à travers le papier.

Il pourrait arriver à une personne d'écrire une question à laquelle le médium ne pourrait répondre catégoriquement, lors même qu'il l'aurait lue. Dans ce cas la réponse est conçue en termes vagues et entortillés de nature à égarer la raison de celui auquel elle s'adresse, et à lui faire croire « qu'après tout elle peut renfermer un sens caché. »

Si l'investigateur flaire quelque jonglerie et prend ses précautions pour empêcher le médium de lire la question par les moyens que j'ai indiqués, alors le médium paraît inquiet, nerveux, et lève la séance en prétendant que les conditions atmosphériques sont contraires et défavorables pour établir des communications avec les esprits.

CHAPITRE XI.

Lettres écrites sur le Bras par les Esprits — Le Moyen de les écrire soi-même — Le Tour du Tambour de Basque et de l'Anneau — La Danse des Chapeaux de Dexter — L'Huile Phosphorescente — Quelques Citations empruntées à la Langue Spirite.

Les médiums produisent des lettres rouges sur les bras d'une manière très-simple. Cela se fait avec un crayon ou la pointe émoussée d'un instrument quelconque, attendu qu'il faut appuyer fortement en traçant les caractères. La pression, quoique insuffisante pour écorcher la peau, force néanmoins le sang à affluer par les vaisseaux capillaires au moment où le crayon passe, et lorsque la réaction se produit, une certaine quantité de sang extravasé paraît à travers l'épiderme, et graduellement, à mesure que l'équilibre de la circulation du sang se rétablit, les caractères tracés disparaissent.

Cette opération est généralement employée par les médiums qui agissent par voie de scrutin. Quand ils savent le nom de l'esprit auquel l'investigateur veut s'adresser à l'aide des moyens ci-dessus indiqués, ils l'invitent à s'asseoir et à écrire une question. Pendant qu'il est occupé à cette opération, le médium retrousse vivement sa manche sous la table et écrit sur son bras le nom qu'il vient d'apprendre.

Faites-en vous-même l'expérience, ami lecteur; découvrez votre bras gauche, serrez le poing de manière à raidir un peu vos muscles, et écrivez votre nom sur la peau avec un crayon ou une pointe émoussée en lettres de trois quarts de pouce de hauteur, en appuyant suffisamment pour éprouver une légère douleur; frottez vivement la place une douzaine de fois, et les lettres tracées paraîtront rapidement en lignes rouges et distinctes.

Sur les peaux épaisses et un peu rudes, il est difficile de produire des lettres par l'emploi de ce moyen; il faut enfoncer la pointe plus profondément et former les lettres par une succession de points assez vigoureusement piqués.

Parmi ceux qui cherchent à gagner de l'argent et de la célébrité par l'exercice de leur talent pour les jongleries spirites, il y a une certaine femme que je ne veux pas désigner plus clairement, mais dont je tiens le nom à la disposition de quiconque voudrait me le demander, et qui, il n'y a pas longtemps, fit ses exhibitions à Brooklyn et à New York. Cette femme est accompagnée par son mari, qui lui sert de compère dans l'exécution du petit jeu auquel elle se livre.

Elle s'assied à une table placée contre le mur de la salle. L'auditoire est assis de manière à former un demi-cercle, et à l'une des extrémités se trouve son mari, assez près d'elle pour pouvoir lui donner la main, et ayant immédiatement à côté de lui un spirite complaisant. Alors le médium commence d'une voix empruntée un discours traitant de différents sujets, qui se termine par la demande qu'une personne de la société veuille bien venir s'asseoir auprès d'elle et lui tenir la main.

Un sceptique peut être admis. Lorsque le sceptique est installé, il se trouve placé entre le médium et son mari en tournant le dos à ce dernier. Le mari joue le rôle de l'esprit — à l'aide de sa main droite, qui est libre, la gauche seulement étant tenue par le spirite complaisant, son voisin immédiat — il caresse la tête de l'investigateur, lui donne des coups de guitare ou d'autres instruments, et quelquefois lui tire les cheveux.

Le médium prétend que tout cela est fait par des esprits, attendu qu'on lui tient les mains et que par conséquent il est dans l'impossibilité d'agir. Profond raisonnement! Si quelqu'un fait observer que son mari pourrait s'asseoir ailleurs, elle ne veut pas entendre parler du moindre changement de place, « il fait partie de la batterie électrique, » et rien ne peut être changé dans les conditions nécessaires. C'est parfaitement certain! D'ailleurs, le spirite complaisant déclare qu'il tient le mari d'une main ferme.

Le cercle intérieur d'un tambour de basque privé de sa peau d'âne, et un anneau de fer, assez grand pour passer autour du bras de quelqu'un, sont présentés au public. Le médium prétend que les esprits ont une action suffisante sur la matière pour passer le tambour le basque ou l'anneau, ou tous les deux à la fois, autour de son bras pendant que quelqu'un lui tient les mains.

La personne qui a le privilége de tenir les mains

du médium en cette occasion doit se diriger vers lui dans l'obscurité. Aussitôt qu'elle y est parvenue, la dame remplissant le rôle de médium lui saisit les mains, en fait passer une derrière son cou et le long de son bras en disant : —

« Vous voyez bien qu'il n'y a pas d'anneau! »

Un instant après, le tambour de basque ou l'anneau glisse sur sa main et lui passe autour du bras. Une bougie est allumée pour qu'elle puisse se convaincre du fait.

Au moment où elle avait pris les mains du médium, la personne chargée de ce soin avait senti sous son coude le cercle du tambour de basque ou l'anneau — ou du moins un cercle de tambour de basque ou un anneau — qui avaient été enlevés de dessus la table, où ils étaient un instant avant le moment où ils avaient glissé jusqu'à son bras. Tel est le rapport qu'elle communique à l'auditoire. Mais en réalité, le médium a deux cercles de tambour de basque ou un tambour de basque et un cercle de tambour de basque, et il fait en sorte que l'investigateur sente à sa portée l'un de ces objets.

Avant qu'on lui prît les mains, le médium avait passé le tambour de basque dans l'un de ses bras et l'avait fait passer par-dessus sa tête, de telle sorte que l'investigateur, en passant sa main du côté du cou où n'était pas le tambour de basque et en suivant le dessus du bras sous lequel se trouvait l'autre côté, ne pouvait rien sentir. Le mari enlevait le tambour de basque sous le cou de l'investigateur, la femme faisait repasser par-dessus sa tête celui dont elle se servait; il glissait le long de son bras jusqu'à celui de l'investigateur, et le tour était fait.

Il y avait également deux anneaux de fer. L'un d'eux était passé autour du bras de la femme, retenu solidement au haut de son épaule et couvert par une capeline qu'elle gardait jusqu'au moment où l'investigateur prenait ses mains (dans l'obscurité) et sentait l'autre anneau sous son coude ; alors le mari enlevait l'anneau qui était sur la table, et la femme faisait glisser celui qui était à son épaule autour de son bras. Le public ne voyait qu'un anneau, et la personne assise auprès du médium pensait l'avoir senti sous son coude jusqu'au moment où il avait été passé à son bras !

Il y a quelques années, un homme portant le nom de Dexter et tenant un débit d'huîtres et de liqueurs dans Bleecker Street, eut recours à une exhibition nouvelle pour attirer les pratiques. Un certain nombre de chapeaux, placés sur le plancher de sa salle, dansaient ou sautaient et retombaient en cadence aux sons de la musique. Son établissement fut visité par les chefs des écoles spirites de New York, à plusieurs desquels on avait entendu exprimer l'opinion que ces chapeaux étaient mis en mouvement par les esprits ! Dexter pourtant n'avait pas la prétention d'être un médium, quoiqu'il parlât vaguement du pouvoir de l'électricité, lorsqu'on le questionnait relativement à son exhibition. Outre les chapeaux qu'il faisait danser, il faisait encore parler un violon placé dans sa boîte sur le plancher en promenant ses mains au-dessus de l'instrument ainsi enfermé.

Les chapeaux étaient mis en mouvement par une combinaison assez compliquée de fils de fer mis en œuvre par un compère placé hors de la vue des spectateurs. Ces fils de fer étaient attachés à des leviers et venaient sortir du plancher en passant par de petits trous cachés par la sciure de bois qu'on a coutume de répandre sur le sol dans les établissements de ce genre.

Le violon placé dans la boîte ne rendait aucun son. C'était un autre violon dont on jouait sous le plancher qui se faisait entendre. Il est difficile de se rendre un compte exact de l'endroit d'où part un son dont la cause n'est pas apparente. En somme, tout ce qu'on peut dire des opérations de Dexter, c'est que ce n'était qu'un tour ingénieux exécuté avec dextérité.

Un jeune homme qui se prétendait sous l'influence

des esprits, étonnait son public en lisant des noms et en disant l'heure indiquée par les montres qu'on lui présentait dans une chambre plongée dans l'obscurité. Il était assis à une table couverte par un tapis et placée au milieu de la salle; les investigateurs étaient rangés contre la muraille. Le nom d'un esprit était écrit, déposé sur la table, et au bout d'un temps fort court, il disait quel nom était écrit. Pour dire l'heure à une montre, il demandait qu'elle fût placée sur la table ou qu'elle lui fût donnée dans la main. Avec le tapis de la table, dont il se couvrait la tête, une petite bouteille d'huile phosphorescente lui permettait de voir, sans que la moindre lueur fût visible pour les autres personnes qui se trouvaient dans la salle.

Si l'on demandait à quelque philosophe spirite quelle est la philosophie de ces manifestations, il répondrait probablement par un fatras de phrases amphigouriques assez semblable à ce qui suit : —

« Il existe une influence infinitésimale de sympathie entre l'esprit et la matière, qui pénètre tous les êtres, et s'infiltre dans toutes les cases délicates, dans tous les interstices de l'intelligence humaine. Cette influence sympathique opérant sur une intelligence présentant avec elle un rapport d'affinité, s'amasse au point d'acquérir une certaine solidité, qui confine de très-près les conditions mortelles dans leur plus haute expression, ou tout au moins s'identifie avec elles par assimilation. »

En partant de ce grand principe philosophique, il ne sera pas difficile de comprendre la citation suivante, que j'emprunte au *Spiritual Telegraph* : —

« Vers la douzième heure, la sainte révélation complétera le
« Dieu en trois personnes par la plus parfaite lumière révélatrice.
« Alors, dans cette splendeur, au-dessus de la divinité séraphique,
« la création atteindra les hauteurs de la voix lactée en se tour-
« nant vers le rayonnement compréhensible de la suprême béati-
« tude. »

Pour que tous ceux qui ne seraient point doués

du souffle inspirateur et divin puissent arriver à comprendre le sens du paragraphe ci-dessus, en voici la traduction libre : —

« Tous les sots, tous les niais, tous les imbéciles, tous les gobe-
« mouches, tous les nicodèmes qui se seront laissé conduire jus-
« qu'à ces cimes de l'absurde, sont comparables à ces insectes
« presque perdus dans les profondeurs de la mer, qui, vivant ag-
« glomérés comme une sorte de gélatine, finissent par s'assimiler
« aux mollusques et aux coquillages, et ils ressembleront toujours
« à un chat qui essaie d'attraper sa queue. »

Quelle puissance il y a dans le spiritisme !
Je serais heureux de recevoir et de publier tous les renseignements authentiques qu'on voudra bien m'envoyer de toutes les parties du monde, sur les faits et gestes des prétendus spirites, et spécialement sur ceux qui opèrent en vue de gagner de l'argent. Il est grandement temps que la masse des gens crédules soit mise à l'abri des tromperies, des déceptions, et des friponneries pratiquées par ces saltimbanques et ces imposteurs impies.

CHAPITRE XII.

Manifestations produites par Samson sous une Table — Un Médium adroit de ses Pieds — Un autre Opérateur agissant dans l'Obscurité.

Un grand intérêt de curiosité a été excité dans les provinces de l'Ouest par une jeune femme dont le nom est inutile à citer et qui prétend être un médium à manifestations physiques. Elle est grande, d'une constitution véritablement athlétique; l'expression de sa physionomie indique l'innocence et la simplicité.

Les manifestations qui se produisent par son intermédiaire sont attribuées à Samson, le défenseur des Hébreux, l'ennemi des Philistins.

Quand elle se prépare pour son exhibition, elle a une table dont un côté est placé contre la muraille, et qui est couverte d'un tapis épais qui touche le plancher. Un large plat d'étain, garni de poignées ou d'oreilles, un accordéon d'Allemagne, et une sonnette, sont placés sous la table au bout de laquelle elle s'assied, de manière que son corps touche le bord supérieur de cette table et que ses membres inférieurs soient engagés dessous; ses jupes remplissent exactement l'espace existant entre les pieds de la table, et laissent en même temps toute leur liberté d'action à ses pieds. Le tapis, à l'endroit où elle s'assied, est en contact avec sa taille et pend jusqu'au plancher de chaque côté de sa chaise. L'espace qui se trouve sous la table est ainsi plongé dans l'obscurité et complétement dérobé à la vue, condition indispensable et impérieusement réclamée. Le médium, alors, croise les bras, prend l'air indifférent, et les manifestations commencent. L'accordéon résonne, mais sans exécuter un air, et la sonnette retentit en même temps. Puis le plat d'étain s'agite avec un bruit terrible. Quelqu'un est prié de prendre place au bout de la table en face du médium, de poser sa main sous le tapis, et de saisir le plat d'étain ; l'individu désigné se rend à cette invitation et trouve qu'une force inconnue lui résiste et s'oppose à ce qu'il fasse changer de place le plat d'étain. En personne bien élevée, l'investigateur s'abstient de tirer de toute sa force et retourne à sa place. La table se soulève de plusieurs pouces et retombe à terre de tout son poids, puis frappe ainsi plusieurs fois de suite. L'un des bouts de la table s'élève et retombe à terre en suivant la mesure de la musique, si quelqu'un se trouve là pour exécuter un morceau, des coups retentissants se font entendre sous la table, et le prétendu Samson ne reste généralement pas inactif. Une personne, parmi celles qui sont présentes, est priée de placer sa main contre le tapis, au travers duquel elle sent ses doigts saisis comme par la main de quelqu'un qui serait sous la table. Un spectateur est prié de prendre la table par un bout et de la soulever, mais il la trouve si pesante que c'est à peine s'il peut la faire bouger ; il est invité à la soulever de terre une seconde fois à une hauteur de plusieurs pouces, et cette fois la table ne se trouve pas être plus lourde que son apparence ne l'indique. Une autre personne est invitée à lever la table par le bout le plus éloigné du médium, et tout à coup elle devient si pesante qu'elle lâche prise et que la table retombe à terre avec une grande force. Ainsi par la puissance exercée sous la table par un esprit prétendu, ce meuble devient tantôt lourd, tantôt léger, et se livre à des mouvements divers, sans que le médium paraisse y être pour rien.

En outre de ses autres accessoires, le médium possède un *cadran spirite*, comme on l'appelle, qui contient les lettres de l'alphabet, les numéros et quelques mots comme ceux-ci : « oui, » « non, » « je ne sais pas. » Cet appareil est construit de telle manière, qu'en tirant un cordon, une aiguille fait le tour du cadran et s'arrête sur les caractères ou les mots qui y sont tracés. Le cadran spirite est placé sur la table au bout le plus éloigné du médium, le cordon passe à travers un trou et pend sous la table ; au bout du cordon il y a un nœud. Le médium conserve la position qu'il a occupée pendant toutes les autres manifestations et l'aiguille se promène sur le cadran, mise en mouvement par une force qui agit sous la table et tire le cordon. Un ressort ramène vivement l'aiguille à son point de départ après que chaque lettre, chaque chiffre, ou chaque mot a été indiqué. L'orthographe de ces esprits est incorrecte, quand elle n'est pas tout à fait mauvaise.

Passons maintenant à l'explication des différentes manifestations que nous avons énumérées.

Le médium est tout simplement fort adroit de ses pieds. Pour faire résonner l'accordéon et sonner la clochette en même temps, la femme dont nous parlons quitte l'une des pantoufles dont elle est habituellement chaussée dans ces occasions. Ceci fait, elle prend le manche de la sonnette entre les doigts de son pied droit à travers un trou ménagé dans son bas, puis promenant le talon de ce même pied sur les clefs de l'accordéon pendant que l'autre pied agit sur la partie inférieure de l'instrument, elle arrive à exécuter les mouvements nécessaires pour faire parler l'accordéon et sonner la clochette; en agissant successivement avec son talon sur les clefs, elle peut produire une succession de notes et arriver à jouer un air primitif, comme celui de *J'ai du bon tabac*, et là se borne toute la science musicale dont elle dispose à l'aide de ses pieds.

Le vacarme produit par le plat d'étain est obtenu en introduisant l'orteil du pied dans une des oreilles ou poignées et en le frappant contre les objets environnants. En retenant la poignée avec le pouce et en mettant l'autre pied dans le plat, l'opérateur peut résister au mouvement de traction opéré par l'investigateur qui, en passant sa main sous le tapis, s'est emparé de l'autre poignée.

Pour soulever la table, le médium exerce une pression avec ses genoux sur la partie supérieure en enlevant les talons et en prenant son point d'appui sur le plancher avec l'extrémité de ses doigts de pieds, pendant que ses bras appuient sur l'autre bout de la table. Pour faire pencher la table en avant, la pression d'un seul genou est suffisante. Les *raps* ou coups frappés sont produits par le bout du soulier de l'opérateur tapant contre le pied ou la partie supérieure de la table.

Ce qui semble à l'investigateur être une main qui lui presse les doigts, lorsqu'il les approche contre le tapis, n'est pas autre chose que les pieds du médium; le gros orteil d'un pied joue le rôle du pouce et les doigts du second pied imitent les autres doigts de la main. Cette pression, à travers un tapis épais, n'offre pas de différence appréciable avec celle d'une main. Quand cette opération doit être pratiquée, le médium porte des pantoufles qu'il lui est facile de quitter.

Pour faire paraitre la table lourde, l'opérateur presse vigoureusement ses genoux contre les pieds de la table et résiste en sens contraire au mouvement que l'investigateur fait pour l'enlever, ou il presse ses genoux contre les pieds de la table qui se trouvent de son côté, tandis qu'il retient avec ses pieds le bout des pieds de la table du côté opposé, cela lui donne un point d'appui à l'aide duquel toute la table ou la partie de la table la plus éloignée de l'opérateur paraît lourde, et s'il arrive à l'investigateur de lâcher prise tout à coup, la table retombe forcément sur le plancher avec fracas.

Pour mettre en œuvre le cadran spirite, le médium n'a qu'à presser le cordon contre le pied de la table avec le bout de son pied et à tirer jusqu'à ce que l'aiguille indique la lettre ou le mot qu'il veut indiquer. Le cadran est incliné vers le médium, de manière qu'il n'ait aucune difficulté pour surveiller la marche de l'aiguille.

Après avoir fini ses exercices sous la table, cette dame reculait quelquefois sa chaise de deux pieds environ, en gardant néanmoins une de ses jambes en contact avec le pied de la table. Sous la protection de ses jupes elle tournait sa jambe autour du pied de la table et la tirait vers elle. Ceci était fait sans aucun effort musculaire apparent, tout en causant ; les personnes présentes étaient induites à croire que la table était mise en mouvement sans le moindre contact humain, et elles en répandaient la nouvelle au dehors.

Ce médium opérait sous la direction d'un associé, qui faisait de son mieux pour que Samson ne fût pas pris en flagrant délit de fourberie. L'opératrice elle-même était aussi très-vigilante, malgré son air d'insouciance et d'innocente simplicité. Néanmoins un jour le tapis, s'étant soulevé par un mouvement soudain exposa à la vue du public les pieds du médium se livrant au travail le plus actif.

Une autre femme médium, agissant dans l'obscurité, excite le plus vif intérêt sur le compte de sa santé délicate. Sa santé n'est pas néanmoins assez délicate pour l'empêcher de travailler avec ardeur à tromper le public par les manifestations physiques qu'elle obtient. Elle n'opère qu'en présence d'un nombre restreint de personnes.

Un cercle étant formé, les mains de tous ceux qui le composent sont jointes, excepté sur le point où se trouve une table. Ceux qui sont placés près de cette table y posent une de leurs mains, et de l'autre ils tiennent la main de leur voisin immédiat et forment ainsi le premier anneau de la chaîne de mains qui relie le cercle tout entier. Le médium est assis près de la table, et, pendant les manifestations, il doit placer ses deux mains sur celles des personnes les plus rapprochées de la table. Naturellement il ne pourrait faire que fort peu de chose ou même rien du tout, si ses mains étaient constamment tenues par les investigateurs; voici comment il s'y prend pour faire croire aux personnes présentes que ce n'est pas lui qui fait résonner les instruments de musique. Ces instruments sont placés à sa portée, et au lieu de toucher les mains des personnes placées près de la table avec les deux siennes à la fois, ainsi qu'on le suppose, il touche alternativement leurs mains avec une seule main, tandis que l'autre s'emploie avec dextérité à faire parler les instruments.

Il y a quelques années, pendant une séance qui avait lieu à Saint John, dans le Michigan, une allumette fut tout à coup enflammée, et cette femme fut surprise au moment où elle exécutait elle-même ce qu'elle prétendait être l'œuvre des esprits. Dans plusieurs autres occasions elle a été convaincue d'imposture.

Comme je l'ai déjà dit précédemment, les médiums

insistent toujours pour exiger « certaines conditions, » qui leur permettent de tromper les sens et d'égarer le jugement des spectateurs.

Si un plus grand nombre de personnes faisaient comme le Docteur Van Vleck, qui s'était donné pour mission de surprendre leurs jongleries, toute la confrérie des médiums serait bientôt mise à mal.

CHAPITRE XIII.

Les Photographies Spirites — Colorado Jewett et les Photographies Spirites du Général Jackson, de Henry Clay, de Daniel Webster, de Stephen Douglas, de Napoléon, etc. — Une Dame de grande distinction demande et obtient la Photographie de son enfant décédé et celle de son Frère qu'elle croit mort et qui se trouve être parfaitement en santé. — Comment s'exécute ce tour.

En réponse aux différentes réclamations qui me sont adressées et aux menaces de poursuite en diffamation qui me sont faites, à raison de ce que j'ai écrit au sujet des imposteurs qui (pour gagner de l'argent) se livrent à des tours de passe-passe qu'ils attribuent aux esprits des morts, je n'ai qu'une chose à dire : ce n'est ni la méchanceté ni la haine qui m'ont poussé à faire connaitre les jongleries du monde ancien et moderne, et je suis déterminé, autant que cela dépendra de moi, à ne rien publier qui ne soit l'exacte vérité. Je n'agirai que guidé par de bonnes intentions et en vue d'un but utile, et je poursuivrai ma tâche avec conscience et sans crainte. Aucune menace ne m'intimidera, aucune cajolerie ne m'empêchera de publier ce qui me paraîtra être la vérité et pouvoir contribuer à l'édification et à l'amusement du lecteur.

Quelques personnes me demandent, dans les lettres qu'elles me font l'honneur de m'adresser, si je crois que toutes les relations établies entre les vivants et les esprits des morts ne sont que mensonge. A cela je réponds que si des gens déclarent avoir communiqué d'une façon toute privée avec des esprits invisibles, ou avoir parlé ou écrit sous leur influence, je ne puis prouver qu'ils se trompent ou veulent me tromper— bien que, selon moi, l'une de ces deux propositions soit la vraie. Mais quand ils prétendent me transmettre les communications de ceux qui ne sont plus, lire des lettres cachetées, ou répondre aux questions qu'elles renferment par l'intervention du spiritisme, je n'hésite pas à déclarer que toutes ces prétentions ne sont que des mensonges ridicules, et je me tiens toujours prêt à le prouver, comme aussi à compter la somme de cinq cents dollars à tout médium, quel qu'il soit, qui réussira à produire ses merveilleuses manifestations dans une chambre de mon choix, avec les appareils que je lui fournirai, sans toucher les lettres cachetées ou les bulletins pliés auxquels il aura à répondre, sans imposer de conditions d'aucune espèce, etc. S'il répond à mes questions d'une façon précise et catégorique, sans toucher aux enveloppes dans lesquelles elles sont renfermées, ou même s'il répond à celles que je lui adresserai de vive voix, les cinq cents dollars lui sont acquis. S'il peut exécuter en pleine lumière ce qu'il prétend être fait par les esprits dans l'obscurité, c'est un spectacle pour lequel je suis encore prêt à payer la somme de cinq cents dollars. Jusque-là, je me crois en droit d'expliquer tous les exercices de la gymnastique spirite, le saut des brosses, les pianos dansant, les esprits frappeurs, les instruments résonnant et volant dans les airs (dans l'obscurité), et mille autres merveilleuses manifestations qui, semblables aux tours exécutés par nos modernes magiciens, semblent étranges tant qu'elles ne sont pas expliquées, et alors perdent tout leur prestige. Le Docteur Von Vleck produit publiquement toutes ces prétendues manifestations, en pleine lumière, et sans avoir la prétention de recourir à l'assistance des esprits.

Parmi les nombreux tours qui doivent leur existence et leur succès aux hasards des circonstances et à l'extrême crédulité de la race humaine, celui-ci m'a été raconté par une personne dont la position et le caractère m'offrent toute garantie, et à la parole duquel on peut croire.

Quelque temps avant l'élection Présidentielle, un photographe résidant dans une des villes de l'Amérique, homme ingénieux et savant chimiste, était occupé à faire des expériences avec sa chambre obscure, espérant trouver des moyens nouveaux pour reproduire avec plus de facilité la forme humaine. Un matin, après avoir disposé son appareil avec soin, il voulut se photographier lui-même. Cette idée n'était pas plus tôt conçue qu'il prit ses dispositions pour la mettre à exécution. Lorsque tout fut prêt, il prit position, resta une seconde ou deux immobile, puis fermant sa chambre obscure il surveilla le résultat. Lorsqu'il retira l'épreuve, il fut surpris de trouver sur la plaque l'ombre d'un être humain ayant l'apparence d'un spectre, et un aspect tellement surnaturel qu'il s'amusa beaucoup de sa découverte. Il répéta l'opération jusqu'à ce que, par une disposition particulière de ses lentilles et de ses réflecteurs, il eût obtenu des épreuves semblables. A peu près vers la même époque, il fit la connaissance d'un des plus fameux écrivains spirites, et dans le cours d'une conversation qu'il eut avec lui, il lui montra confidentiellement l'une de ces photographies, ainsi que celle d'une autre personne, en lui disant avec mystère : —

« Je vous assure, monsieur, sur ma parole de galant homme et sur mes espérances d'une vie future, que cette épreuve s'est produite sur la plaque, pendant que j'étais enfermé dans ma galerie, sans personne avec moi. Cette image est apparue tout à coup, ainsi que vous le voyez, et depuis longtemps je désirais prendre l'opinion d'une personne comme vous qui avez sondé tous ces mystères. »

Le spirite lui prêta une oreille attentive, regarda l'image qui lui était soumise, écouta les autres explications du photographe, examina les différentes images photographiques qu'il lui présenta, et l'opinion qu'il exprima d'un air grave fut que c'était un nouveau mode employé par les habitants du monde inconnu pour reparaître aux yeux des mortels, et que l'opérateur était un médium d'une puissance toute spéciale. Le *New York Herald of Progress*, journal spirite, inséra le premier article sur cet homme, qui fut présenté comme un photographe spirite.

Les relations ainsi commencées continuèrent, et le photographe trouva très-profitable de fournir à son ami le spirite des reproductions d'ombres à l'infini, au prix de cinq dollars chacune. Des mères venaient trouver l'artiste et se retiraient pleines de reconnaissance en emportant l'image des enfants qu'elles avaient perdus. Des veuves venaient lui acheter l'ombre de leurs défunts maris. Des maris venaient lui demander l'image de leurs femmes dont ils avaient été séparés par la mort. Des amis voulaient revoir les traits de leurs amis partis pour un monde meilleur. Tous se retiraient satisfaits, et leurs conversations sur ce sujet amenaient au photographe de nouveaux et de nombreux visiteurs. En somme, tous ceux qui entendaient parler de ces merveilles voulaient les vérifier par eux-mêmes et revoir l'ombre de ceux qui étaient passés dans une sphère nouvelle. C'est ici le cas de placer une amusante histoire. Un fidèle croyant obtint l'image de l'esprit de son frère mort depuis plus de cinq années, et il dit qu'il reconnaissait jusqu'à la cravate qu'il portait de son vivant. Pourrait-on croire que la crédulité puisse être poussée assez loin pour faire supposer que ceux qui ne sont plus puissent reparaître avec leurs vêtements terrestres? Le fait de l'ombre d'une jeune femme morte depuis longtemps et reparaissant avec une veste de zouave de la coupe la plus nouvelle, sans que la confiance des croyants en soit ébranlée, nous plonge véritablement dans le plus profond étonnement.

La renommée du photographe se répandit dans tous les cercles spirites, et des pèlerins accoururent à cette Mecque nouvelle, des points les plus éloignés du pays. Quelques mois ne s'étaient pas écoulés que l'émotion produite gagnait jusqu'à ceux qui étaient disposés à croire que rien ne se faisait que par l'intervention d'un agent humain.

Les demandes s'accrurent à un tel point que le photographe fut obligé d'augmenter son prix et de le porter à dix dollars pour une bonne épreuve de photographie spirite; sans quoi il eût été débordé par cette nouvelle industrie qu'il avait ajoutée aux travaux réguliers de sa profession.

Environ vers cette époque, la fameuse Conférence de la Paix venait de se terminer par l'apparition de la célèbre lettre de M. Lincoln, et William Cornell Jewett (dont la tête était pleine de projets pour rendre la paix à sa patrie souffrante) entendit parler du mystérieux photographe, et vint lui rendre visite.

« Monsieur, » dit-il, « il faut que je consulte les esprits des hommes d'État les plus distingués; nous avons besoin de leurs conseils. Cette guerre cruelle doit finir. Des frères se baignant dans le sang de leurs frères; c'est horrible, monsieur! Pouvez-vous me faire voir John Adams? Que je voie les traits d'Andrew Jackson! Il faut que je revoie le noble, le glorieux homme d'État, le vieil Henry Clay que j'ai connu. Pouvez-vous reproduire l'image de Stephen A. Douglas, que je veux consulter sur la crise actuelle des affaires nationales? J'aimerais aussi à voir le grand Napoléon. Si je réussis, cela augmentera mon influence sur l'œuvre politique dont je m'occupe. »

Colorado Jewett continua, avec la chaleur habituelle qu'il apporte dans ses discours, à faire comprendre au photographe de quelle importance il était pour lui d'obtenir les communications qu'il désirait, ou du moins une preuve quelconque que les esprits de nos hommes d'État décédés aidaient de leur présence et de leurs conseils ceux qui désiraient voir se réunir les forces opposées combattant l'une contre l'autre sur le sol de la commune patrie.

Le photographe apporta la plus grande prudence dans ses réponses. Après avoir préparé son appareil, il obtint quelques images indécises, et finit par déclarer que les « conditions » n'étaient pas assez favorables et qu'il ne fallait rien tenter avant le lendemain. Le jour suivant, Jewett reparut — nerveux, inquiet, ému par la perspective de se trouver en présence des esprits des grands hommes qu'il désirait consulter. L'appareil fut préparé, le plus profond silence fut exigé, et, pendant quelque temps, on put entendre les battements du cœur du pacificateur, qui venait demander au surnaturel assistance dans ses efforts pour terminer notre cruelle guerre civile. Puis, emporté par la violence de ses pensées, Jewett manquait aux conditions imposées en changeant de position, en murmurant de courtes invocations aux ombres de ceux qu'il désirait voir. L'opérateur finit par déclarer qu'il lui était impossible de continuer et par clore la séance pour ce jour-là. Des excuses semblables furent mises en avant jusqu'à ce que les conditions mentales de M. Jewett en fussent arrivées au point de donner au photographe l'assurance du succès le plus complet. Tout était préparé, et Jewett attendait sans respirer la présence tant désirée. Tranquillement, l'opérateur produisit l'image vaporeuse de l'aîné des Adams. Jewett examina la plaque, et exprima un silencieux étonnement, accompagné, sans aucun doute, de mentales invocations à cet illustre homme d'État; puis, écrivant sur un morceau de papier le nom de Webster, il le passa au photographe, qui plaça gravement ce griffonnage sur sa chambre obscure, et en retira bientôt la reproduction des traits si bien présents à tous les souvenirs du Sage de Marshfield. Colorado Jewett était alors bien convaincu de la puissance spirite qui produisait ces images, et c'est plongé dans une véritable extase qu'il adressa une prière à Andrew Jackson pour qu'il consentît à apparaître et à prendre part à la conférence qu'il voulait tenir avec ces glorieux morts. Les traits bien connus de Jackson parurent à ce commandement, après que l'appareil eût été convenablement manœuvré. « Glorieux trio d'hommes d'État qui n'êtes plus! » pensa Jewett, « aidez-nous de vos conseils en ce jour de grande détresse pour notre pays! » Bientôt après, une vague image de Henry Clay sortit de la tombe, sans exciter l'étonnement de Jewett, qui déclara qu'il s'attendait à le voir répondre à son appel. Ensuite vint Stephen A. Douglas, et l'opération tout entière s'accomplit à la si parfaite satisfaction de Jewett, qu'après avoir payé cinquante dollars pour ce qu'il avait vu, il revint le lendemain implorer la présence de George Washington et offrir au photographe cinquante dollars de plus pour pouvoir contempler l'image spirite du Père de notre pays. Cette demande révolta le photographe comme une invitation à commettre un sacrilége. Son respect pour la mémoire de Washington ne lui permettait pas de se laisser tenter par l'offre généreuse qui lui était faite. Il ne pouvait se décider à faire servir les traits de ce grand homme à l'œuvre d'imposture pratiquée sur l'esprit abusé du fanatique Jewett; en résumé, les « conditions » se trouvèrent toujours défavorables pour l'apparition du Général Washington, et son client fut obligé de se contenter du concile de grands hommes évoqués du monde des esprits pour faire pénétrer la sagesse dans la cervelle d'un fou de notre planète terrestre. N'ayant pu obtenir, par l'intermédiaire de l'opérateur, la satisfaction de jeter un regard sur les traits de Washington, Jewett joignit les mains, et, tombant à genoux, il dit, les yeux levés vers le ciel : « O esprit de l'immortel Washington! abaisse tes regards sur les éléments déchaînés qui bouleversent notre pays; permets à ton image d'apparaître pour que son influence ramène l'union dans un pays déchiré par la guerre civile! »

Il est inutile de dire que cette prière ne fut pas exaucée, l'esprit ne voulut pas consentir à paraître et complétement tranquillisé par les explications et les demi-promesses du photographe, le messager de paix se retira, bien convaincu qu'il s'était trouvé en présence de cinq grands hommes d'État, mais pourtant attristé par cette réflexion que l'ombre de l'immortel Washington avait détourné sa face de ceux qui avaient refusé de suivre les conseils qu'il avait donnés de son vivant.

Cette dernière visite de Jewett fut bientôt suivie d'une commande de duplicata des images qu'il avait obtenues pour une valeur de plus de vingt dollars. Je possède en ce moment, dans mon Musée, plusieurs des véritables portraits exécutés à cette époque qui reproduisent les traits bien connus de M. Jewett : sur l'un apparaît l'ombre de Henry Clay, sur un autre celle de Napoléon, et sur d'autres encore des femmes célèbres depuis longtemps descendues dans la tombe. On m'assure que Jewett a envoyé une des images de Napoléon Ier à l'Empereur Napoléon III.

Peu de temps après que Colorado Jewett eut obtenu ces merveilleux portraits et fut ainsi arrivé à la conviction qu'il s'était entouré des grands et illustres hommes d'État du temps passé, une dame, qui ne voulut pas se faire connaître, alla faire visite au photographe. J'ai su que c'était la femme d'un haut dignitaire. Elle avait entendu parler des succès obtenus par d'autres, et elle voulait vérifier le fait par sa propre expérience. Complétement satisfaite par les apparitions évoquées sur ses indications, elle demanda et obtint une photographie fantastique ressemblant à son fils, qui était parti quelques mois avant pour le monde des esprits. On dit que la même dame demanda et obtint également l'image de son frère, qui, d'après ce qu'elle avait récemment appris, avait péri dans une bataille; et lorsqu'elle fut de retour chez elle, elle le trouva vivant et aussi bien que le comportait son état. Mais sa confiance n'en fut pas ébranlée le moins du monde; elle se contenta de dire que sans doute quelque mauvais esprit avait pris la ressemblance de son frère pour la tromper. C'est le moyen généralement employé par les spirites pour se tirer d'affaire, lorsque les fraudes des opérateurs, agissant en vue de gagner de l'argent, sont découvertes. Cette même dame avait dernièrement usé de son influence personnelle en faveur du médium Colchester, établi à Washington. Une des épreuves spirites, reproduisant les traits de cette dame, fut accidentellement reconnue par un visiteur. Cet accident dévoila l'imposture ; le photographe comprit qu'il se rendait coupable d'un tort grave envers la société en continuant à produire ces photographies spirites, et il se refusa à se prêter désormais à d'autres manifestations de ce genre. La facétie était épuisée.

Je n'ai eu d'autre but, en expliquant le *modus operandi* pour obtenir cette illusion, que de rendre clair pour le plus ignorant qu'il n'est besoin d'aucun agent surnaturel pour produire des photographies présentant une ressemblance avec les personnes dont l'apparition est désirée. Le photographe prend toujours la précaution de demander des renseignements sur la personne du mort, son aspect général, et sa manière habituelle de porter ses cheveux, puis il choisit, parmi les innombrables épreuves négatives qu'il conserve à cet effet, celle qui offre le plus de ressemblance avec la personne dont l'apparition lui est demandée, il la présente avec aplomb à son visiteur, qui manque rarement de discerner dans cette image indécise et à peine indiquée, quelques traits qui lui rappellent le souvenir du parent qu'il a perdu, surtout lorsque sa mort remonte à une époque éloignée. Les trompeuses images d'Adams, de Webster, de Jackson, de Clay, et de Douglas, étaient obtenues à l'aide d'excellents portraits de ces anciens hommes d'État, que le savant opérateur s'était procurés pour faire illusion à Colorado Jewett.

En faisant passer sous les yeux de mes lecteurs l'explication des pratiques de la photographie spirite, je puis leur garantir que les faits sont rigoureusement exacts et conformes à la relation que j'en ai donnée. Je suis en ce moment en correspondance avec des personnes indépendantes à raison de leur fortune et de leur position, qui me déclarent qu'elles sont prêtes à m'appuyer par leurs attestations écrites et par tous les moyens qui seront nécessaires pour ouvrir les yeux du peuple et le tenir en garde contre les fourberies journellement pratiquées pour abuser les gens ignorants et superstitieux.

CHAPITRE XIV.

« *The Banner of Light* » — *Messages des Morts* — *Civilités Spirites* — *Métamorphoses des Esprits* — *Hans Von Vleet, la Hollandaise* — *Les Réunions de Mme Conant* — *Démonstration des Coups frappés dans la Table de Paine.*

The Banner of Light, journal hebdomadaire de romans, de littérature, et d'informations, qui se publie à Boston, est le principal organe spirite de l'Amérique. Il y a bien des choses à dire contre ses informations générales, mais c'est bien réellement un journal de romans; les jongleries et les impostures y abondent. Il y a une partie du journal consacrée aux « Correspondances, » et les propriétaires prétendent que tous les messages qui y sont insérés émanent de l'esprit dont ils portent le nom et sont transmis par l'intermédiaire de Mme J. H. Conant, pendant qu'elle est plongée dans cet état anormal qu'on nomme extase.

Je vais donner ici quelques échantillons de ces messages. C'est ainsi, par exemple, que s'exprime l'esprit de Lolley : —

« Comment vous portez-vous? Me connaissez-vous? Connaissez-
« vous George Lolley? (Oui. Comment allez-vous?) Je vais on
« ne peut mieux. Je suis mort. N'avez-vous pas peur de moi?
« Vous savez que j'étais familier avec toutes ces sortes de choses,
« aussi n'ai-je pas été effrayé d'aller les voir de plus près.
« Dites aux bonnes gens de votre monde que je suis très-bien et

« très-heureux. Je n'ai pas beaucoup souffert ; j'ai reçu une
« blessure grave qui m'a expédié de Pétersburg. Je prenais part à
« la bataille devant Pétersburg, c'est là que j'ai été frappé par
« une décharge d'artillerie. Rappelez-moi au souvenir de M. Lord.
  « Dites aux bonnes gens que, lorsque mes roues seront un peu
« graissées et en état de rouler, je reviendrai près d'eux, comme
« je l'avais annoncé. — George W. Lolley. — Adieu. »

Immédiatement après un message émané de l'esprit de John Morgan, le flibustier, venait un autre message de Charles Talbot, qui commence par cette curieuse apostrophe adressée à son prédécesseur : —

  « Eh bien ! vieux monstre, il est heureux pour vous que je n'aie
« pas passé le premier.
  « Je suis Charles Talbot de Chambersburg. J'ai été blessé dans
« l'action, pris par les rebelles, et je suis mort entre leurs mains,
« comme un vieux cheval. »

Il peut paraître un peu grossier pour un esprit d'en qualifier un autre de vieux monstre ; mais c'est là probablement le genre de compliments en usage dans le monde des esprits.
  Voici ce que dit le Frère Klink : —

  « John Klink, du 25ᵉ régiment de la Caroline du Sud. Je vou-
« drais entrer en communication avec Thomas Lefar, de Charles-
« ton. Je suis diablement ignorant du mode de correspondance
« mis à la disposition d'un mort. C'est un genre d'affaires aussi
« nouveau qu'il le sera pour chacun de vous quand il accomplira
« le même voyage. Dites à mes amis que je ferai tout mon pos-
« sible pour communiquer avec eux lorsqu'ils m'en donneront
« l'occasion. Je désire que M. Lefar envoie ma lettre aux mem-
« bres de ma famille — il sait où ils résident — qu'ils m'adres-
« sent leur réponse par l'intermédiaire du bureau du journal.
  « Bonne nuit, bonjour ou bonsoir, je ne sais pas ce que je dois
« dire. J'ai été expédié dans l'autre monde de Pétersburg. »

Voici un message de George W. Gage, avec quelques-unes des questions auxquelles il répond : —

  « (Comment vous trouvez-vous dans votre nouvelle demeure ?)
« A merveille. Je m'y plais. Je suis content d'être venu ici, car
« cela éclaircit tous les doutes, cela fixe toutes les incertitudes, et
« l'on peut parler en connaissance de cause. (N'étiez-vous pas
« médium ?) Non, Monsieur, mais je n'étais pas effrayé cepen-
« dant, ni ma mère non plus. Oh ! je savais ce qui en était, je

« le savais avant de mourir. Ma mère m'avait tout dit. Je savais
« que je deviendrais femme en arrivant ici. (En vérité!) Oui,
« Monsieur, ma mère m'avait prévenu et m'avait dit de ne pas
« m'en effrayer. Oh! je n'aime pas trop cela, mais je suis bien aise
« d'être venue ici.

« Ah! j'oubliais, Monsieur. Ma mère est sourde et j'avais tou-
« jours à frapper. Ce monsieur dit qu'on n'est pas sourd ici. »

Les points principaux ont pour but d'expliquer les frappements par les habitudes résultant de la surdité de sa mère. Ces frappements consistaient dans des coups frappés dans la table d'une façon sourde et inusitée, à ce que je suppose. Mais le second offre un bien plus grand intérêt, c'est lorsque George annonce qu'il a changé de sexe et qu'il est devenu femme, changement important auquel sa bonne mère avait préparé son esprit. Cependant la chose ne nous paraîtra pas aussi extraordinaire si nous considérons combien il y a d'hommes qui deviennent de vieilles femmes avant de mourir!

Voici un autre cas de transformation d'un homme en femme, se combinant avec une histoire de restitution. Hans Von Vleet, de Hollandais qu'il était, est devenu Hollandaise! On a toujours prétendu que les femmes sont plus pures et meilleures que les hommes; aussi voyons-nous qu'aussitôt que Hans devint femme, il exigea que sa veuve rendît une somme de deux mille dollars que le coupable Hans avait subtilisée à un pauvre Juif. Mais laissons Hans lui-même raconter son histoire : —

« J'étais Hans Von Vleet quand j'étais de ce monde. J'étais Von
« Vleet ici-bas. Je suis maintenant une femme. Je suis femme au
« moment où je reviens ici. Je n'étais pas une femme quand j'ai
« quitté la terre (il fait ici allusion au moment où il vient tempo-
« rairement occuper l'enveloppe mortelle de notre médium). Je
« désire que vous sachiez que j'habitais autrefois à Harlem, dans
« l'État de New York. Pendant que j'étais ici-bas, j'ai pris quel-
« que chose que je n'avais pas le droit de prendre, quelque chose
« qui ne m'appartenait pas. J'ai pris deux mille dollars qui ne
« m'étaient pas dus, et c'est pour vous entretenir de cela que je
« reviens. J'avais eu des relations avec un Juif; il voulait me con-
« vertir au Judaïsme et j'aurais voulu en faire un Chrétien. J'ap-
« partiens à l'Église Hollandaise Réformée. (Pensez-vous que vous
« êtes un fidèle membre de cette Église?) Oui, je croyais en ma

« foi, je recevais les sacrements. Je suivais toutes les pratiques ex-
« térieures de ma religion. Mais je ne la pratiquais pas dans le
« fond du cœur, du moins je le suppose. (Comment vous trouvez-
« vous maintenant, Hans?) Eh bien, je me sens... bien .. Je ne
« sais pas... Je ne me trouve pas bien heureux. Quand je suis ar-
« rivé dans le monde des Esprits, j'ai rencontré tout d'abord le
« frère de ce Juif, et il m'a dit : « Hans, il faut retourner sur
« terre et régler votre compte avec mon frère. » Voilà pourquoi
« je suis ici.

« Je désire que ma femme, que j'ai laissée à Harlem, prenne
« deux mille dollars et les rende à la femme de ce Juif. Voilà
« pourquoi je suis ici aujourd'hui. (Votre femme a-t-elle cette
« somme?) Oui, ma femme a la somme dans une boîte d'étain.
« Quand j'ai reçu cet argent, je l'ai donné à ma femme et elle l'a
« serré. Maintenant je désire que ma femme rende cette somme à
« la femme du Juif.

« (Comment épelez-vous votre nom?) Les femmes de la Hol-
« lande savent épeler (Hans Von Fleet). Ah! voilà qui va mal,
« vous faites une faute. C'est un V et non pas un F, les femmes
« n'en font jamais d'autres. (Est-ce que toutes femmes font des
« fautes?) Dame! je ne sais pas ; elles en font quelquefois, je le
« présume. (Est-ce que vous n'aimez pas les femmes ici?) Oh! si,
« je les aime quelquefois ; j'aime ma propre femme ; mais je n'aime
« pas être une femme moi-même. (Est-ce que le costume ne vous
« va pas?) Oh! si, je suppose qu'il me va, mais je n'aime pas à
« porter un costume qui ne me convient pas. »

Il est à peu près inutile de se livrer à des commentaires sur de semblables absurdités. Je reviendrai sur ce sujet si la chose devient nécessaire. Quant à présent, je laisse là les transformations d'hommes en femmes.

En tête de la partie du journal destinée aux messages, on lit un avertissement ainsi conçu : —

« Nos séances gratuites ont lieu Washington Street N° 158,
« Salle N° 4, au premier, les Lundis, Mardis, et Mercredis, dans
« l'après-midi. La salle consacrée à ces réceptions est ouverte aux
« visiteurs à deux heures. La séance commence à trois heures pré-
« cises, et passé cette heure, personne n'est plus admis. On est in-
« vité à déposer son offrande. »

Aux jours et heures indiqués ci-dessus, l'auditoire s'assemble pour entendre les messages que Mme Conant peut avoir à transmettre. S'il arrivait qu'un étranger se présentât pour obtenir un message de l'esprit d'un de ses amis, on lui répondrait qu'un grand nombre d'esprits se servent pour leurs communications de l'entremise du médium et qu'il faut que chacun passe à son tour ! La lecture des déclarations des décès insérés dans les vieux journaux, la publication des listes des individus tués dans les nombreuses batailles de notre récente guerre, fournissent au médium des dates pour un grand nombre de ses messages. Mme Conant prend le style dans lequel elle se figure que les individus qu'elle veut personnifier devaient parler, en vertu de ce principe, admis par les spirites, que le caractère et les sentiments ne changent pas après la mort. Pour rendre l'illusion plus complète, elle raconte des incidents imaginaires qu'elle présente comme ayant marqué la carrière terrestre de celui dont l'esprit a soi-disant pris possession d'elle au moment où elle parle. Des médiums répandus dans les différentes provinces de l'Amérique lui fournissaient les noms et les faits se rapportant aux personnes mortes qu'ils avaient connues de leur vivant, et ces noms et ces faits servaient à composer les messages insérés dans la correspondance générale du journal *The Banner of Light*.

Si la prétendue médianimité de cette femme n'était pas une imposture, quelques-unes des nombreuses personnes qui lui ont rendu visite dans le but de se mettre en communication avec les esprits de leurs amis auraient reçu satisfaction. Dans beaucoup des messages publiés dans *The Banner*, les esprits dont soi-disant ils émanent expriment le plus grand désir d'être reçus par les amis qu'ils ont laissés en ce monde, mais ceux qui sollicitent cette faveur par l'intermédiaire de Mme Conant ne peuvent l'obtenir.

Maintes et maintes fois les chefs spirites, sur différents points du territoire de l'Amérique, ont attribué à des manifestations spirites des jongleries dont l'imposture a été ultérieurement prouvée.

Il y a plusieurs années, un individu du nom de Paine produisit une grande sensation à Worcester, dans le Massachusetts, en faisant mouvoir des tables, sans contact humain, prétendant que la chose était produite par les esprits. Il vint ensuite à New York et exhiba ses manifestations dans la maison d'un spirite où il avait pris pension, dans la partie haute de la ville. Un grand nombre de spirites et pas mal de sceptiques vinrent voir ses exercices. Paine était ce que l'on peut appeler une bonne pâte d'homme et il avait l'apparence de la bonne foi. Il ne recevait pas de rétribution de ceux qui assistaient à ses exhibitions, et ce fait ne contribuait pas peu à désarmer les soupçons. Ses séances avaient lieu le soir, et chaque visiteur était reçu par lui à la porte et conduit immédiatement à l'un des siéges placés près des murs de la salle.

Lorsque tous les visiteurs étaient entrés et assis, Paine prenait lui-même un siége parmi les assistants. Avant l'arrivée du public, une petite table avait été placée au centre de la salle, et le gaz avait été baissé de manière à y faire régner une demi-obscurité qui donnait aux objets une apparence fantastique.

Pour établir l'harmonie, il était permis à quelques membres du cercle de chanter pendant un court espace de temps. Bientôt des *raps* se faisaient entendre dans la direction de la table dont un des pieds quittait le sol et s'élevait à la hauteur d'un pouce environ. Naturellement quelques personnes voulaient s'élancer vers la table et examiner le phénomène de plus près; mais Paine s'y opposait. Les « conditions nécessaires devaient être observées, » disait-il, « sans quoi les manifestations cesseraient. » Comme les assistants les plus rapprochés de la table en étaient encore éloignés de six à huit pieds, les mouvements exécutés semblaient vraiment spontanés et étonnaient les plus sceptiques. Plusieurs médiums voyants qui assistaient aux séances de Paine pouvaient distinguer les esprits qui, d'après leurs déclarations, faisaient mouvoir la table. L'un était dépeint comme un gros Indien qui se livrait à mille cabrioles et paraissait prendre le plus grand plaisir à tout ce qui se passait. Les croyants étaient heureux de savoir qu'enfin il existait un médium par l'entremise duquel les esprits pouvaient manifester leur présence sans qu'il y eût possibilité de contredire le fait. Les esprits invisibles répondaient librement par des coups frappés sur la table aux questions adressées par les assistants. Ils battaient la mesure pendant que des airs étaient chantés, et semblaient décidément s'amuser beaucoup à leur manière. Quand la séance était terminée, Paine permettait à tout le monde d'examiner la table en toute liberté.

Dans la conférence spirite tenue le Dimanche dans Clinton Hall, les chefs des écoles spirites rendirent compte des manifestations produites par l'intermédiaire de Paine, et se félicitèrent, comme croyants, de l'existence de faits aussi indubitables ; le spirite dans la maison duquel les tables étaient mises en mouvement sans aucun contact humain, était connu comme un homme d'une sincère et stricte honnêteté, et il était raisonnable de supposer qu'il ne pouvait être employé de moyens mécaniques pour faire mouvoir les pièces de son mobilier sans qu'il en eût connaissance. La table employée était sa propriété, et il était hors de doute qu'il ne voudrait pas se prêter à une fourberie.

Il y avait dans la ville trois personnages depuis longtemps connus comme spirites, mais qui étaient, à l'époque du début de Paine à New York, très-incrédules à l'endroit des manifestations physiques. Ils avaient déjà découvert plusieurs jongleries pratiquées par différents médiums, et ils étaient bien décidés à ne reconnaître comme fondées les prétentions de Paine qu'après avoir parfaitement étudié ses manifestations et qu'après avoir échoué dans leurs efforts pour en découvrir la cause matérielle. Après avoir assisté à plusieurs séances, ces messieurs déclarèrent que Paine faisait mouvoir la table à l'aide d'un mécanisme fixé sous le plancher. L'un de ces trois messieurs était mécanicien, et il avait trouvé un moyen qui lui semblait être le seul à l'aide duquel les résultats produits pouvaient être obtenus dans les conditions apparentes qui étaient observées. Paine était mécanicien, et ce fait leur était connu. Ils prirent rendez-vous avec Paine pour une séance particulière. Au jour fixé, les trois investigateurs et Paine se réunirent dans la demeure de ce dernier. La table se souleva, les *raps* se firent entendre comme dans les séances précédentes. L'un des trois investigateurs se dirigea vers la porte, la ferma, mit la clef dans sa poche, ôta son habit, et dit à Paine qu'il était décidé à le fouiller, et que s'il ne trouvait pas sur lui une petite tige de fer qui, introduite par un trou pratiqué dans le plancher, agissait sur un levier et mettait la table en mouvement, il lui demanderait pardon et serait pour toujours fermement convaincu de la puissance d'action des esprits incorporels sur la matière pondérable. Ce petit discours produisit un effet décisif sur le médium. « Messieurs, » dit-il, « je préfère tout vous avouer. Veuillez vous asseoir tranquillement et je vais tout vous dire. » Il leur dit tout en effet, et quelques jours après il répéta sa confession devant un certain nombre de spirites désappointés, au Lyceum spirite de New York. La théorie imaginée par l'un des trois investigateurs comme devant être la méthode mise en usage par Paine pour faire mouvoir la table, se trouva être parfaitement exacte.

Un jour que la famille avec laquelle Paine habitait était absente et retenue au dehors par les cérémonies d'un enterrement, il leva plusieurs feuilles du plancher du parloir qui se trouvait sur le derrière de la maison, et sous ces feuilles de parquet il fixa un levier terminé par une pièce transversale. Sur cette pièce transversale étaient plantées deux tiges de fer à une distance correspondante à l'écartement des pieds de la table qu'il s'agissait de faire mouvoir. Des petits trous étaient percés dans le plancher pour laisser passer les tiges de fer qui atteignaient par là les pieds de la table. L'autre bout du levier arrivait à un pouce ou deux de la muraille. Une fois ces dispositions préparatoires terminées, lorsque la table avait été posée à la place exacte qu'elle devait occuper, Paine, pour la faire mouvoir, n'avait qu'à insérer dans le talon de sa botte une tige de fer qu'il faisait passer par un trou pratiqué dans le plancher sur le bord du tapis qui arrivait près de la muraille, et à appuyer avec la tige de fer sur l'extrémité du levier.

Le mouvement qu'il était obligé de faire pour fixer la tige de fer dans le talon de sa botte, s'accomplissait au moment où il ramassait son mouchoir qu'il avait exprès laissé tomber.

Le milieu du levier était fixé sur le plancher, et l'extrémité garnie de la pièce transversale étant plus pesante, mettait l'autre bout en contact avec le plancher; les tiges de fer qui étaient fixées dans la pièce transversale aboutissaient à des trous pratiqués dans le plancher. La salle était couverte d'un tapis, et des marques imperceptibles pour tout autre que Paine lui permettaient de placer la table juste à l'endroit qu'elle devait occuper. En appuyant sur le bout du levier le plus rapproché du mur et en le faisant descendre d'un pouce, les pointes de fer qui garnissaient l'autre extrémité de ce levier atteignaient les pieds de la table et la soulevaient légèrement. L'une des tiges de fer frappait le pied de la table un instant avant l'autre, ce qui permettait à Paine de faire entendre des *raps* et de battre la mesure pendant qu'on chantait ou qu'un instrument exécutait un morceau. Naturellement les trous qui étaient pratiqués dans le tapis pour laisser passer les tiges de fer n'étaient visibles pour personne.

Pour sauver les apparences, Paine, avant d'avoir été découvert, avait visité, sur l'invitation qui lui en avait été faite, les maisons de différents spirites qui désiraient qu'il y donnât des séances. Mais jamais il ne fit mouvoir de table sans contact ailleurs qu'à l'endroit où toutes ses dispositions avaient été prises à l'avance.

CHAPITRE XV.

L'Emotion est dans le Camp des Spirites — Foster se réveille — S. B. Brittan relève le Gant. — Les Artistes de Boston et leurs Portraits Spirites. — Comment une simple Latte paralyse les Spirites.

Les spirites me donnent quelquefois de leurs nouvelles. Ces dignes personnages ont l'esprit fort tracassé par mes lettres sur leur compte, et quelques-uns volent et bourdonnent autour de moi comme des abeilles autour de celui qui touche à leur ruche. J'ai reçu, il n'y a pas longtemps, de mes bonnes amies, MM^{mes} Cauldwell et Whitney, une lettre anonyme qui leur a été adressée; elle est datée de Washington et déclare que si je voulais assister à une séance du célèbre charlatan Foster, c'est la qualification que lui donne la lettre elle-même, je verrais quelque chose que je ne pourrais pas expliquer. Cette lettre, comme je l'ai appris à l'aide d'une communication spirite (ou autrement), est d'une écriture qui ressemble merveilleusement à celle de Foster lui-même. D'après son contenu, il paraît que Foster a découvert quelque nouveau tour. Il en a besoin. Les médiums qui se livrent à des exhibitions doivent naturellement inventer de nouveaux tours à mesure que le Docteur Von Vleck et ceux qui sont engagés dans la même voie expliquent les anciens. C'est la méthode universelle de tous les imposteurs; il faut qu'ils trouvent de nouveaux moyens de tromper les gens quand les anciens sont découverts. J'accorderai à Foster toute l'attention qu'il mérite, lorsque j'aurai le loisir de lui consacrer mon temps qui est complétement absorbé par de plus dignes objets.

J'ai été également honoré d'un bourdonnement et d'une tentative de piqûre de la part de mon vieil ami S. B. Brittan, le ministre universel, l'utile Vendredi d'Andrew Jackson Davis, l'homme indispensable pour la production des Révélations dudit Davis;

et ses fantasmagories de revenants; celui qui nous a gracieusement fait connaitre une partie de son vocabulaire dans une communication insérée dans le journal *The Banner of Light*, avec cet en-tête : « Révélation pour Deux Shillings. » Je suis tout disposé à exposer l'ami Brittan et ses jongleries spirites pour deux shillings; moins le prix est cher, et plus il est honnête. Cela contrarie évidemment les spirites de voir leurs revenants exposés avec des ânes dans mon Musée. Mais ils n'y peuvent rien, et dans mon opinion bien arrêtée, ce sont les ânes qui sont les plus respectables. Je n'ai pas la moindre envie d'être désagréable à d'honnêtes gens, mais plus les spirites s'emportent, plus ils murmurent, plus ils élèvent la voix, et plus ils se laissent aller jusqu'aux injures, plus ils montrent que les coups que je leur porte les blessent.

Mon ami Brittan veut-il un engagement pour le Musée? Veut-il se livrer là à quelques manifestations et gagner par ce moyen cinq cents dollars? L'argent est prêt.

Un de mes bons amis m'a transmis l'amusant et véritable récit d'une bonne jonglerie spirite qui a été pratiquée dans un petit village du Massachusetts il n'y a pas longtemps. J'emprunte, pour publier cette histoire, le texte même de la lettre de mon ami :

« Deux artistes de Boston, fatigués de l'atmosphère de leurs ateliers, résolurent de s'associer pour se transformer en médiums, et tout en évoquant les esprits, ou le diable, à aller respirer l'air de la campagne. L'un d'eux avait appris les moyens dont se servait Mansfield pour établir des communications et pour écrire sur son bras. Ils avaient de grandes affiches imprimées annonçant que M. W. Howard, le célèbre médium, était sur le point de visiter la ville de..... et qu'il descendrait à l'hôtel de....., où il résiderait pendant trois jours. L'un des deux artistes précédait son camarade de quelques heures, retenait les salles, et se livrait à divers soins préliminaires. Howard arrivait à son tour, les cheveux rejetés derrière les oreilles, le nez surmonté d'une large paire de lunettes, et il avait si bien pris l'air et la démarche d'un spirite, qu'il n'avait que le temps de s'enfermer dans la chambre qui lui était indiquée pour que son ami eût la possibilité de faire explosion et de se jeter par terre en se tordant de rire.

« Alors ils tendaient une couverture de cheval au milieu de la chambre, et, pour augmenter l'effet sur les amateurs de portraits, ils couvraient les deux faces de ce paravent improvisé, ainsi que toutes les murailles de la chambre, de figures humaines maigrement dessinées au trait sur de grandes feuilles de papier blanc. Ces portraits, disaient-ils, avaient été tracés, par le dessinateur, sous l'influence d'esprits qui conduisaient sa main pour produire ces ressemblances, sans aucun contrôle de sa volonté. Ils ajoutaient qu'ils avaient été informés par les esprits qu'avant que les médiums eussent quitté la ville, les personnes qui leur rendraient visite auraient reconnu dans les portraits exposés des personnes mortes pendant une période de vingt années environ. Le prix de chaque portrait était fixé à deux dollars. Ils vendirent le plus grand nombre de leurs portraits qui furent reconnus par leurs visiteurs comme reproduisant les traits de leurs parents et amis décédés! A certaines heures, l'opérateur se livrait au dessin des portraits, et le public était admis moyennant une faible rétribution. Si les résultats n'étaient pas satisfaisants, l'argent était rendu.

D'autres tours de différents genres furent encore accomplis à la satisfaction de toutes les personnes présentes et pour le plus grand profit des opérateurs. Les artistes prolongèrent leur séjour aussi longtemps que cela leur fut possible, puis ils partirent, mais il y a tout lieu de penser qu'ils auraient pu s'y fixer indéfiniment. »

Tel est le curieux et sincère compte rendu qui m'a été transmis par mon ami.

Il y a quelque temps, il vint à Washington un médium dont je ne dirai pas le nom, car il ne me convient pas de lui faire de la réclame ; sa spécialité était de faire apparaitre des mains et des bras appartenant soi-disant à des esprits. Une personne que je connais parfaitement, mais dont je tairai le nom pour des raisons toutes particulières, vint une fois voir ce médium, amené par l'un de ses amis, et demanda à voir la main d'un esprit. « Certainement, » répondit le médium. La chambre fut plongée dans l'obscurité, et le cercle se forma comme d'habitude autour de la table. Environ cinq minutes après, mon ami, qui avait réussi à se placer tout près du médium, vit assez distinctement une lueur bleuâtre s'allumer à un pied au-dessus de la tête du médium. Au bout d'une minute, à l'aide de cette lueur incertaine, il aperçut la forme d'une main se dessiner, les doigts étaient réunis, mais on ne voyait pas de pouce.

« Pourquoi le pouce n'est-il pas visible ? » demanda mon ami au médium d'un air grave.

« La raison, » répondit celui-ci d'un ton non moins grave, « c'est que les esprits ne peuvent pas montrer un nombre complet, et qu'ils en font voir le plus qu'ils peuvent. »

« Et montrent-ils toujours des mains sans pouce ? »

« Oui. »

En ce moment mon ami bondit en avant dans la direction où devait se trouver le poignet de la main mystérieuse et, chose étrange à dire, il parvint à le saisir et à le retenir solidement. On se procura vivement de la lumière et, chose plus étrange encore, on reconnut que la main mystérieuse n'était pas autre chose que la patte en chair et en os du médium, et une bonne grosse patte, en vérité. Le médium prit la chose avec le sang-froid d'une franche canaille et, allumant un cigare, il se contenta de dire : —

« Vous ferez bien, messieurs, de ne pas vous donner la peine de revenir une autre fois ? »

Il insista même pour recevoir sa rémunération de cinq dollars, et ne céda que devant la menace d'une poursuite en escroquerie.

Le secret de ce digne personnage n'est pas difficile à expliquer : levant une main en l'air, il tenait dans l'autre, entre le pouce et l'index, une pincée de phosphore et de bi-sulfate de carbone, ce qui produisait la lumière bleue. En cas d'accident, il avait une autre pincée de phosphore cachée sous le pouce qui restait invisible. Curieux exemple de la crédulité absolue des adeptes du spiritisme ! L'un d'eux, auquel toute l'histoire fut racontée, non-seulement ne voulut pas y croire et continua d'accorder sa confiance à cet imposteur, mais il se refusa d'une manière absolue à la vérifier par d'autres témoignages. Voilà les adeptes qu'il leur faut !

Une fois, les esprits furent paralysés par une simple latte — bonne mâchoire d'âne pour mettre en déroute ces immatériels Philistins ! Une certaine personne était présente au moment où des tables et d'autres meubles se livraient à des courses désordonnées au milieu d'une chambre ; tout à coup elle s'avance fièrement, et, prenant la pose d'un héraut qui porte un défi, elle jeta à terre une latte de bois blanc en disant : « Puisque vous pouvez ainsi faire marcher ces tables, faites-en autant avec cette simple latte. Faites-la courir à travers la chambre, faites-la mouvoir de la longueur d'un pouce ! » Chose étrange et curieuse ! la latte ne fit pas un mouvement.

CHAPITRE XVI.

Le Docteur Newton à Chicago — L'Enfant Merveilleux — Une Femme qui accouche d'une Force Motrice — La Gomme Arabique — L'Hébreu Spirite — Le jeune Allen — Le Docteur Randall — « The Portland Evening Courier — Tous les Imbéciles ne sont pas encore morts.

QUELQUES autres faits spirites sont parvenus à ma connaissance : les uns sont des détails nouveaux sur des personnes déjà citées, et les autres ont leur importance comme marquant la tendance générale du spiritisme.

Récemment de grands récits ont été faits dans l'est, à Chicago, sur un certain Docteur Newton, qui, disait-on, accomplissait des miracles par centaines en guérissant les maladies. Cet homme opère à l'aide des moyens constamment employés par les faiseurs de miracles, les charlatans, et les imposteurs des temps anciens et modernes. Tous agissent sur l'imagination de leurs malades, et ceux qui ont fait une étude philosophique de l'esprit humain n'ignorent pas que l'imagination et la médecine combinées et l'imagination seule peuvent guérir les malades. En conséquence, lors même que ce Docteur Newton arriverait à soulager quelques personnes de leurs souffrances, il n'y aurait pas plus lieu à crier au miracle que si le fait était accompli par le Docteur Mott, et le Docteur Newton n'en serait pas moins un charlatan et un blagueur.

Newton avait déjà opéré dans l'Est. Il avait séjourné à New Haven et à Hertford avant de pousser plus à l'ouest vers le berceau de notre jeune république. Il se contente de demander simplement au malade ce qu'il a et d'où il souffre, puis il appuie son pouce sur le siége du mal, ou le touche de la main avec plus ou moins de délicatesse, selon le cas. Après cette manipulation, il dit : « Vous voilà guéri. Que Dieu vous bénisse ! Vous pouvez vous retirer. »

Chicago doit être une ville où la crédulité est bien grande, car nous sommes informés que la foule se presse autour de cet homme pour essayer la puissance de ses manipulations. L'un des journaux de Chicago, paraissant avoir peu de foi et un grand fond de drôlerie, ce qui vaut mieux en pareil cas, publie quelques histoires en forme de certificats délivrés au Docteur Newton, dont quelques-unes sont fort amusantes. Voici le certificat d'une femme, mère de quatorze enfants, ayant tous la rougeole à la fois. Elle dit que le Docteur Newton n'avait pas plutôt reçu une boucle de cheveux de l'un des enfants, que la rougeole disparaissait chez tous, et qu'elle garde maintenant la rougeole enfermée dans une bouteille bien bouchée. Un autre cas est celui d'un négociant qui avait perdu sa puissance commerciale; il alla trouver le docteur, fut palpé par lui, et le lendemain il retirait de chez un banquier un effet de commerce qui la veille était beaucoup trop lourd pour lui. Il y a aussi une vieille dame dont l'histoire, je le crains, n'est qu'un emprunt à la femme sourde de Hood, qui acheta un cornet acoustique d'une si merveilleuse puissance, que le lendemain elle entendit parler de son mari, qui était à Botany Bay.

La vieille dame de Chicago, comme la précédente, après que le Docteur Newton lui eut fourré son pouce dans l'oreille, certifie que le lendemain matin elle entendit parler de son fils, qui se trouvait en Californie.

Bien des gens pourraient s'imaginer que le Docteur Newton s'est enfui devant le ridicule; mais il n'en est rien, il est bien décidé à rester tant qu'il y aura des imbéciles.

J'ai déjà fait connaître quelques-uns des messages insérés dans le journal *The Banner of Light*, qui émanent d'esprits expliquant qu'ils ont été métamorphosés en femmes après leur mort. Ce n'est pas le premier et le plus remarquable miracle que les esprits aient fait accomplir à l'organisation humaine. Voici ce qu'ils ont fait à High Rock, dans le Massachusetts, il y a un certain nombre d'années. Cela dépasse tout ce que Joanna Southcott a pu imaginer de plus ridiculement absurde, sinon de plus sacrilége.

A High Rock, vers l'année 1854, certains spirites se livrèrent à la construction d'une machine mystérieuse. Pendant le cours des travaux, une femme médium, jouissant d'une grande considération dans le pays, fut avertie par certains esprits, avec une grande pompe et une grande solennité, qu'elle allait être la Marie d'une nouvelle Immaculé Conception, c'est-à-dire qu'elle allait être mère. Le fait était incontestable, et la dame elle-même, au dire des spirites, avait reconnu depuis quelque temps, à certains indices, qu'elle était enceinte. Les symptômes continuèrent, le fait devint de plus en plus évident, et produisit même des circonstances assez étranges.

Après un certain temps, un M. Spear—un Révérend M. Spear—qui, à ce qu'il paraît, avait la haute direction de la construction de la machine, et qui était lui-même médium, invita cette dame, de la part des esprits, à se trouver chez lui, à High Rock, à un jour déterminé. Comme de raison elle se rendit à cette invitation, et, une fois arrivée, elle fut prise des douleurs de l'enfantement. Ces douleurs, au dire des spirites, étaient internes — comment auraient-elles pu être autrement qu'internes? — et d'une nature plutôt spirituelle que physique, sans être pour cela moins irrésistibles et moins cruelles. Le travail suivit son cours; il dura deux heures. A mesure qu'il avançait, chose étrange et miraculeuse, les différentes pièces de la machine commençaient à se mouvoir l'une après l'autre; et, au bout de deux heures, quand le travail de l'enfantement fut accompli, toute la machine était mise en mouvement!

La dame avait donné naissance à une force motrice. Qu'on ne se figure pas que j'invente cette histoire, mon imagination n'y est pour rien; elle est inscrite tout au long dans un livre publié par un spirite, et quelques-uns de nos lecteurs Américains peuvent se la rappeler.

Il s'agissait ensuite de nourrir l'enfant. Cette femme se trouvait fort embarrassée devant la difficulté d'alimenter cette force motrice pendant quelques semaines. Comment la faire teter? Que les dames veuillent bien m'excuser si j'entre dans ces détails, mais l'intérêt de la vérité m'y oblige.

Si j'avais été le médecin, je pense que j'aurais proposé de louer une machine à vapeur femelle, en bonne santé, pour servir de nourrice à cette jeune force motrice : une locomotive, par exemple. Je suis sûr que cet intéressant nourrisson aurait vécu s'il avait été pourvu d'un robinet quelconque ou de quelque chose d'analogue, par quoi il eût été possible de le mettre en rapport avec sa nourrice. Mais le médecin auquel était confié l'accouchement préféra laisser à la mère le soin de nourrir l'enfant, et comme elle ne possédait pas les moyens de lui fournir la nourriture qui lui convenait, l'innocente petite créature languit — si l'on peut employer ce mot pour un être invisible — et finalement s'éteignit, et la machine, après quelques mouvements de rotation avortés, rentra dans une immobilité dont rien ne pouvait plus la faire sortir.

Cette histoire est vraie — c'est-à-dire il est vrai que cette histoire a été racontée; elle s'est répandue, et bon nombre de gens croient encore aujourd'hui à cette naissance merveilleuse. Les plus enthousiastes appelaient cet invisible avorton, la Nouvelle Force Motrice, le Sauveur Physique, le Dernier Présent de Dieu, la Nouvelle Création, la Grande Révélation Spirite du Siècle, la Pierre Philosophale, l'Acte des Actes, et ainsi de suite, et ainsi de suite.

La question la plus importante eût été de savoir qui était le père? Je ne sache pas que cette question ait été soulevée par personne, mais son importance était extrême. Car si pareilles choses peuvent arriver, les dames peuvent être effrayées de coucher dans une maison où se trouve même une machine à coudre, et ne pas oser s'aventurer à côtoyer un cours d'eau utilisé par quelque machine hydraulique.

Quelques autres anecdotes peuvent encore trouver leur place après cette monstrueuse histoire d'invention.

Un certain médium écrivant, traçait des phrases en différentes langues. L'une de ces phrases était, prétendait-il, écrite en Arabe. Un jeune enthousiaste, à moitié croyant, qui se trouvait par hasard placé à côté d'un professeur de l'un de nos vieux collèges, un homme d'un réel savoir, passa la bande de papier au professeur. Celui-ci examina la pièce. Quelle ne fut pas la joie du jeune homme en lui entendant dire gravement : —

« Il est positif qu'il y a quelque chose d'Arabique dans les caractères qui sont tracés sur ce papier. »

« Qu'y a-t-il? » demanda le jeune homme avec un excessif intérêt.

« Il y a de la Gomme Arabique, » dit le professeur.

L'esprit du prophète Daniel apparut un jour dans l'appartement d'un médium nommé Fowler, et devant ses yeux, prétendit-il, traça quelques caractères sur une feuille de papier. Ces caractères furent montrés au Révérend George Bush, Professeur d'Hébreu à l'Université de New York, qui dit que c'étaient quelques vers du dernier chapitre de Daniel, et qu'ils étaient correctement écrits. Bush était spirite en même temps que professeur d'Hébreu, et il aurait tout aussi bien fait de ne pas se porter garant pour l'esprit Hébreu; car, peu de temps après, survinrent d'autres personnes et entre autres un Juif, qui déclara que c'était un essai de copie des vers en question, mais faite par une personne assez ignorante de la langue Hébraïque pour ne pas savoir qu'elle s'écrit à rebours, c'est-à-dire de droite à gauche.

Pendant les derniers mois qui viennent de s'écouler, un jeune médium, nommé Henry B. Allen et âgé de treize ans, étonna les populations par des manifestations physiques en pleine lumière. Les exhibitions de ce précoce jeune homme avaient été arrangées par un certain Docteur Randall, qui faisait des lectures spirites dans lesquelles il exposait sa belle philosophie. Pendant plusieurs semaines, ce couple intéressant se produisit à Boston et donna quelquefois plusieurs séances dans un jour; ils n'admettaient pas plus de trente personnes à la fois, et le droit d'admission était d'un dollar par personne.

Le journal *the Banner of Light* patronna chaudement le jeune Allen et donna le compte rendu détaillé de ses manifestations. Les dispositions pour ces exhibitions étaient très-simples. Un tympanon, une guitare, une sonnette, un petit tambour étant placés sur un sofa ou quelques chaises rangées contre le mur, on dressait devant une couverture de cheval recouverte par une grande couverture de lit qui pendait jusque sur le plancher. Pour obtenir les manifestations, une personne était priée de retirer son habit et de s'asseoir le dos tourné à la couverture de cheval. Le médium alors s'asseyait tout près de l'investigateur en faisant face à son côté gauche, il prenait avec sa main droite le bras gauche de l'investigateur au-dessus du coude et il plaçait l'autre main près du poignet dudit investigateur. Ceci fait le Docteur Randall intervenait et couvrait avec un manteau le bras gauche et l'épaule gauche du médium en même temps que le bras gauche de l'investigateur. Le médium commençait bientôt à s'agiter et à se remuer, le Docteur Randall avait eu le soin de prévenir qu'il était toujours nerveux quand l'influence commençait à se faire sentir ; dans ses contorsions le manteau quittait la position dans laquelle il avait été placé ; pour réparer ce désordre, le médium retirait sa main droite du bras de l'investigateur, et il profitait de cette occasion pour faire glisser sa main gauche et maintenir le poignet de l'investigateur entre son bras et son genou ; par ce mouvement il arrivait à saisir avec sa main gauche, ainsi rendue à la liberté, le bras droit de l'investigateur à la place où était primitivement sa main droite. Avec cette dernière, il pouvait atteindre le haut de la couverture de cheval et faire du bruit avec les instruments. Avec de petites baguettes il frappait sur le tympanon, il prenait la guitare par le manche, et tout en pinçant les cordes, il faisait apparaître le corps de l'instrument au-dessus de la couverture, sans que ses spectateurs vissent sa main. Toutes les personnes présentes étaient assises de manière que personne ne pût voir derrière les couvertures qui cachaient également l'épaule droite du médium. Quand on demandait pourquoi les spectateurs n'étaient pas placés de manière à voir les instruments quand ils étaient mis en vibration, le directeur des manifestations déclarait qu'il n'en savait pas exactement la raison, mais qu'il présumait que c'était parce que le fluide magnétique qui s'échappait de tant d'yeux ouverts aurait empêché les esprits de mouvoir les instruments. Une main qu'on prétendait appartenir à un esprit apparaissait quelquefois au-dessus des couvertures, mais c'était invariablement une main droite dont le poignet était dans la direction du médium ; quand on demandait à l'investigateur si les mains du médium avaient toujours tenu son bras, il faisait une réponse affirmative. Naturellement il croyait sentir la pression des deux mains. Mais comme nous l'avons expliqué, la pression qu'il sentait à son poignet était exercée par le bras gauche du médium, et c'était sa main gauche qui, en faisant un crochet, venait prendre au-dessus du coude de l'investigateur la place occupée primitivement par la main droite du médium.

De Boston le jeune Allen se transporta à Portland, dans le Maine, où il réussit merveilleusement, jusqu'au moment où un spectateur eut l'idée d'employer le noir de fumée pour mettre sa médianimité à l'épreuve, expérience qui tourna mal pour le jeune médium.

Ce qui suit a été copié dans le numéro du *Portland Daily Press* du 21 Mars dernier : —

« RÉVÉLATION. — Les merveilleuses manifestations du médium
« Henry Allen, sous la direction du Docteur J.-H. Randall, de
« Boston, ont eu un triste résultat hier soir par suite de l'imper-
« tinente curiosité et de la malicieuse intervention de quelques
« spectateurs qui assistaient à la séance de Congress Hall.
« Comme d'habitude, l'un des assistants fut choisi pour s'as-
« seoir à côté du médium pendant le cours des manifestations. Le
« jeune homme saisit le poignet de l'investigateur avec la main
« gauche et son épaule avec la main droite. Les manifestations
« commencèrent alors, et l'une d'elles consistait à tirer les che-
« veux du spectateur choisi pour remplir le rôle de l'investigateur.
« Immédiatement après l'accomplissement de ce tour, on décou-
« vrit que la main de l'enfant était toute noircie par le noir de
« fumée, première qualité, dont l'investigateur avait enduit sa
« chevelure pour découvrir quelle était la main qui lui tirait les

« cheveux. Ce dernier fit constater le fait par les spectateurs
« présents, et la séance n'alla pas plus loin. Le Docteur Randall fut
« obligé de restituer la recette. »

Les spirites de la ville furent quelque peu démontés par cette révélation ; mais ils reprirent bientôt courage à l'annonce d'une nouvelle découverte faite par l'un d'eux dans la science spirite. La voilà telle qu'il l'a lui-même formulée : —

« Tout ce que la main électrique ou main de l'esprit touche est immédiatement transféré sur la main du médium, à moins qu'il ne survienne quelque chose qui fasse obstacle à l'application de la loi en vertu de laquelle ce résultat se produit. La main de l'esprit étant composée en partie des éléments magnétiques tirés du médium lui-même, lorsque ces éléments se dissolvent, lorsque le fluide magnétique retourne à la source dont il sort, il doit nécessairement emporter avec lui les substances matérielles qu'il peut avoir touchées et les déposer sur la surface de la main matérielle du médium. C'est une question toute scientifique. Combien d'innocents médiums ont été injustement accusés? Et les esprits invisibles l'ont permis jusqu'au moment où il nous a été donné de découvrir que c'était le résultat nécessaire d'une loi de la nature. »

Quelle grande découverte! Et comme elle est clairement exposée! L'auteur de cette nouvelle découverte (qui se trouvait être le rédacteur en chef du *Portland Evening Courier*) ne fut pas arrêté par sa modestie, et se hâta de l'annoncer et d'en réclamer l'honneur dans les colonnes du journal *The Banner of Light*, — dont le rédacteur l'a félicité du grand service rendu par lui à la cause du spiritisme. Les sceptiques qui étaient présents lorsque le noir de fumée s'était transféré des cheveux de l'investigateur sur la main du médium, en avaient conclu méchamment que ce jeune homme était un imposteur. Il restait à M. Hall — c'est le nom du philosophe — l'honneur de faire sa découverte du transfert électro-magnétique. Le jeune Allen devra garder de lui un souvenir reconnaissant pour être venu à son secours dans un moment aussi critique, alors que les esprits ne daignaient pas lui fournir une explication pour repousser l'accusation d'imposture dirigée contre lui. M. Hall mérite dès maintenant une médaille de cuir et un monument en pains de savon après sa mort.

Une personne dont les initiales sont les mêmes que celles du nom de ce grand philosophe, habitait autrefois à Aroostook, dans le Maine, et avait l'habitude de hanter les cercles spirites, où il était quelquefois placé sous l'influence magnétique comme médium personnificateur, pour représenter les symptômes de la maladie qui avait fait passer un de ses semblables dans le monde des esprits. On avait appris à Aroostook qu'un individu bien connu, qui habitait plus loin dans l'Est, était mort du choléra, et lors de la première réunion du cercle spirite, le désir fut exprimé de le voir se manifester à l'assemblée. Le médium ci-dessus indiqué fut plongé sous l'influence et personnifia avec tous les symptômes du choléra l'individu qui avait, disait-on, succombé à cette maladie. La reproduction des symptômes de ce mal fut si réelle qu'il fallut soigner le médium comme s'il avait eu réellement le choléra. Quelques jours après, l'homme qui avait été personnifié reparut à Aroostook vivant et bien portant; jamais il n'avait eu la moindre attaque de choléra. Les journaux enregistrèrent ce fait au moment même où il se produisit.

Mais pour en revenir au jeune Allen, après sa mésaventure du noir de fumée et après que M. Hall du *Portland Evening Courier*, eut publié sa nouvelle découverte scientifique, plusieurs spirites de Portland tinrent une séance particulière avec le jeune médium. Quand il se fut assis en face de l'investigateur choisi parmi eux et qu'il eut placé ses mains sur le bras de cet investigateur, les poignets du médium furent attachés avec une corde enroulée autour du bras de celui qu'il tenait, et le manteau fut jeté sur ses mains, comme nous l'avons précédemment décrit. Après quelques contorsions (suites nécessaires de son état nerveux), la sonnette se fit entendre derrière les couvertures. La main droite du jeune homme fut alors examinée et se trouva tachée par une matière colorée dont le manche de la sonnette avait été enduit. Comme le jeune garçon était toujours lié au bras de l'investigateur, la théorie du transfert électro-magnétique fut considérée comme un fait établi, et la triste aventure du noir de fumée perdit son caractère fâcheux et ne constata qu'un pas de plus fait dans la science spirite. Mainte et mainte fois l'expérience fut répétée en variant les matières colorantes employées, et chaque fois que la sonnette retentit, la main du médium porta les marques de la matière colorante dont on avait enduit le manche de la sonnette. Produire un léger relâchement dans la corde qui l'attachait au bras de l'investigateur n'était pas chose difficile pour le médium lorsque son état nerveux se manifestait, et alors rien de plus aisé pour lui que de saisir la sonnette ou de faire vibrer les cordes du tympanon ou de la guitare avec la baguette de tambour placée à la portée de sa main.

Le journal *The Portland Daily Press*, en rendant compte d'une lecture contre le spiritisme faite par le Docteur Von Vleck, dit : « Il (le Docteur Von Vleck) exécuta tous les tours du jeune Allen après avoir été lié au bras de la personne mise en communication avec lui. »

Horace Greeley dit que s'il plait à un homme d'être un âne bâté et un imbécile consommé, il ne voit dans la Constitution aucun article qui s'y oppose. Je crois que M. Greeley a raison, et je pense qu'on ne doit raisonnablement s'attendre à trouver du bon sens que chez ceux qui sont réputés pour en posséder. Il est donc tout à fait naturel que les spirites qui manquent de sens commun aient la prétention de posséder quelque chose d'infiniment préférable.

III. — TROMPERIES DU COMMERCE ET DES AFFAIRES.

CHAPITRE XVII.

Falsification des Matières alimentaires — Sophistication des Liquides — Le Wisky du Colonel — Le Blaguomètre.

Huit cent cinquante ans avant Jésus-Christ, le jeune prophète criait à son maître Élisée, en montrant un potage de citrouilles sauvages : « La mort est dans la marmite! » Deux mille six cent soixante-dix ans après, en 1820, Accum le chimiste s'écriait encore : « La mort est dans la marmite! » dans un petit volume qui portait ce titre et qu'on ne pouvait lire sans avoir mal à l'estomac, tant il y avait accumulé les horribles histoires des falsifications qu'on fait subir à tout ce que nous mangeons et à tout ce que nous buvons — à l'exception de la bonne eau filtrée — et aux médecines que nous prenons, sans parler des vêtements que nous portons et des différentes marchandises dont nous nous servons, qui sont plus ou moins altérées par un mélange frauduleux de matières moins chères que celles qui devaient exclusivement entrer dans leur fabrication. Quelquefois ces mélanges sont inoffensifs — comme lorsqu'on emploie la farine, l'amidon, ou le saindoux, etc.; mais quelquefois aussi ce sont des poisons violents et destructeurs — comme la mine de plomb, l'arsenic, la strychnine, l'huile de vitriol, la potasse, etc.

Il n'est nullement agréable de nous trouver aussi

étroitement assiégés par ces produits falsifiés, de nous sentir exposés à les voir, à en entendre parler, à leur accorder notre confiance, à y employer notre argent, et, bien plus, à les manger et à les boire. Pourtant le fait existe, et si la courte discussion à laquelle je vais me livrer sur ce genre de tromperies a pour résultat de rendre les gens plus soigneux et de préserver leur santé, je m'en trouverai fort-heureux.

Je commence par le pain. L'alun y est communément introduit par les boulangers pour le rendre plus blanc. Les farines de qualité inférieure, celles même qui sont tirées des blés mangés par les vers ou par tout autre genre d'insectes, sont souvent mêlées dans une proportion aussi élevée que la chose est possible avec la farine de bonne qualité. On sait que la fécule de pomme de terre est fréquemment mélangée à la farine de froment; il y a trente ans, on allait jusqu'à y introduire du plâtre, des raclures d'os, et du blanc d'Espagne, etc.; mais ces pratiques sont rares aujourd'hui, si elles se produisent encore, et la plus mauvaise chose qui se trouve actuellement dans le pain, en dehors de la mauvaise farine, ce qui est déjà suffisamment mauvais, c'est l'alun. Il est souvent employé mêlé avec le sel, et il atteint deux buts : rendre le pain plus blanc et absorber une certaine quantité d'eau qui lui donne du poids. On s'est souvent aperçu que l'alun était introduit dans la farine par le meunier au lieu de l'être par le boulanger.

Le lait est le plus fréquemment altéré par une addition d'eau froide; de là les plaisanteries qu'on adresse journellement aux laitiers, quand on leur dit que la meilleure vache a une queue de bois, en faisant allusion à la poignée de la pompe. On conte d'effroyables histoires sur les laitiers de Londres, qui sont accusés de composer une horrible médecine qu'ils vendent sous le nom de lait, et dont la crème est remplacée par des cervelles de veau réduites en bouillie. On parle aussi, dans les environs de New York, d'une certaine poudre vendue par les droguistes et qui, mélangée avec de l'eau, produit du lait; mais c'est un lait dont il faut se hâter de se servir, car il n'est pas long à se décomposer d'une curieuse façon. La pire façon d'altérer le lait est celle qui consiste à agir sur les vieilles vaches elles-mêmes pour augmenter leur production par des moyens factices, comme cela se pratiquait dans un grand établissement dont les procédés ont été dénoncés dans les journaux. Ce lait continue à se vendre, et plus d'un pauvre enfant est pris de convulsions pour en avoir fait usage. La difficulté de se procurer dans la capitale du lait naturel pour les enfants est si grande, que les médecins prescrivent l'usage de ce qu'ils appellent le lait condensé, pour remplacer le lait ordinaire; si ce lait condensé est encore très-différent de celui qui n'a pas été évaporé, il est du moins obtenu avec du lait naturel. Une série de consciencieuses expériences pour reconnaître les altérations subies par le lait ont été faites par un médecin de Boston, compétent en ces matières; mais dans les parages où il a opéré, il n'a trouvé rien de plus grave que des additions d'eau, de sel, et de caramel.

Le thé est sophistiqué d'abord par notre ami, maître Jean le Chinois, qui est un rusé compère, et après cela par ceux qui le vendent ici. Le thé noir et le thé vert sont faits avec la même plante, mais par des procédés différents, le thé vert étant le plus cher. Pour répondre aux demandes toujours croissantes de thé vert qui lui sont adressées, maître Jean prend une immense quantité de thé noir qu'il peint en le saupoudrant devant le feu d'une belle poudre de plâtre mêlée de bleu de Prusse, dans les proportions d'une livre pour cent livres de thé. Maître Jean prend quelquefois une forte partie de thé bon marché, et lui donne du brillant en le passant dans une eau gommée et en le faisant proprement sécher au four. Vous pouvez vous imaginer, quand vous avez bu votre thé, le joli vernis qu'il vous laisse à l'intérieur. En outre de cela, maître Jean fabrique encore de fortes quantités de ce qu'il appelle nettement du

« Faux Thé. » Il est fait avec de la poussière, des rebuts de feuilles de thé et d'autres plantes, réunis en petits grumelots avec de la gomme ou de l'amidon, procédé qui serait de nature à altérer le meilleur thé. Sept cent cinquante mille livres de cette belle marchandise ont été importées dans une période de dix-huit mois en Angleterre. Elle ne parait être employée à New York que comme thé vert.

Le café est falsifié avec de la racine de chicorée, dont le prix n'est environ que d'un tiers de celui du café, avec des racines de pissenlit, des pois, des fèves, du froment, du seigle, des glands, des carottes, des panais, des marrons d'Inde, et parfois aussi avec des foies de chevaux et d'autres bestiaux; le tout rôti ou brûlé dans un four jusqu'à ce que ces différentes matières aient pris une couleur ou une consistance convenables pour être mélangées avec le café. Néanmoins il ne faut pas trop s'apitoyer sur le sort de ceux qui se laissent prendre à ce genre de tromperie, car il est si facile d'acheter le café en grains et de le brûler, ou au moins de le moudre soi-même, que c'est par leur faute et par paresse qu'ils sont exposés à consommer toutes ces drogues.

Le cacao est mélangé de sucre, d'amidon, de farine, de rouille de fer, de rouge de Venise, de graisse, et de différentes espèces de terres. Mais on croit généralement que les Américains emploient le cacao pur ou presque pur dans la fabrication de leurs chocolats. Et dans le cas où le fait ne serait pas complétement exact, on peut toujours se servir du cacao en fève.

Le beurre et le saindoux contiennent toujours un dixième et quelquefois un quart d'eau. Il est facile de s'en assurer sur un morceau qu'on fait fondre devant le feu et qu'on laisse ensuite refroidir. La partie grasse surnage, et il se forme au-dessous un précipité d'eau quelquefois bourbeuse.

Le miel est falsifié avec du sucre ou de la mélasse. Le sucre n'est plus aussi souvent mélangé de sable que le disent les vieilles histoires. Le beau sucre blanc est quelquefois mélangé de farine, et le sucre brun est souvent le produit d'un mélange d'une bonne qualité de sucre avec une qualité inférieure. Les sucres bruns de qualité commune sont souvent pleins d'animalcules ayant la forme de crabes, ou de petits pucerons qu'on peut voir parfois sans microscope quand on les fait dissoudre dans l'eau. On croit que ces agréables insectes s'insinuent parfois sous la peau et engendrent une espèce de gale. Je ne pense pas qu'il y ait grand danger de falsification dans le bon sucre blanc en pains ou concassé, ni dans le bon sucre brun bien granulé.

Le poivre est mêlé de poussière de farines de graine de lin, de riz, de moutarde, ou de blé, colorées avec de la racine de safran d'Inde, et auxquelles on donne du montant avec une addition de poivre de Cayenne. La cannelle est quelquefois complétement étrangère à ce qui est vendu sous son nom. Elle est faite avec de l'écorce de casse de la qualité la plus inférieure et la moins chère, et quelquefois la casse n'entre que pour partie dans sa composition; souvent ce n'est qu'un mélange de farine coloré avec de l'ocre. Le poivre de Cayenne est mélangé avec de la farine et du sel, du rouge de Venise, de la moutarde, de la brique pilée, de la sciure de bois très-fine, et de l'oxyde de plomb. La moutarde avec de la farine et de la racine de safran d'Inde. Les conserves sont souvent empoisonnées avec du bleu de Prusse, du bleu d'Anvers, de l'outremer, du jaune de chrome, de l'oxyde de plomb, du blanc de plomb, du vermillon, du vert de Brunswick, de l'arsenic de cuivre! N'achetez pas de conserves colorées ou peintes. Le vinaigre est tiré du wisky ou de l'huile de vitriol. Les *pickles* contiennent du vert-de-gris qui leur donne un beau vert. Que ceux qui mangent des *pickles* achetés dans les magasins nous donnent des nouvelles de ce beau vert! Les fruits confits contiennent aussi du vert-de-gris.

Voilà une effroyable liste. Imaginez-vous un repas composé des affreux aliments que nous venons d'énumérer : « Prenez du pain à l'alun. » « Voulez-vous de ce potage à la purée de pois, avec du café de chicorée? » « Je vous offrirai de cette huile de vitriol. » « Voulez-vous de la sciure de bois pour mettre sur votre viande, ou de cette moutarde de farine de froment et de racine de curcuma? » « Un peu de cette tarte aux groseilles conservées avec du vert-de-gris, madame? » « Voulez-vous un peu plus de sucre aux pucerons dans votre infusion de poussière de thé? » « Préférez-vous du thé noir, ou du thé au bleu de Prusse? » « Prenez-vous votre thé avec ou sans lait frelaté? »

Je ne me suis pas réservé assez d'espace pour parler des tours des droguistes et des marchands de liqueurs, mais je me propose de consacrer un chapitre spécial aux falsifications que subissent les liquides en Amérique. C'est un sujet si effroyable et si important qu'il ne faudra rien moins qu'un chapitre tout entier pour en faire justice. Je vais terminer par une ou deux histoires et par quelques conseils.

Le vieux colonel P... vend beaucoup de wisky, et son mode d'opérer consiste à le vendre, du matin jusqu'au soir, sur échantillon puisé dans un baril de wisky pur à des prix très-bas, et à le rectifier pendant la nuit sous prétexte de consolider et de marquer les fûts. Des individus qui avaient de l'animosité contre le Colonel s'entendirent avec un charretier qui exécuta de la manière suivante le plan qu'ils avaient conçu : — Il alla trouver le Colonel et demanda à voir du wisky. Le joyeux compère le fit descendre dans une grande cave pleine de fûts. Le charretier goûte le contenu d'un baril. « Première qualité, Colonel, combien le vendez-vous? » Le Colonel fait son prix en tenant compte de son travail de rectification. « C'est bien, Colonel, combien avez-vous de barils de ce wisky? » « Oh! une énorme quantité... deux ou trois cents pièces. » « Colonel, voici votre argent, je prends toute la partie. » « Très-bien, » dit le Colonel P.; « il y a quelques réparations à faire faire par le tonnelier, des bondes à consolider, des cercles à resserrer. Vous aurez tout cela demain matin. » « Non, Colonel, nous allons les rouler dehors à la minute même! Nos chariots sont tous prêts. » Et, en effet, il y en avait une douzaine à la file l'un de l'autre devant la porte. Le Colonel était tout penaud, il changea de couleur, rougit, balbutia et chercha des excuses. L'affaire ne lui allait pas, c'était le wisky qu'il vendait à ses pratiques, il n'avait pas subi de préparation et sa ruse était éventée. Finalement, le trompeur était pris à son tour; il mit les pouces et se débarrassa de son acheteur en lui payant quelques centaines de dollars.

Voici une histoire plus ancienne et plus connue sur un épicier qui était en même temps diacre et auquel on entendit crier, un matin, du haut de l'escalier à son commis qui était dans la cave : « John, avez-vous mis de l'eau dans le rhum? » « Oui, Monsieur. » « Avez-vous mis du sable dans le sucre? » « Oui, Monsieur. » « Et de la poussière dans le poivre? » « Oui, Monsieur. » « Et de la chicorée dans le café? » « Oui, Monsieur. » « Alors, montez dire vos prières. » Espérons que si les épiciers de notre temps falsifient moins leurs marchandises, ils ne sont pas moins exacts à faire leurs prières.

Entre 1851 et 1854, M. Wakley, du journal de Londres, *la Lancette*, donna un effroyable retentissement à la question des falsifications. Il employa un habile chimiste, qui, sans rien dire du motif qui le faisait agir, alla par toute la ville acheter des échantillons de comestibles et de drogues dans un grand nombre de boutiques. Puis il les analysa, et quand il trouvait une falsification, il dénonçait le fait en citant le nom du marchand et l'adresse de son magasin. Il est facile d'imaginer quel *tolle* général suscitèrent ces publications. De nombreuses et violentes menaces furent adressées à *la Lancette*. Mais il n'y fut pas donné suite par les parties lésées, attendu que *la Lancette* n'avait dit que la vérité.

Peut-être quelque lecteur découragé s'écriera-t-il : Mais que manger alors? Je n'ai pas la prétention de vouloir mettre les gens à la diète. Cela regarde le docteur. Mais je ferai observer qu'il y a un petit nombre de choses qui ne peuvent être falsifiées. On ne peut falsifier un œuf, ni une huitre, ni une pomme, ni une pomme de terre, ni une morue salée ; si ces denrées ne sont pas fraîches, elles se dénoncent d'elles-mêmes ; et quand elles sont de bonne condition, elles composent une nourriture saine. En somme, la meilleure sauvegarde, c'est de n'employer comme aliments que ce qui est encore en vie au moment où vous l'achetez, animaux comme légumes. Une autre bonne règle à suivre pour se soustraire aux tromperies du commerce, c'est d'acheter les marchandises dans leur état primitif de préférence à celles qui sont manufacturées. Le café, le poivre, les épices, en grain et non pas moulus, par exemple. Cela vous donnera plus de peine, mais vous y gagnerez d'avoir des aliments purs. En dernier lieu, il existe des procédés chimiques et des microscopes pour reconnaître les falsifications. Pour le lait, par exemple, il y a le lactomètre. Ce simple petit instrument dont se servent les laitiers, et qui ne coûte que quelques francs, vous dira la chose en un instant. C'est une boule de verre, surmontée d'une tige avec une échelle et un poids en bas. Dans ses conditions normales, le lait est à 60 degrés et le lactomètre qui y est plongé marque 20 degrés à son échelle. A mesure que le lait s'appauvrit, il s'élève ; quand il marque 15 degrés, c'est qu'il y a un quart d'eau ; s'il marque 10 degrés, c'est qu'il y a moitié d'eau.

Ce serait une merveilleuse invention pour le bien de l'humanité, si quelque mécanicien pouvait découvrir un instrument pour mesurer la quantité de tromperie qui se trouve en toutes choses. Si cet instrument était trouvé, j'en garantirais bien un immense débit. On pourrait l'appeler le Blaguomètre.

CHAPITRE XVIII.

Falsification des Boissons — Rentrez chez vous à cheval sur votre pièce de Vin — Liste des choses employées pour faire du Rhum — Enumération de celles qui servent à le colorer — Le Hachis du Steamer — La Loi Anglaise sur les Falsifications — Effets des Drogues employées. — Manière de s'en servir — Achat de Liqueurs en Douane — Dose homœopathique.

Aussi longtemps que les habitants des États-Unis absorberont le rhum et les autres liqueurs dans une proportion d'au moins une centaine de millions de gallons en plus de ce qui en est importé ou plutôt de ce qu'on a dit être importé chaque année — aussi longtemps qu'ils payeront pour satisfaire leur fatale passion plus de cinquante millions et probablement plus de cent millions par an, on aura intérêt à fabriquer de fausses liqueurs et à les vendre au prix des véritables. Comme une liqueur de bonne qualité coûte de quatre à quinze dollars le gallon, et qu'une imitation pourra être obtenue ayant aussi bon goût, autant de force et même davantage, au prix de vingt-cinq cents à un dollar le gallon, il se trouvera toujours quelqu'un pour fabriquer et vendre cette imitation.

L'altération et l'imitation des liqueurs sont une très-grande affaire, et je ne crois pas qu'il existe quelqu'un qui nie que ce genre de tromperie est pratiqué sur une grande échelle. Mais il y a beaucoup de gens qui parlent de cela comme dans les villes de l'Ouest on parle des fièvres qui y règnent, et qui disent: « C'est ici comme partout! »

Il y a fort peu de liqueurs, quelles qu'elles soient, qu'il soit possible de se procurer pures par un moyen quelconque. Plus vous payez un prix élevé, et plus le marchand gagne, mais vous n'avez pas votre boisson plus pure pour cela. Le vin de Porto — ou celui qu'on considère comme tel, car il s'en fait bien peu comparativement à la quantité qu'on en exporte — estimité en immense quantité à Oporto même, et dans le commerce des bois de Campêche, les marchands de vins Européens font une grande concurrence aux teinturiers. Il y a un proverbe Anglais qui dit : « Si vous voulez du vin de Porto naturel, il faut aller à Oporto, faire votre vin vous-même et revenir chez vous à cheval sur votre baril. » Il est peut-être possible de se procurer du vin naturel en France en l'achetant dans le clos même, mais s'il passe entre les mains d'un marchand, il faut renoncer à toute idée de l'avoir pur !

Passons maintenant à ce qui se pratique de ce côté de l'Atlantique. Je ne m'en rapporte pas au vieux livre de M. Accum : « La mort est dans la marmite, » qui a été publié il y a une trentaine d'années en Angleterre. Je puise mes renseignements principalement dans un livre de New York, publié il y a quelques années par un personnage dont le nom est bien connu et dont la principale affaire consiste à vendre sur une grande échelle les différents ingrédients dont il parle, aux brasseurs, distillateurs, ou marchands de vins et de spiritueux.

Cet auteur fait une aimable énumération, par ordre alphabétique, de toutes les drogues, les herbes, les minéraux, et toutes les substances diverses qui sont employées communément pour fabriquer notre meilleur wisky de Bourbon, le gin, le vin de Madère, le pale-ale, et le porter de Londres, le champagne Cliquot, le laffitte et d'autres boissons célèbres. Voici les noms des principaux ingrédients qu'il cite : —

L'aloès, l'alun, le calamus (racine du glaïeul), le capsicum, le cocculus indicus, la couperose, le grain de coriandre, la racine de gentiane, le gingembre, les graines de paradis, le miel, la réglisse, le bois de Campêche, la mélasse, les oignons, l'opium, les pelures d'orange, la casse, le sel, la graine de stramonium (espèce de morelle), l'acétate de plomb, le sulfate de soude, l'acide sulfurique, le tabac, la térébenthine, le vitriol, l'herbe à mille feuilles. J'ai retranché de la liste la strychnine, parce que quelques personnes mettent en doute que ce poison soit employé dans la fabrication des liqueurs. Néanmoins, un marchand de liqueurs en gros de New York m'a assuré que plus de la moitié du temps le wisky en était empoisonné.

En outre de ces vingt-sept espèces de choses qui entrent dans la composition des spiritueux, viennent encore vingt-trois autres articles qui sont employés pour leur donner de la couleur, et dont on fait une teinture qu'on y mêle quand le moment est arrivé. J'en vais donner l'énumération : l'orcanette, l'annato, le barwood, les mûres de ronces, le vitriol bleu, le bois du Brésil, le caramel, la cochenille, les baies de sureau, la garancine, l'indigo, le bois de Nicaragua, l'orchis, l'hellébore blanc, la potasse, le quercitron, la betterave, le chou rouge, les carottes, le safran, le bois de sandal, le safran des Indes, et l'airelle myrtille.

En tout, cinquante articles. Et il y en a encore d'autres, mais c'est bien assez déjà. Et maintenant, mon bon ami, que voulez-vous boire ce matin? Très-probablement vous allez demander du tafia de Bourbon, du cognac, ou du gin ; mais qu'est-ce en réalité? La glorieuse incertitude qui se répand sur toutes les liqueurs fabriquées dans ces conditions suffirait pour faire tourner la tête d'un homme avant qu'il ait rien bu. Il se peut que les buveurs de spiritueux se consolent à la manière de ce voyageur au sujet du hachis. « Quand je voyage en bateau à vapeur, » disait cet homme à l'estomac solide, « je mange toujours du hachis, parce que si je suis indisposé, je sais au moins d'où cela provient ! »

Il y a un assez grand nombre d'années, le Parlement Anglais jugea nécessaire de faire une loi pour prévenir la sophistication des boissons. Voici la liste des choses qu'elle défend de mettre dans la bière : la mélasse, le miel, la réglisse, le vitriol, la casse, le cocculus indicus, les graines de paradis, le poivre de Guinée, et l'opium. La sanction pénale était une amende de mille livres sterling pour le brasseur qui avait employé, et de deux mille livres pour le droguiste qui avait fourni les substances ci-dessus énumérées.

Je ne connais pas de loi analogue dans notre pays. Le système de notre gouvernement est de laisser aux gens le soin de se protéger eux-mêmes. Voyons maintenant les effets de ces cinquante substances. Les betteraves, les carottes, le miel, la réglisse, les peaux d'orange, et la mélasse ne peuvent pas faire grand mal. Quoique cependant, je le suppose, les buveurs seraient de l'avis de cet habitué de restaurant qui préférait qu'on lui servît les mouches à part sur une assiette. Mais le cas est différent quand il s'agit du cocculus indicus, du stramonium, de l'acide sulfurique, de l'acétate de plomb, et des autres substances de ce genre. Je tire les renseignements suivants d'un ouvrage de médecine fort estimé du Docteur Dunglison : — l'aloès est un cathartique, un purgatif. Le cocculus indicus contient la picrotoxine, qui est un violent poison narcotique; une dose de cinq à dix grains suffit pour tuer un chien de grande force. Les enfants l'emploient pour prendre du poisson; ils en introduisent dans des pelotes qu'ils jettent dans la rivière; le pauvre poisson les mange et il est pris d'un violent délire, il tourbillonne, saute à la surface de l'eau, et meurt. La couperose produit des nausées, des vomissements, des tranchées, et des coliques; elle a une action purgative. Les graines de paradis, grande variété du cardamome, prises à haute dose, sont fortement échauffantes et carminatives (c'est un antiflatulent et un antispasmodique). L'opium est suffisamment connu. Le stramonium semble avoir été créé tout exprès pour la fabrication des liqueurs. A dose modérée, c'est un puissant narcotique, produisant des vertiges, des douleurs de tête, des troubles dans la vision (il fait voir double), et qui porte la confusion dans les idées. (Qu'y a-t-il de différent avec le résultat produit par les liqueurs?) A haute dose, ce même stramonium (toujours comme les liqueurs) produit les mêmes symptômes, mais aggravés, il amène le délire poussé quelquefois jusqu'à la folie furieuse, produit la stupeur, les convulsions, et la mort. C'est une bien aimable boisson que ce stramonium! L'acétate de plomb est ce qu'on appelle un poison cumulatif; il a la propriété de rester dans l'organisme quand il est pris par petites doses et de s'y accumuler jusqu'à ce qu'il en contienne une suffisante quantité pour que son action se fasse sentir; il produit alors l'affaiblissement, la paralysie, et d'autres maladies semblables. L'acide sulfurique est fortement corrosif, c'est un caustique puissant, il attaque les dents, même lorsqu'il est en parfaite dissolution, et quand la quantité est forte, il dévore les chairs et les os; pris à haute dose, c'est un poison terrible entraînant la mort au milieu d'affreuses tortures.

Voilà comment on emploie ces délectables substances nutritives :—Versez un peu d'acide sulfurique dans votre bière, et vous aurez de la vieille ale au bout d'un quart d'heure; prenez une mixture d'alun, de sel, et de couperose, insinuez-la dans votre bière, et vous obtiendrez une belle mousse. Une infusion de cocculus indicus, de feuilles de tabac, et de stramonium mêlée à la bière lui donnera de la force. La potasse est quelquefois mélangée au vin pour lui enlever son acidité. Le sulfate de soude est communément introduit dans le cidre pour l'empêcher de trop fermenter. L'acétate de plomb est mis dans le vin pour le clarifier et pour l'empêcher d'aigrir. Et ainsi de suite pour toute la liste.

Un curieux exemple de la tranquillité avec laquelle nous acceptons la connaissance de notre folie, c'est cette locution populaire employée pour inviter quelqu'un à boire : « Venez-vous prendre un peu de poison avec moi? »

Je ne connais pas de moyen à l'aide duquel une personne puisse être sûre de se procurer une liqueur quelconque à l'état pur. Quelques personnes achètent toujours leurs vins et leurs liqueurs quand ils sont encore sous les plombs de la Douane, et conséquemment avant qu'ils aient passé par les mains de ceux auxquels ils ont été adressés du dehors. Eh bien ! je connais des vingtaines de marchands, tant à New York qu'à Philadelphie, qui ont fait de grandes fortunes en expédiant du wisky en France; là il était travaillé, on lui donnait de la couleur et du goût, et il était réexpédié en Amérique comme de l'eau-de-vie de France, puis les droits étaient acquittés, et les fûts étaient vendus avant d'avoir quitté la Douane. Il existe une localité en France où se confectionne une certaine espèce de vin. Ce vin est falsifié avec de l'acétate de plomb, et tous les ans un plus ou moins grand nombre d'habitants de cette localité sont attaqués de coliques de plomb pour avoir bu de ce vin à la source même où il se fabrique. Il se boit plus de champagne dans une année, dans la seule ville de Paris, qu'il ne se fait de vrai champagne dans une année dans tout le monde. Il se consomme également en Amérique, dans une année, plus de champagne que le monde n'en produit dans une année, et la presque totalité du véritable champagne est enlevée par les différentes cours de l'Europe. Le véritable vin de Johannisberg, sur le Rhin, vaut 15 francs la bouteille pris par fortes parties, et presque tout est expédié en Russie, ce qui n'empêche pas de trouver dans tous les hôtels, dans les environs de Johannisberg, pour un dollar, une bouteille de véritable johannisberg. Depuis quelques années, la chimie a fourni aux marchands de liqueurs le moyen de fabriquer toutes les espèces de vins et de liqueurs pour un prix de vingt-cinq cents à un dollar le gallon, et il se vend des milliers de gallons de vins ou de liqueurs dans lesquels il n'a jamais entré une grappe de raisin.

Supposez qu'un marchand en gros se fasse expédier de l'eau-de-vie naturelle. Habituellement il la rectifie et la falsifie en y ajoutant quatre-vingt-cinq gallons d'alcool (de wisky raffiné) pour quinze gallons d'eau-de-vie, pour lui donner du goût; puis il s'occupe ensuite de lui donner de la couleur et de la droguer, alors elle est prête pour la vente. Supposez qu'un marchand en gros d'Albany achète pour pure eau-de-vie dix pipes de cette eau-de-vie falsifiée du marchand de New York, le marchand d'Albany double immédiatement son approvisionnement en y ajoutant une égale quantité d'alcool. Il ne reste plus alors que sept gallons et demi de l'eau-de-vie primitive sur cent gallons. Un marchand en gros de Buffalo achète chez son confrère d'Albany et ajoute à son tour moitié d'alcool. Le marchand de Chicago se fournit chez celui de Buffalo, et comme tous les marchands en gros ont de fortes provisions d'alcool et qu'ils savent la manière de s'en servir, il double aussi sa quantité d'eau-de-vie par une addition d'alcool. Le marchand de Milwaukee fait de même, après avoir acheté de celui de Chicago. De cette manière, par le cours naturel des choses en matière de commerce de liqueurs, une pipe de cent gallons d'eau-de-vie pure arrive à Wisconsin au prix de cinq dollars et quelquefois de dix dollars par gallon, et sur les cent gallons que contient la pipe, il y a quatre-vingt-dix-neuf gallons et une pinte de ce même alcool, de ce même wisky raffiné qui a été expédié de Wisconsin au prix de cinquante cents le gallon. Voilà de l'eau-de-vie pure à une dose vraiment homœopathique! Et encore ce wisky, quand il avait quitté le Wisconsin, contenait déjà moitié eau; car il y a des hommes, dans les États qui produisent le wisky, dont le commerce consiste à prendre le wisky directement à la distillerie, à le couper avec une égale quantité d'eau, puis à lui rendre sa force et ses propriétés enivrantes par le mélange des horribles drogues et des poisons mortels dont nous avons donné plus haut l'énumération. Le nombre de ceux qui perdent la force, la santé, et la vie par la falsification des liqueurs est vraiment effrayant. Ceux qui n'ont pas étudié cette question ne peuvent se former une juste idée de l'atrocité et de l'étendue des effets qui résultent de cette frauduleuse et meurtrière industrie.

CHAPITRE XIX.

Les Peter Funks et leurs Fonctions — Le Ministre de Campagne et la Montre — Naissance et Progrès des fausses Ventes aux Enchères — Leur Décadence et leur Chute.

Il y a quelques années, un homme digne et vénérable, dont le nom m'est parfaitement connu, descendait tranquillement Broadway. Il portait, comme les ministres du culte, l'habit noir et la cravate blanche. C'était un homme d'un grand savoir, un penseur profond, il avait une longue expérience, sa piété était sincère, et il jouissait d'une haute réputation d'irréprochable pureté.

Tout à coup un bruit confus de voix frappa son oreille gauche : —

« Voyons!... irons-nous à trois!... Des enchères, messieurs!... Nous disons deux et demi!... personne ne dit mot?... Adjugé! »

Et le grave ministre, s'arrêtant près de la porte entr'ouverte au-dessus de laquelle flottait un petit drapeau rouge, aperçut un groupe d'acheteurs entourant un commissaire-priseur, et le commissaire-priseur lui-même, un homme bien mis et ayant l'air très-respectable, qui tendait à l'heureux adjudicataire une montre en or.

« Elle aurait été bon marché à cent dollars, » dit-il d'un air abattu. « C'est un véritable vol de la vendre à ce prix. Je l'aurais achetée moi-même si la loi me l'avait permis. »

Et pendant ce temps, les autres se pressaient autour de l'heureux acheteur qui montrait d'un air joyeux la montre qu'il venait d'acheter en reculant tout près de la porte. Poussé par la curiosité, le ministre entra. Il ne possédait pas de montre, c'était un ministre de campagne, pauvre sous le rapport des biens de la terre, si pauvre que si, comme on dit vulgairement, les bateaux à vapeur se vendaient au détail, il aurait pu à grand'peine acheter une des planches servant de pont pour embarquer. Mais quelle heureuse chance s'il pouvait se procurer une bonne montre pour deux dollars et demi dans cette merveilleuse cité !

Pendant qu'il se livrait à ces réflexions, cette montre fut ouverte et fermée cinq ou six fois devant son nez. Le commissaire-priseur prit une autre montre exactement pareille et recommença à s'adresser à son public.

« Maintenant, messieurs, qu'est-ce que vous allez m'offrir pour une montre de première qualité, pour une montre Anglaise de M. J. Tobias, avec balancier à compensation, échappement à ancre, et enfermée dans un boîtier de chasse?... Dit-on un?... la voulez-vous pour deux?... pour deux et demi?... pour deux trois quarts? Merci, Monsieur, » ajouta-t-il en s'adressant à un individu ayant l'apparence d'un matelot.

« Trois, » dit un grand jeune homme bien mis, tout à côté du ministre, en ajoutant à demi-voix : « Je l'aurai vendue cinquante avant la fin de l'après-midi. »

« On m'offre trois, » dit le commissaire-priseur. « N'avez-vous pas dit trois et demi, monsieur? Merci, Monsieur. Trois et demi! trois et demi! » répète le commissaire-priseur.

Le révérend ministre avait en effet porté une enchère d'un demi-dollar. Le Peter Funk l'avait saisie au vol, mais le tour n'était pas encore complet.

Les enchères avaient monté à quatre dollars, le ministre se fit remettre la montre, l'ouvrit, l'examina, fut satisfait de cet examen, et en la rendant il risqua une autre enchère d'un demi-dollar. La montre lui fut adjugée. Le commissaire-priseur enveloppa dans un morceau de papier la montre adjugée et la lui passa.

« Par ici, Monsieur, adressez-vous à mon commis, » dit le commissaire-priseur en saluant avec politesse.

Le ministre s'avança, et pendant que les ventes

continuaient derrière lui, le commis lui présenta son bulletin de vente.

« Cinquante-quatre dollars et demi, » lut le ministre étonné. « C'est quatre dollars et demi que j'ai dit ! »

« Quatre dollars et demi ! » s'écria le commis avec indignation. « Quatre dollars et demi ! la belle histoire ! un ministre qui a le toupet de dire qu'il aurait acheté une montre en or de M. J. Tobias pour quatre dollars et demi ! Je vous serai obligé de me passer l'argent. C'est cinquante-quatre dollars cinquante cents, s'il vous plaît. »

Le commissaire-priseur, comme s'il était interrompu par l'élévation du diapason sur lequel parle le commis indigné, suspend la vente pour s'informer de ce dont il s'agit. Après avoir entendu les explications fournies par les deux parties, le commissaire-priseur lance un regard de colère et de mépris sur le pauvre ministre qui, cette fois, ne se sent pas fort à l'aise devant les regards irrités dirigés sur lui. Puis, paraissant se calmer un peu, il dit d'un ton à demi ironique : —

« Vous ne me semblez pas jouer un beau rôle dans cette affaire. Mais évidemment vous êtes un membre de l'église et nous désirons que les personnes qui viennent ici y soient convenablement traitées. Nous ne nous laissons tromper par personne, Monsieur. (A ce moment son visage s'assombrit.) Payez cet argent, monsieur ! on ne se joue pas d'un établissement comme celui-ci. D'ailleurs vous n'avez aucune crainte de perdre quoi que ce soit. Vous pouvez me rendre la montre et je la remettrai immédiatement en vente à votre profit. Très-probablement elle montera à un prix supérieur à celui pour lequel elle vous a été adjugée. Vous n'avez rien à perdre. »

Le ministre hésitait. Le grand jeune homme bien mis qu'il avait déjà remarqué près de lui s'avança et lui dit : —

« Si vous n'en avez pas besoin, remettez-la en vente ; je ne serai pas fâché de courir une nouvelle chance. »

Un grand gaillard solidement bâti qui l'observait d'un œil par-dessus l'épaule du commissaire-priseur, lança au pauvre ministre un mauvais regard.

« Le diable m'emporte, » dit-il, « si je ne pense pas que c'est un joueur de tripots qui vient ici pour exploiter les braves gens! Ces canailles-là portent toujours des cravates blanches. Si vous m'en croyez, nous allons lui faire subir un interrogatoire et le jeter à la porte à coups de botte. »

« Taisez-vous! » s'écria le commissaire avec dignité. « Vous êtes en sûreté ici, Monsieur, » dit-il au ministre, « mais vous devez cet argent et il faut payer. L'affaire ne peut pas se régler d'après d'autres principes. »

« Pouvez-vous remettre la montre en vente à l'instant? » demanda le pauvre ministre.

« Certainement! » répondit le commissaire-priseur tout radouci.

Et le pauvre ministre dupé, tourmenté par un vague pressentiment de quelque chose de louche dans toute cette affaire, prit quarante dollars dans sa maigre valise et les tendit au commis en lui disant simplement : —

« Voilà tout ce que je possède pour retourner chez moi. »

« Ne craignez rien, mon digne Monsieur, » dit le commis avec affabilité. « Dans deux minutes tout sera terminé pour le mieux. »

La montre fut remise en vente; le ministre, qui pouvait à peine en croire ses oreilles, l'entendit rapidement monter à soixante dollars et adjuger à ce prix. Le montant de l'adjudication fut remis au commis, et un nouveau bulletin fut dressé sous la déduction d'une commission de 10 p. 100.

« C'est le taux usité, Monsieur, » fit observer le commis en lui remettant le montant de la vente nouvelle.

Le ministre, fort heureux d'en être quitte pour un demi-dollar, se sauva le plus vite possible.

Je n'ai pas besoin d'ajouter que la somme qu'il

avait reçue n'était que de la fausse monnaie. Quand il revint le lendemain matin, après avoir vainement essayé de faire accepter les pièces de monnaie qui lui avaient été remises, pour retrouver l'endroit où il avait été volé, l'établissement était fermé, et c'est à peine s'il put retrouver d'une manière certaine la porte de la maison. Il s'adressa à la police; mais l'habile officier qu'il trouva lui dit que c'était une affaire difficile, mais pourtant lui donna un agent pour l'assister dans ses recherches. L'agent découvrit l'un des coquins, — qui se récria et menaça de s'adresser à la justice; — le ministre fit de même; le coquin demanda le nom du ministre, l'obtint, et lui dit qu'il pouvait poursuivre si cela lui plaisait. Le ministre regarda l'agent, qui lui répondit d'un air indifférent : —

« Il veut dire qu'il mettra votre nom dans les journaux. »

Le ministre dit qu'il prendrait de nouveaux avis. Il consulta, et en somme ne se soucia pas de voir son nom mêlé à des rapports de police. Il emprunta l'argent qui lui était nécessaire pour retourner chez lui, et s'il a maintenant une montre, ce que j'espère, il est probable qu'il l'a achetée à sa valeur réelle ou après estimation.

Voilà, avec quelques variations, toute l'histoire des Peter Funks. Ces faux commissaires-priseurs, comme dans le cas ci-dessus rapporté, prennent avantage de l'honorabilité de leurs victimes, ou de la hâte qu'elles ont de quitter la ville pour retourner à leurs affaires. Quand il n'y a pas possibilité de faire autrement, ils rendent gorge. Je ne connais pas d'exemple d'une condamnation prononcée contre eux par un magistrat. Jusqu'en 1862 ils ont toujours été traités par la police, le magistrat, ou le maire, comme voudraient l'être les voleurs, qui seraient fort aise d'être relâchés contre la restitution de ce qu'ils ont volé ; car de cette manière ils n'ont rien à perdre en volant, et ils ont la chance d'y gagner.

Ces faux commissaires-priseurs, ainsi protégés par

les autorités, enlevaient au public pour le moins soixante mille dollars par an. L'un d'eux réalisa, lui seul, un bénéfice net de douze mille dollars durant l'année 1861. Cette filouterie sans vergogne se pratiqua pendant plus de vingt cinq ans à New York.

Vers les premiers jours de Juin 1862, les Peter Funks avaient onze repaires où ils se livraient à leurs opérations dans la ville de New York. Cinq dans Broadway, au-dessous de Fulton Street, et les autres dans Park Row, Courtlandt, Greenwich, et Chatham Streets.

Le nom de Peter Funk est, dit-on, celui du fondateur du système ; mais je ne connais rien de plus de son histoire. A cette date de 1862, ce système était dans un brillant état d'organisation et de succès, et se composait du personnel suivant : —

I. Huit chefs Funks, ou capitalistes et directeurs, dont les noms étaient fort connus. J'en ai la note.

II. Environ autant de préposés aux ventes, qui suppléaient les chefs Funks pour remplir les fonctions de commissaires-priseurs et de commis.

III. Soixante-dix ou quatre-vingt comparses ou figurants qui jouaient le rôle d'acheteurs, comme celui auquel avait été adjugée la montre, et qui, par l'expression de sa satisfaction, aida à tromper le ministre et les autres acheteurs sérieux. Ces hommes étaient vêtus comme des gens de la campagne, des marins, et des hommes de toutes conditions. Ils portaient des enchères et parlaient quand cela était nécessaire, ou ils aidaient les chefs à se débarrasser des gens qui les gênaient. De loin en loin ils trouvaient à qui parler, comme par exemple lorsqu'un contre-maître de navire arrivait avec une escouade de ses hommes, pénétrait dans leur repaire, tombait à bras raccourcis sur toute la bande, et les rossait d'importance. Mais la plupart du temps l'insouciante infamie de ces hommes pris dans la lie du peuple leur donnait un grand avantage sur les citoyens honnêtes. Ils ne craignaient ni la honte, ni le ridicule, et la partie n'était pas égale.

IV. Deux ou trois marchands d'orfévrerie et d'articles de fantaisie fournissaient leurs marchandises aux Peter Funks. L'un de ces hommes avait coutume de leur vendre de cinquante à cent dollars de ces marchandises de rebut, et lors de la fin prématurée de cette coupable industrie, il se lamenta aussi fort que les orfévres d'Ephèse lorsque s'éteignit leur commerce de reliquaires.

V. Un homme de loi recevait un salaire régulier de douze cents dollars par an pour défendre dans toutes les actions judiciaires enfantées par les Peter Funks.

VI. Les politiciens de la ville qui avaient coutume de recevoir l'assistance des Funks aux élections et de trouver dans leurs rangs une fort énergique cohorte, leur accordaient en retour leur protection, et ils usaient sans scrupule de leur autorité et de leur influence pour les soustraire à toute punition de leurs méfaits.

Toute cette habile organisation fut détruite, et la ville de New York fut délivrée de cette honte et de cette peste par le courage, l'énergie, la persévérance, et le bon sens d'un officier de police Yankee, Russell. Wells. M. Wells mit environ six mois pour terminer son œuvre. Il la commença de sa propre autorité, la jugeant en harmonie avec l'esprit d'une saine police, et il poursuivit son entreprise sans crainte, ne trouvant que fort peu d'appui dans les autorités judiciaires, chez lesquelles il rencontrait quelquefois une hostilité décourageante. Sa méthode consistait à monter la garde près d'une salle de vente, à avertir tous ceux qu'il voyait y entrer, et à suivre avec la plus extrême rigueur sur toutes les plaintes qui étaient soulevées, jusqu'à ce que la salle, après laquelle il s'était acharné, fût fermée, alors il allait mettre le siége devant une autre. Plusieurs fois, des offres d'argent lui furent faites directement et indirectement. Un des intéressés lui offrit cinq cents dollars pour se promener de l'autre côté, un autre mille dollars pour abandonner son entreprise; un autre lui fit entendre qu'on était disposé à lui servir des appointements réguliers argent comptant, en disant qu'il se ferait fort d'obtenir la somme qu'il exigerait pour conclure l'affaire.

Quelquefois on lui faisait des menaces de mort. Plusieurs fois on lança contre lui des assignations et on le poursuivit comme diffamateur. L'une de ces plaintes l'accusait, avec une pitoyable hypocrisie, « de se tenir, avec de méchantes intentions, devant la porte du plaignant pour nuire, par de calomnieuses accusations, à sa réputation et à son crédit, » comme ce vieil avocat qui avait coutume de dire que « plus le fait reproché était vrai, plus la diffamation était grande. » Quelquefois on lui cherchait querelle et l'on se livrait contre lui à d'injurieuses imputations. L'un de ces hommes lui dit un jour « qu'il était un voleur et un assassin qui voulait enlever à des hommes le travail qui les faisait vivre, eux, leurs femmes, et leurs enfants. »

Un autre prétendait que l'industrie à laquelle ils se livraient était tout aussi honorable que celle de ceux qui opéraient sur les fonds publics et les actions industrielles dans Wall Street. Il n'était pas, je le crains bien, fort éloigné de la vérité.

Mais leurs menaces furent vaines, leurs poursuites judiciaires ne furent pas continuées jusqu'au bout, leurs tentatives de corruption restèrent sans résultat. L'officier de police, inébranlable dans son intégrité, continuait à veiller, à avertir le public, et à traquer les Peter Funks, à s'emparer de toutes les plaintes, et à leur faire rendre gorge, dans une proportion de cinq cents à mille dollars par mois, jusqu'à ce qu'il les ait mis à sec. L'un après l'autre, ils fermèrent boutique. L'un retourna à sa maison de banque, l'autre à son magasin, un autre émigra, un autre, connu sous l'élégant surnom de Thompson Tape à l'œil, se fit recruteur, et d'autres se lancèrent à la chasse des emplois publics.

Telles furent l'existence et la fin d'une indigne et préjudiciable tromperie, qui n'a pas sa pareille dans aucune autre contrée et qui ne pouvait prendre naissance et être soufferte que dans une ville insouciante, âpre au gain, et mal gouvernée, comme celle de New York.

CHAPITRE XX.

Les Vols à la Loterie — Boult et ses Confrères — Kenneth, Kimball et Ce — Le Besoin d'un Siége Social dans une Position plus centrale — La double Liste du dix-septième Tirage Mensuel — Etrange coïncidence.

J'AI devant moi une masse de lettres, de circulaires imprimées et lithographiées que répandent deux ou trois des plus effrontés filous qui existent en ce moment (ce serait à tort qu'on leur impliquerait la qualification de charlatans); ces documents prouvent qu'il existe un plus grand nombre de niais dans notre Grande République que nous ne serions disposés à le reconnaitre.

Ces lettres et ces circulaires sont respectivement signées par les noms suivants : Alexandre Van Dusen; Thomas Boult et Ce; E. F. Mayo; Geo. P. Harper; Browne, Sherman, et Co; Hammett et Ce; Charles A. Herbert; Geo. C. Kenneth; E. Seymour et Ce; C. W. White; C. J. Darlington; B. H. Robb et Ce; James Conway; S. B. Goodrich; Egerton frères; C. F. Miner; E. J. Kimball; E. A. Wilson; J. T. Small.

Tous ces documents, à une ou deux exceptions près, sont datées du dernier trimestre de 1864 et du mois de Janvier 1865. Ils ont été mis à la poste dans différentes villes et sont adressés à un grand nombre de gens honorables dans toutes les directions.

On pourrait les diviser en deux lots distincts.

Les pièces appartenant au premier lot sont signées soit par Thomas Boult et Ce, soit par Hammett et Ce, soit par Egerton frères, soit par T. Seymour et Ce. Quand on rapproche ces documents émanés de quatre sources différentes, il y a quelque chose qui saute aux yeux et qui doit paraître clair pour le plus grand imbécile du monde.

Ces individus — je veux parler de Boult et des autres — sont des spéculateurs parasites qui vivent de la loterie. Ceux qui achètent des billets de loterie sont très-simples, très-crédules, ou très-paresseux, peut-être sont-ils et simples, et crédules, et paresseux tout à la fois. Ils veulent arriver à la fortune sans travailler pour la gagner. Ce désir insensé et coupable les livre à la merci des exploiteurs de loterie. Je voudrais que chacun de ces pauvres insensés, que la cupidité égare, se livrât à l'examen préalable de tout le tas de papiers que j'ai devant moi. Regardez-les, vous y verrez que toutes les lettres lithographiées, émanées des quatre maisons différentes, et dont nous avons formé le premier lot, sont de la même main. Vous remarquerez que chacune d'elles renferme un imprimé indiquant la combinaison, et que tous ces imprimés se ressemblent. C'est la même combinaison de la Havane, la même Loterie du Collège Shelby. Ce sont les mêmes directeurs, le même lieu de tirage. Maintenant voyez le contenu des lettres; chaque habile dit au niais qu'il n'a pas d'autre but que de mettre dans la poche du susdit niais un lot de cinq mille dollars, pour qu'il en répande la nouvelle autour de lui, qu'il montre son argent, et qu'il serve d'appât pour attirer un plus grand nombre de niais. Quel ingénieux moyen pour persuader au niais qu'il recevra infailliblement le montant du lot! Chaque habile dit au niais (je copie les termes mêmes de la lettre lithographiée) : « *Nous sommes si cer-*
« *tains des moyens que nous avons de choisir les bons*
« *billets, que si celui que nous avons choisi pour vous*
« *ne vous fait pas gagner, tout au moins, un lot de*
« *cinq mille dollars, nous nous engageons…* » A quoi? à en payer le montant vous-mêmes? Oh! non. L'habile n'offre pas d'en payer même la moitié — « *Nous*
« *nous engageons à vous envoyer une autre série de*
« *numéros de nos loteries, pour rien.* »

Voyez avec quel soin l'habile recommande au niais de lui indiquer la maison de banque la plus proche, pour qu'il puisse lui faire parvenir immédiatement le montant du lot gagné.

Et en retour de toutes ces bontés, que demandent MM. Boult et Ce et les autres ? Mais presque rien. La ridicule petite somme de dix dollars. Vous remarquerez que Hammeth et Co, dans une de leurs circulaires, demandent vingt dollars pour le même lot de cinq mille dollars. Mais la somme qu'ils demandent est trop minime pour qu'on se montre bien regardant !

Je proposerai les termes d'une réponse à ces messieurs. Que chacun de ceux de mes lecteurs qui recevra l'une de leurs circulaires, copie, signe, date la lettre suivante et qu'il la leur envoie : —

« Messieurs : — Je vous remercie de la grande bonté que vous
« me témoignez en voulant me faire gagner un lot de cinq mille
« dollars dans votre splendide Loterie Royale de la Havane. Je
« suis convaincu, comme vous le dites, que vous savez comment
« gagner ces lots et qu'il vous serait facile de réaliser à votre pro-
« fit une très-grosse affaire. Mais je ne puis me faire à l'idée de
« priver d'une aussi grosse somme d'argent de braves gens comme
« vous. J'insiste pour que vous en ayez la moitié et je ne veux
« pas entendre parler d'un refus. Par conséquent, je vous autorise
« à me faire adresser cette bagatelle de dix dollars dont vous par-
« lez, et lorsque les lots seront tirés, à garder la moitié de celui qui
« m'écherra, plus le remboursement des dix dollars que vous
« m'aurez adressés, puis à m'envoyer l'autre moitié de la manière
« suivante : (Indiquer ici le nom et l'adresse du banquier le plus
« proche.)
« Je n'ai pas la moindre crainte que vous vouliez me faire tort
« de ma moitié, et, comme vous le dites vous-mêmes, je me re-
« mets avec confiance entre vos mains. Avec mille remercîments
« pour votre excessive bonté, je reste votre obligé et votre obéis-
« sant serviteur.

« ETC., ETC. »

Mes lecteurs remarqueront que ce genre de réponse laisse toute latitude à l'expansive charité de Boult et de ses confrères, et que c'est un sûr moyen d'épargner une dépense de dix dollars, quoique Boult soit autorisé à en faire la retenue lorsque les lots sont tirés.

Je ne demande rien pour le conseil que je donne, mais je ne serai pas assez discourtois pour refuser un tant pour cent modéré sur toutes les sommes que ceux qui l'auront suivi recevront des Frères Boult et C°.

Passons au second lot de lettres dont j'ai parlé. Je les ai, comme les autres, devant moi, sur mon bureau. Elles se composent de six lettres signées respectivement par Kimball, Goodrich, Darlington, Kenneth, Harper, et Herbert. Examinons-en d'abord la forme, et ensuite la substance.

Quant à la forme, elles sont écrites à la main et non lithographiées, sur du papier de même nature et de même dimension, pris à la même source, comme on peut s'en convaincre par la marque de fabrique représentant le Capitole sur le coin supérieur de la feuille. Elles sont écrites par la même main, de la belle écriture lisible et courante usitée dans le commerce, quoique trois de ces lettres soient écrites en ronde. Ceux qui m'ont envoyé ces lettres ne m'ont pas fait parvenir en même temps les enveloppes, sauf pour une seule de ces lettres, de sorte que je ne puis dire dans quelles villes elles ont été mises à la poste. Aucune d'elles ne porte intérieurement l'estampille d'un bureau de poste. Mais par une coïncidence vraiment merveilleuse, toutes ces lettres sont datées : « N° 17, Merchants' Exchange. » Quelle industrieuse fourmilière doit contenir ce numéro 17 ! Une coïncidence plus curieuse encore, c'est que chacun de ces six industrieux personnages n'a pu trouver un local suffisamment central pour l'exploitation de ses affaires. Chaque lettre contient un avis imprimé annonçant un changement de résidence libellé de la manière suivante : —

« CHANGEMENT DE DOMICILE. — Désirant un local dans une
« position plus centrale pour mes opérations, j'ai transporté mon
« bureau au N° 17, Merchants' Exchange. »

Où ? L'une des lettres dit à Westtroy, New York; une autre dit à Patterson, New-Jersey; une autre à

Bronxville, New York; une autre à Salem, New York; et ainsi de suite. C'est une chose curieuse à remarquer comme toutes ces localités sont centrales. Il semble qu'il y ait dans tous les coins des centres qui ne demandent qu'à se développer. L'avis se termine par une invitation d'adresser les réponses au nouveau domicile.

Quant à la substance, les six lettres racontent la même histoire. Toutes sont une seconde lettre adressée à la même personne; la première contenait un billet de loterie comme un don d'amour et de pure charité; la seconde est celle qui doit rapporter. Elle dit en substance : « Votre billet a gagné un lot de « deux cents dollars » (toutes les lettres portent la même somme), « mais vous n'en avez pas payé la « valeur et vous n'avez pas droit au lot gagné. « Envoyez-moi dix dollars et je mettrai dedans le « directeur de la loterie en altérant le timbre de la « poste sur votre lettre, de manière qu'il croie « que vous avez envoyé votre argent avant le tirage. « Ce faux me permettra de recevoir les deux cents « dollars que je vous enverrai. »

Comme c'est malin! C'est calculé pour faire impression sur l'esprit vulgaire d'un paysan ignorant et intéressé. Un tel individu peut seul se laisser prendre à l'idée de voler les hommes de la loterie. Et l'habile exploiteur termine par un dernier trait bien fait pour convaincre le maitre rustre que son argent ne tardera pas à arriver; il dit : « Ayez bien « soin de montrer votre argent à tous vos amis et « connaissances, pour les engager à prendre leurs « billets dans mon bureau. »

Chaque lettre contient en outre la « Liste du dix-septième Tirage Mensuel de l'Association Cosmopolite de l'Union des Arts. » Vous remarquerez que l'un de ces dix-septième tirages a eu lieu le 7 Novembre 1864, et l'autre le 5 Décembre 1864, de sorte que le dix-septième tirage a eu lieu deux fois dans la même année. Ce qui est bien regrettable, c'est que dans chacune de ces listes se trouve une série de cent trente ou cent quarante numéros qui ont gagné les lots, et que ces numéros sont les mêmes dans chaque liste et donnent droit à la même somme. Il y a une troisième coïncidence, c'est que l'un de ces tirages a eu lieu, dit-on, à Londres, dans l'État de New York, et l'autre à Londres, dans l'État de New Jersey. Quatrième coïncidence, non moins curieuse que les autres — il n'existe de ville de ce nom ni dans l'un ni dans l'autre de ces États.

Quelle volerie transparente! Comme c'est clair, impudent, et effronté! Tout consiste à savoir se servir des priviléges que confère l'Administration des Postes des États Unis! Essayez de rattraper votre filou. Vous découvrirez l'endroit où il a jeté ses circulaires à la poste, mais probablement il ne s'y sera arrêté qu'à la nuit, et personne ne le connaîtra. Dans chaque circulaire, il écrit à ses dupes de lui adresser leurs lettres à la nouvelle demeure plus centrale qu'il s'efforce avec tant de persévérance de trouver; comment celui qui se mettrait à sa poursuite parviendrait-il à la découvrir? Viendra-t-il à l'idée de quelqu'un de prendre le Bureau de Poste de Bronxville, dans l'État de New York, comme présentant des conditions exceptionnelles pour ceux qui veulent être au centre des affaires?

En outre, personne n'est dépouillé d'une somme assez importante pour poursuivre l'affaire, et probablement aucun de ceux qui sont assez sots pour envoyer leur argent ne serait disposé à venir s'en vanter.

Ces piéges grossiers seront toujours tendus, et il y aura toujours des gens qui s'y prendront tant qu'il y aura des imbéciles à duper. Le seul moyen de mettre un terme à ces voleries, c'est de répandre partout la conviction que le meilleur moyen pour assurer sa vie, c'est de travailler en homme et de la gagner honnêtement.

CHAPITRE XXI.

Une autre Loterie — Deux cent cinquante Recettes — Mauvais Livres — Cartes avantageuses — Un Paquet pour vous, veuillez envoyer l'Argent — Un Colporteur.

La facilité avec laquelle les gens livrent leur argent aux exploiteurs est véritablement étonnante. Il semble qu'il suffise, pour faire une fortune indépendante, de lancer des circulaires et des réclames pour demander à ceux auxquels on les adresse d'envoyer cinq Dollars à celui qui les lance en disant simplement : « Les choses seront ainsi parfaitement en règle. »

J'ai déjà expliqué la manière d'opérer des spéculateurs de loterie. Dans le tas de documents dont je me suis servi, j'en ai mis à part quelques-uns qui s'appliquent à des combinaisons encore plus coupables, et qui prouvent que ceux qui les inventent et qui les patronnent sont non-seulement d'habiles chevaliers d'industrie, mais encore des coquins de la pire espèce. Quelques-unes sont mises à exécution à l'aide de circulaires et de lettres écrites à la main, comme celles qui sont devant moi ; d'autres par des annonces insérées dans les journaux. Quelques-uns n'ont d'autre but que de vous soutirer de l'argent ; d'autres vous offrent en échange de votre argent quelque compensation illusoire. Mais quels que soient les moyens employés, quel que soit le but poursuivi, toutes ces combinaisons ne reposent que sur le nombre monstrueux des gens assez simples d'esprit pour envoyer leur argent à des individus qu'ils ne connaissent en aucune façon.

Je n'entrerai dans aucun détail sur les misérables qui spéculent sur les honteuses passions de l'humanité. Parfois on annonce par la voie des réclames dans les journaux et par l'envoi de circulaires, des images et des livres licencieux qui se vendent à des prix élevés.

Des escroqueries d'une nature assez divertissante ont été pratiquées par ces colporteurs d'immoralité, en vendant un bon livre très-bon marché, au prix ridiculement élevé d'un mauvais ouvrage. Plus d'un jeune fou a reçu, au lieu de l'ouvrage dégoûtant pour la possession duquel il avait envoyé cinq dollars, un joli petit exemplaire du Nouveau Testament. Il est facile à comprendre que personne n'ose se plaindre d'un vol de ce genre, c'est peut-être l'escroquerie la moins dangereuse qui ait jamais été pratiquée.

Le premier document que j'extrais du monceau qui est devant moi est l'annonce faite par un individu qui spécule sur les loteries de bienfaisance. Sa combinaison fait appel aux sentiments généreux et à la cupidité. Il dit : « Les profits de cette loterie sont « destinés à la Commission Sanitaire, » et secondement : « Tous les billets donnent droit à un lot d'une « valeur au moins égale au prix du billet, et quel- « ques-uns à des lots s'élevant à cinq mille Dollars. »

Si, par conséquent, vous ne prenez pas de billets pour l'amour du lucre, vous en prenez pour l'intérêt que vous portez à nos soldats.

« Mais, » diront quelques personnes, « comment pouvez-vous mener à bien cette combinaison qui absorbe le produit entier de la loterie et même davantage, puisque tous les lots réunis dépassent le montant des billets encaissés ? »

« Oh ! » répond notre bienfaisant ami, « un certain nombre de manufacturiers de la Nouvelle Angleterre m'ont prié de m'occuper de cette loterie dont ils se chargent de fournir les lots dans l'intérêt du soldat. »

Une simple observation suffira pour montrer tout ce qu'il y a de mensonger dans cette histoire. Si les manufacturiers de la Nouvelle Angleterre voulaient donner de l'argent à la Commission Sanitaire, ils le lui verseraient; s'ils voulaient lui donner des marchandises, ils les lui livreraient. Ils ne voudraient pas faire arriver leurs dons par l'inutile et ridicule circuit d'une loterie, qui n'amènerait toujours que la même valeur entre les mains de la Commission.

Le second document est une circulaire envoyée d'une ville de l'Ouest par un individu qui se prétend maître ès arts, docteur en médecine, et docteur en droit, mais dont l'écriture et le style sont ceux d'un garçon d'écurie. Cet individu envoie à la ronde une liste de deux cent cinquante recettes à différents prix, variant de vingt-cinq cents à un Dollar par recette. Envoyez-lui le prix de celles que vous voulez avoir, et il s'engage à vous faire parvenir en échange les instructions nécessaires pour exécuter la préparation. Vous n'avez plus qu'à la colporter pour devenir bientôt riche et indépendant. Vous pouvez commencer avec un Dollar, dit-il; en deux jours vous aurez réalisé cinquante Dollars, et aller ainsi en augmentant le chiffre de vos affaires jusqu'à soixante-quinze Dollars et deux cents Dollars par jour, « si vous êtes industrieux. » Qu'est-ce que l'huile de pétrole à côté de cela? Il est fort heureux que nous ne nous livrions pas tous à cette industrie, nous deviendrions trop riches!

Ce digne homme, par pure bonté d'âme et par intérêt pour vous, vous recommande d'acheter toutes ses recettes, attendu que de cette façon vous êtes sûr d'avoir quelque chose à vendre à chacun. Beaucoup de ces recettes sont fort innoffensives — du savon pour la barbe, du ciment, de l'encre — « cinq gallons de bonne encre pour treize sous » — des poudres dentifrices — etc. D'autres sont de flagrantes absurdités, de ce nombre sont les recettes pour faire du « thé — meilleur que le thé Chinois, » c'est à peu près comme s'il promettait quelque chose de plus humide que l'eau; « pour faire du vinaigre des quatre voleurs » — « des diamants prismatiques pour couper les vitres » — « du beurre jaune » — est-ce que dans le pays qu'habite cet homme le beurre serait bleu? D'autres sont calculées de manière à séduire quelque paysan ignorant qui aimerait assez à gagner facilement sa vie en attrapant le public, s'il était assez malin pour cela. Parmi celles-ci il y a « Le grand secret de Rothschild, ou le moyen de faire de l'or. » Je puis livrer à mes lecteurs une meilleure recette que celle de ce filou : Travaillez dur, réfléchissez sérieusement, soyez honnête, et dépensez peu — cela vous produira de l'or, et c'est le seul secret que M. de Rothschild ait jamais eu. Un certain nombre de ces recettes sont de pures recettes de charlatan, des remèdes contre la consomption, le cancer, les rhumatismes, et plusieurs autres maladies — des recettes pour faire pousser les favoris et la moustache. Oh! jeunes gens, ne vous laissez pas emporter par votre impatience. Vous graisser les joues avec des pommades ne produira pas un meilleur effet que si vous vous épiliez les cheveux. Ne vous pressez pas, l'âge vous arrivera toujours assez tôt! Mais notre homme a des recettes aussi bien pour les vieillards que pour les jeunes gens, car il possède des remèdes contre la calvitie et des recettes pour effacer les rides. Enfin, au milieu de toutes ces absurdités, se trouvent deux ou trois recettes qui promettent la satisfaction des plus honteuses passions de l'humanité, et c'est sur celles-là qu'il compte pour gagner de l'argent.

Je me suis abstenu de donner aucun nom, aucun renseignement qui pourraient fournir à quelqu'un les moyens de s'adresser à ces gens-là. S'ils me sont bien connus, il ne me convient pas de leur prêter mon concours.

La circulaire qui vient après, et sur laquelle je ne m'étendrai pas, offre de fournir, à la réception du prix stipulé par la poste ou par l'express, et avec toute garantie de n'être pas découvert, un ou plusieurs des vingt-deux livres infâmes dont les titres sont énumérés, des gravures, et d'autres articles qui auraient parfaitement convenu aux habitants de Sodome et de Gomorrhe, etc. Les choses les plus décentes et les plus honnêtes parmi celles qui sont comprises dans cette liste dégoûtante sont des « cartes avantageuses, » qui permettent au joueur de voler son adversaire en voyant par le dos de la carte les atouts qu'il a dans la main.

Voici un document que je copie *textuellement*, sauf les noms, c'est une lettre ainsi conçue : —

« CHER MONSIEUR, — J'ai un paquet qui a été confié à Mes « soins pour une madame preston New Griswold, dont le port est « de 48 cents. Veuillez m'envoyer cette somme. Je vous l'adres- « serai Par l'Express aussitôt après la réception de Votre envoi. »

Il y a une consolation à penser que cet honnête homme perdra les trois cents de port que lui coûtera l'envoi par l'express. Mais bon nombre d'intelligentes personnes lui ont envoyé la petite somme qu'il demande par sa lettre et se sont étonnées après de n'avoir pas reçu le paquet annoncé.

Le document qui me tombe maintenant sous la main est le récit de ce qui s'est passé dans une ville bien connue, à l'ouest de New York, le Vendredi 6 Janvier 1865, et publié par un témoin oculaire qui s'en était amusé autant qu'il en avait été indigné. Un personnage, représenté comme habillé à la mode Yankee, parcourait la principale rue de la ville avec une voiture et un cheval, et il avait commencé à vendre ce qu'on appelle de l'*Attleboro*, dans quelques parties de la Nouvelle Angleterre, c'est-à-dire de l'imitation de bijouterie, en promettant de rendre l'argent à ceux de ses clients qui ne seraient pas satisfaits de leurs marchés, ce qu'il faisait. Après un certain nombre de transactions de ce genre, il se mit à crier comme le sorcier dans le conte d'Aladin, qui s'en va offrant des lampes neuves pour de vieilles lampes : " Qui veut me donner quatre Dollars de ce greenback de cinq Dollars (1)? »

Il trouve un amateur; lui vend un greenback de un Dollar pour quatre-vingt-dix cents; puis il vend un billet d'un demi-Dollar pour vingt-cinq cents. De cette manière il jette au milieu de la foule ce que le

---

(1) Le *greenback* est une sorte d'assignat créé pendant la guerre civile, dont le dos est vert.

pêcheur appellerait son amorce, sous la forme d'une poignée d'argent ayant cours.

Chacun se précipitait sur l'argent. Ce généreux marchand s'avançait lentement un peu plus loin, et la foule s'amassait autour de lui.

Il commençait alors, sans prendre aucun engagement, à vendre un lot de bijouterie pour cinq dollars, et en peu d'instants il arrivait à en placer une quarantaine de lots environ. Après avoir ainsi réalisé à peu près deux cents Dollars, et lorsqu'il voyait la vente commencer à languir, il annonçait avec une clarté, avec une précision oratoire que n'aurait pas désavouée le Général Sherman : —

« Messieurs — Je vous ai vendu ces marchandises à mon prix. Je suis porteur de ma licence de colporteur. Si je vous rendais votre argent, vous me prendriez pour un fou. Je vous souhaite tout le bonheur possible dans vos professions respectives ! Bonjour ! »

Et il s'éloignait en effet. Cet habile homme a maintenant réalisé une petite fortune par l'emploi de ce moyen. Il est, en effet, muni de sa licence de colporteur, et quoiqu'il ait été plusieurs fois arrêté, on n'a pas trouvé de loi pénale dont on puisse lui faire l'application pour le punir.

Il ne me reste plus à entretenir mes lecteurs que d'un document d'une autre nature. C'est une circulaire imprimée qui s'adresse à une classe de gens plus ignorants et plus crédules, si c'est possible, que ceux qui se laissent prendre aux trompeuses annonces que j'ai déjà citées. Elle est lancée sous ce titre : « Les Sept Charmes Secrets des Gipsies. » Ces charmes consistent en une espèce de bouillon d'enfer, de décoction, dont vous devez vous mouiller les mains et la tête, ce qui a pour effet de vous permettre de lire dans la pensée des autres ; en prenant quelqu'un par la main, vous avez la faculté de vous rendre maître d'une manière absolue de l'esprit et de la volonté de cette personne (il est inutile de faire connaître d'avance le but qu'on se propose pour que la chose soit croyable). La possession de ces charmes vous donne aussi le moyen de choisir les billets gagnants d'une loterie, de découvrir les choses perdues ou cachées, de lire avec certitude dans l'avenir, d'accroître vos facultés intellectuelles, et de vous faire aimer des personnes d'un autre sexe. Ces précieux secrets sont annoncés dans un style qui offre au lecteur le plus ridicule salmigondis. « Ces charmes — dit la circulaire — étaient employés par les Antédéluviens; » c'était le secret des enchanteurs Égyptiens, comme celui de Moïse, des Pythonisses, des conjureurs païens, et de tous les imposteurs en général; et (ce qui paraîtra plus extraordinaire pour les géographes de nos jours) « ils sont encore employés par les Psyles de l'Amérique du Sud, pour charmer les Bêtes Féroces, les Oiseaux, et les Serpents. » Le moyen de dominer les esprits a été découvert, dit la circulaire, par un voyageur Français nommé Tunear. Ce Français est probablement un parent du fameux voyageur Russe Blaguinskoff.

Mais il y a un point essentiel qu'il faut observer avant tout. C'est d'envoyer l'argent nécessaire pour acquitter le prix des charmes que vous désirez posséder — car ils se vendent tous séparément. Vous recevez en échange une seconde circulaire qui vous préviendra qu'il vaut infiniment mieux acheter tous les charmes à la fois, et qu'on vous expédiera le tout ensemble quand vous aurez envoyé le complément de la somme nécessaire pour en acquitter le prix. Envoyez maintenant votre argent si cela vous convient!

Comment est-il possible qu'il existe parmi nous des gens capables de se laisser prendre à de telles balivernes? Il y en a cependant, et en grand nombre. Je ne fais pas l'injure à mes lecteurs de croire qu'il se trouve parmi eux beaucoup de gens aussi dépourvus de cervelle, mais il n'y a toujours pas de mal à donner des explications claires et précises qui mettent quelques personnes en garde contre une perte d'argent et contre une mortification. Sachez vous contenter d'un gain fait honnêtement. Renseignez-vous sur les gens avec lesquels vous traitez. N'essayez pas de gagner de l'argent sans donner à votre acquéreur une valeur en rapport avec le prix que vous lui demandez. Enfin, n'envoyez jamais d'argent sur les promesses verbales écrites ou imprimées d'un étranger.

CHAPITRE XXII.

Mine de Charbon en Californie — Mine de Charbon de Hartford — Mystérieux Canal Souterrain.

Il y a une douzaine d'années environ, dans les premiers temps de l'émigration Californienne, une curieuse affaire prit naissance à six milles environ de Monterey. Un officier des États Unis se rendait dans l'intérieur, vers l'année 1850, pour surveiller une expédition, avec une escouade d'hommes, une forge portative, une provision de charbon, et différents autres objets. Dans l'endroit en question, à six milles dans l'intérieur des terres, le wagon de charbon du Lieutenant s'embourba dans un terrain marécageux. Avec la décision habituelle dans l'état militaire, la plus grande partie du charbon fut jetée à terre pour dégager le véhicule et ne fut pas ramassée. L'expédition continua sa route, et le temps, qui ne s'arrête jamais dans sa marche, dessécha le marécage. Des flaireurs d'entreprises, qui ont toujours l'œil ouvert, aperçurent un beau matin les morceaux de charbon qui montraient leurs nez noirs à la surface. L'affaire était claire, il y avait là une mine de charbon! Ceux qui avaient fait cette heureuse découverte se ruèrent dans la ville. Une compagnie fut aussitôt organisée en se conformant aux lois sur l'exploitation des mines en Californie. Les fondateurs gardèrent d'abord le secret le plus absolu sur toute l'affaire et n'en parlèrent qu'à quelques amis auxquels ils firent la faveur d'allouer quelques parts moyennant finances. Un compromis des plus avantageux fut fait avec le propriétaire du terrain. Lorsque les choses eurent été bien convenablement préparées, des échantillons du fameux charbon furent exposés dans la ville de Monterey. L'émotion produite fut énorme : les actions montèrent à perte de vue. Douze cents Dollars en or pour une action originairement émise à cent Dollars semblaient une offre à mépriser. Vers cette époque à peu près, un paisible Hollandais, qui passait un soir près de la mine avec sa charrette, déterra innocemment le charbon, en fit un seul tas qu'il chargea sur sa voiture, et rentra chez lui. L'aventure fut bientôt connue par les porteurs d'actions, l'alarme se jeta parmi eux, et l'explosion de leur mauvaise humeur fut terrible. Ceux qui avaient fait la découverte de la prétendue mine protestèrent qu'ils avaient été les premiers attrapés et que ce n'était qu'un cas de commune infortune. Néanmoins on rapporte que plusieurs personnes de la ville de Monterey, après la ruine de cette entreprise, se rappelèrent parfaitement l'expédition militaire et toute cette histoire de charbon, qui leur était tout à fait sortie de la tête lorsque la compagnie s'était formée.

Une entreprise également mal fondée, mais moins ridicule, se créa il y a quelques années dans la ville de Hartford, dans le Connecticut, d'après ce qui m'a été rapporté par un vieux monsieur, maintenant décédé, qui avait été intéressé dans l'affaire. C'était une mine de charbon dans la cour de l'Hôtel de Ville. Cela paraît aussi ridicule que si l'on voulait tirer des rayons de soleil d'un concombre — mais le fait n'en est pas moins réel.

Le charbon se trouve dans les roches d'une certaine nature. Dans l'argile, le granit, ou le basalte, par exemple, personne ne s'attend à trouver du charbon. Mais dans une certaine nature de sable on peut espérer en rencontrer. Les savants de la ville de Hartford découvrirent que, sous leur cité, à une très-grande profondeur, existait une certaine nature de sable et affirmèrent qu'ils étaient certains que c'était le genre de sable dans lequel se trouvait le charbon. Ils réunirent quelque argent, il n'en manque pas à Hartford, qu'il y ait ou qu'il n'y ait pas de charbon, et ils organisèrent une compagnie, employèrent un directeur des mines, établirent un appareil de forage, et percèrent dans la terre un trou d'une largeur de quatre à six pouces de diamètre. Ils traversèrent la couche d'argile et ils atteignirent la couche de sable. Ils continuèrent à sonder avec un grand courage et poussèrent leur forage à cinquante ou cent pieds plus avant. Une indéfinissable émotion se produisit lorsqu'un jour la sonde amena à la surface des fragments de bois. « Maintenant le bois, prochainement le charbon, » se dirent-ils. Ils auraient pu, je me l'imagine, amener des pommes de terre bouillies ou un poisson frais, pourvu qu'on eût pris soin de les laisser tomber d'avance dans le trou. Ils creusèrent jusqu'au moment où la lassitude s'empara d'eux et s'arrêtèrent. Quand bien même ils auraient creusé jusqu'à une profondeur de dix mille pieds, ils n'auraient pas trouvé de charbon. Le charbon se trouve dans les Nouvelles Couches de Roches de Sable Rouge ; à Hartford, c'était une Vieille Couche de Roches de Sable Rouge très-estimable en elle-même, mais où l'on n'a jamais trouvé de charbon, à moins qu'il n'y ait été mis exprès. Le trou qui a été fait à cette occasion, ainsi que me l'a dit gravement celui de qui je tiens mes informations, est toujours resté foré dans la terre, et si son rapport est exact, il forme encore de nos jours un appendice ou une queue au puits qui occupe le coin ouest de la cour de l'Hôtel de Ville. Si l'envie en prend à quelqu'un, il peut aller faire des fouilles et vérifier l'exactitude du fait que je rapporte. Celui qui se livrera à cette investigation pourra se convaincre que la vérité habite au fond d'un puits, comme dit le proverbe; quoique cependant quelques sceptiques malintentionnés soient arrivés, par leur manière d'accentuer la phrase Anglaise qui rend ce proverbe, à lui faire dire que « la vérité ment au fond d'un puits ; » ils arrivent à ce résultat en jouant sur le mot *lies* qui veut dire en même temps *repose* et *ment*. Au lieu de *Truth lies in the bottom of a well*, ils disent : *Truth lies at the bottom of a well!*

Une bourde d'un autre genre, c'est la merveilleuse histoire qui fut mise en circulation il y a environ quinze ans, et qui avait été imaginée pour servir à l'une des nombreuses entreprises qui cherchent de nouvelles routes pour arriver en Californie par l'Amérique Centrale. Cette histoire parut, je crois, dans *Le Courrier de la Nouvelle Orléans.* C'était un docteur Français de Vera Paz dans le Guatemala, qui, en faisant un canal pour se rendre de sa propriété à la mer, découvrit, à l'extrémité du Golfe de Honduras, un ancien et immense canal de cent quarante pieds de largeur, de soixante-dix pieds de profondeur, et dont les murs de chaque côté étaient formés par de gigantesques masses de pierres taillées. Le docteur abandonna à l'instant la mesquine excavation à laquelle il se livrait, et se plongea dans l'examen de ce vaste canal avec autant de zèle que s'il avait joué de la sonde pour retrouver une balle dans la jambe d'un pauvre blessé. Le monstrueux canal lui fit traverser le pays en droite ligne dans la direction du Sud. A une vingtaine de milles environ, dans l'intérieur des terres, il plongeait sous un volcan !

Mais voyez quel homme c'était que ce docteur Français !

Après avoir fait abattre les grands vieux arbres qui obstruaient l'entrée et s'être procuré un canot manœuvré par des Indiens, il s'aventura dans l'intérieur du canal. C'était un prodigieux tunnel d'une élévation aussi haute que la partie couverte par les eaux, et dont la voûte était taillée à une hauteur de trois cent trente-cinq pieds dans le vif du roc. Il n'est rien dit des entrailles du volcan, d'où il faut supposer qu'elles ne sont pas aussi profondément enfoncées qu'on le suppose, ou que les travailleurs ont repoussé la fournaise qui en dépend sur le côté, ou jeté un pont par-dessus; peut-être encore l'explorateur Français avait-il un puissant moyen d'annihiler le feu, ou alors c'est qu'il y a peut-être quelque erreur!

Dix-huit heures d'un travail incessant amenèrent notre intrépide docteur sain et sauf dans l'Océan Pacifique, pendant lequel temps, si les cartes du pays sont exactes, il avait passé sous un certain nombre de montagnes et de rivières. Ce tunnel n'était pas noir du tout, attendu que de distance en distance des ouvertures avaient été ménagées qui laissaient pénétrer une lumière suffisante qui éclairait l'intérieur, et puis d'ailleurs le volcan donnait ou devait donner aussi une clarté venant de l'intérieur même. Je suis sûr que si le docteur y avait pensé, il aurait signalé une double rangée de becs de gaz de chaque côté du canal! Le droit exclusif de se servir de cette voie souterraine n'a pas encore, à ma connaissance, été accordé à personne. Il est bon de faire remarquer qu'un navire de la dimension du *Great Eastern* aurait facilement passé par ce canal, ce qui doit enlever toute inquiétude à l'égard des autres navires. A moins que M. Júarez n'ait mis la main sur ce canal et ne le garde secrètement dans quelque but particulier, comme par exemple pour servir de dernier refuge à lui et à ses bandits, ce canal est encore sur le marché, et les détails que je viens de donner trahissent les projets secrets du triste Président *in partibus* de feu la République Mexicaine dont Dieu ait l'âme.

IV. — LES FOLIES D'ARGENT.

CHAPITRE XXIII.

La Blague du Pétrole — La Compagnie Pétroléenne de New York et Rangoon.

On l'a souvent dit : Tout fantôme procède d'une réalité. Sans aucun doute le Pétrole existe, et il est devenu une addition importante à notre richesse nationale. Mais la rage, la manie, le culte du Pétrole, quel que soit le nom que vous vouliez y appliquer, s'attache à un fantôme, s'affole d'une pure et colossale blague, que vous preniez le mot dans son acception la plus favorable ou la plus sévère.

On compte plus de six cents compagnies pour l'exploitation du Pétrole. Le capital qu'elles demandent au public n'est certainement pas au-dessous de cinq cents millions de Dollars. Le capital versé pour le célèbre escamotage des Mers du Sud ne s'éleva pas aux deux cinquièmes de cette somme, soit 200,000,000 de Dollars.

Or, cette affaire du Pétrole — ou au moins la plus grande partie — est aussi parfaitement une affaire de jeu qu'aucune des banques de Pharaon qui aient jamais été établies dans Broadway, ou qu'aucune spéculation en commandite qui ait fleuri dans Wall Street—tout autant par exemple que la célèbre Compagnie Charbonnière Parker.

Je vais relater exactement comment des financiers entreprenants et bien connus, MM. Peter Rolleum et Diddle Digwell, procédèrent pour organiser la Compagnie Pétroléenne de New York et Rangoon, dont on a vu le prospectus partout, et dont le premier est Vice-Président et principal gérant, et le second est Secrétaire. En Juin 1864, aucun de ces deux messieurs n'avait un cent. Rolleum faisait la place pour quelque maison de commission ou autre, et Digwell, comme commis dans quelque maison d'assurances ou de spéculation sur les fonds, se contentait de petits appointements. Ils gagnaient strictement de quoi vivre. Rolleum dit maintenant qu'il possède 200,000 Dollars ; et M. le Secrétaire Digwell, outre les 10,000 Dollars d'actions dans la Compagnie de New York et Rangoon, a de fort beaux appointements et une très-respectable position — pour nous servir un peu de l'argot des faiseurs.

Ce fut M. Rolleum qui enfanta le plan de l'affaire et qui y fit entrer Digwell. Tout en courant pour les affaires de son agence, il tournait autour des sources et des terrains qui fournissent l'huile, causant avec tout le monde, examinant, s'informant de toutes choses d'un air fort sérieux et fort affairé, et en même temps affectant les manières d'un homme qui ne voudrait pas qu'on le supposât occupé d'intérêts considérables. Puis il causa (nous dit-on) avec diverses personnes à Titusville et aux environs, et parla de ses précieuses relations d'affaires dans la ville de New York, et après avoir fait un peu connaissance, il fit à chacun de ses interlocuteurs la proposition suivante : —

« Vous pouvez devenir propriétaire d'une assez forte quantité des actions d'une Compagnie de premier ordre qui va se former pour l'exploitation des huiles, si vous permettez qu'on fasse usage de votre nom pour l'appuyer et comme étant au nombre des administrateurs. » Mille actions pour chacun, disait-il, évaluées à cinq Dollars chacune, la valeur nominale étant cependant de dix Dollars, cinq mille Dollars par personne, qui devaient devenir dix mille

Dollars aussitôt que l'affaire, bien lancée à grand renfort de promesses, leur permettrait de vendre. Après quelques hésitations, il obtint le consentement d'un nombre suffisant de personnes. Il n'y avait rien à débourser, chance, au contraire, d'un beau bénéfice, et tout ce qu'on leur demandait était de permettre qu'on parlât d'eux. Si l'on débitait des mensonges, ce n'était pas leur affaire.

On obtint ainsi quatre administrateurs sur les neuf qu'on se proposait de faire figurer.

Rolleum se procura aussi des mémorandums ou circulaires imprimées établissant les prix auxquels un certain nombre de propriétaires d'huile vendraient leurs puits déjà creusés ou le terrain pour en forer d'autres, et donnant une description des établissements. Il revint alors promptement à New York et visita diverses personnes jouissant de quelque fortune et d'une bonne position, mais ayant peu de perspicacité, et il leur dit : —

« Voici de riches propriétaires d'huile, hommes importants, qui vont devenir administrateurs de ma nouvelle Compagnie. Voulez-vous en être? Mille actions pour vous indemniser — cinq mille Dollars. Rien à verser. Je veillerai à tout. Voici les terrains que nous pouvons acheter, » et il montrait ses prospectus. L'appât offert et les noms de ceux qu'on avait déjà achetés influencèrent ceux-ci, et on gagna ainsi trois nouveaux administrateurs. Il en fallait encore deux : le Président et le Vice-Président. Rolleum devait lui-même occuper ce dernier poste ; sa première démarche devait lui assurer le titulaire du premier.

Cette partie, la plus délicate du plan, fut habilement différée jusqu'à ce moment. Rolleum alla trouver l'Honorable A. Bee, homme très-intelligent, fort connu, ayant peu de fortune, et qui (grâce peut-être à cette dernière circonstance) avait une grande réputation d'honnêteté. Ce n'était plus un jeune homme, et son aspect était à la fois respectable et aimable. Rolleum, en homme pratique, le mit au fait de tout ce qui concernait la nouvelle Compagnie ; il lui dit quelle honorable réunion d'administrateurs elle offrirait ; il montra les noms ; tous gens d'expérience et en bonne position dans les districts où se trouvait l'huile, ou habitants de New York bien connus dans les affaires. Tous avaient consenti à prêter leur concours à une Compagnie aussi honorable que celle-ci, et de plus, parce qu'ils espéraient que l'Honorable A. Bee en deviendrait le Président.

« Mon cher Monsieur, » dit Rolleum en insistant doucement, « cette entreprise *doit* obtenir un succès légitime et *doit* assurer fortune, réputation, et influence à tous ceux qui y participeront. Nous savons que vous êtes au-dessus de toutes considérations pécuniaires, et que vous n'avez besoin ni de notre influence ni de celle de qui que ce soit. Nous avons besoin de la vôtre. Vous n'aurez rien à faire. Je me charge de tout. Nous ne vous demandons que votre nom. Et simplement comme affaire de forme, parce que les administrateurs doivent être intéressés dans la Compagnie, j'ai réservé deux mille actions qui, au taux de moitié part ou cinq Dollars chacune, figurent à votre nom pour dix mille Dollars dans le capital social ! Voyez de quel degré d'honorabilité jouissent ces administrateurs ! »

Et il montrait sa liste, sur chaque nom de laquelle il faisait des commentaires.

« Cet homme est riche à plusieurs millions ! Celui-ci est un journaliste extrêmement influent. Aurais-je pu obtenir ces noms si ce n'était pas une affaire établie sur des bases parfaitement régulières ? » Dix mille Dollars pour beaucoup de personnes, d'une manière ou d'autre, régularisent presque toutes choses, lors même que ce n'est qu'une « simple affaire de forme. » Le vieux Monsieur consentit donc. L'administration se trouva alors constituée officiellement.

Il ne s'agissait plus que de mettre la machine en mouvement.

Après quelques jours de courses, de démarches,

de pourparlers, Rolleum et Digwell accomplirent ainsi cette tâche : —

Premièrement, ils louèrent et meublèrent richement, payant comptant quand ils ne pouvaient pas faire autrement, deux beaux salons au premier étage, près de Wall Street. Fi d'un petit bureau dans quelque coin obscur ou sous les toits! Rolleum tient à la respectabilité.

Deuxièmement, ils engagèrent un homme de loi pour rédiger les actes nécessaires, et virent la Compagnie Pétroléenne de New York et Rangoon dûment enregistrée, conformément aux lois statutaires de l'Etat de New York concernant les mines, avec charte, annexes, sceaux, ainsi que les noms des dignitaires, et tout ce qui donne à une affaire une tournure bonne, nouvelle, grande, magnifique, imposante, régulière, et respectable.

Troisièmement, ils possédaient donc enfin tout ce qu'exigent une vaste entreprise et une Société pleine d'avenir, excepté trois bagatelles : l'argent, le terrain, et l'huile. Mais que sont ces misères pour des génies comme Rolleum et Digwell? Il serait singulier qu'ayant inventé le piége, l'ayant installé, ils ne prissent point d'oiseaux!

Ils *achetèrent*, pour environ un Dollar, trois pintes d'huile, et ce fut une difficulté résolue. Ils l'achetèrent bien assortie dans des bocaux étiquetés. Il y en avait à l'état brut, de la verte, de la jaune, de l'épurée aussi limpide que de l'eau, enfin une demi-douzaine à peu près de divers spécimens. Ils placèrent sans affectation, sur la tablette de la cheminée de l'antichambre, ces fioles d'une apparence fort respectable. C'étaient des échantillons des huiles que donneraient constamment les puits de la Compagnie..... quand elle en aurait acheté. Il fallait enfin des terrains et de l'argent. Les souscriptions aux actions du capital social devaient fournir les fonds; avec ces fonds, on achèterait des terrains. Et en disant : *Nous avons des terrains*, on se procurerait des souscriptions.

« Ce n'est pas, après tout, un très-gros mensonge, » dit confidentiellement Rolleum à son compère Digwell. « Quand nous aurons *dit* pendant quelque temps que nous en *avons*, nous en *aurons*. Ce n'est pas du tout mentir, c'est seulement escompter la vérité à soixante jours de date ! »

Ainsi donc, Digwell et lui se mirent à l'ouvrage et rédigèrent un prospectus splendide et un avertissement : celui-ci n'était qu'une édition abrégée du premier. Le prospectus fut un triomphant amalgame de mensonges assaisonnés et édulcorés de vérités, le tout ressortant en capitales majuscules.

Il débutait par une magnifique rangée de noms : Compagnie Pétroléenne de New York et Rangoon : Honorable Abraham Bee, Président; Peter Rolleum, Esq., Vice-Président; Diddle Digwell, Esq., Secrétaire, et ainsi de suite.

Puis, avec une admirable impudence, il donnait une liste dont l'entête portait : « Terrains et Propriétés, » ne disant pas « appartenant à la Compagnie, » dans la crainte d'une poursuite en escroquerie. Mais la liste qui faisait suite commençait par ces mots : « Les terrains huileux qui *doivent être cédés* à la Compagnie sont les suivants. » « C'est exactement cela, » dit Rolleum, « pas de tromperie. Ils *doivent* nous être cédés — si nous le désirons — aussitôt que nous aurons de quoi les payer. » Et la liste se prolongeait du N° 1 au N° 43, donnant la série des *memoranda* que Rolleum avait obtenus dans le Comté de Venango et dans la région environnante, et la description des domaines que nos escrocs seraient enchantés de vendre pour le prix qu'ils en demandaient.

Le prospectus disait que le capital de la Compagnie était d'un million de Dollars représenté par cent mille actions de dix dollars chacune. Mais *afin d'obtenir un* CAPITAL ROULANT, vingt mille actions étaient offertes, pendant une *période limitée*, au prix de cinq Dollars chaque, et non sujettes à rappel de fonds.

Ce paragraphe était couronné par quelques phrases à effet signifiant : Hâtez-vous! apportez vite votre argent! ou vous perdrez l'avantage qui vous est offert! Le tout se terminait par des observations très-morales et très-sensées sur la loyauté de l'affaire, les intérêts des souscripteurs, les grands capitalistes, la direction sagement économe, et beaucoup d'autres choses de même farine; tout en accordant quelques compliments assez redondants à l'Honorable Abraham Bee et aux Administrateurs.

Ayant cuisiné cet appât friand, ils le mirent en circulation dans le grand courant de la publicité des journaux, afin d'attraper le poisson. En termes simples et précis, au moyen de quelque argent et de crédit — car leurs moyens ne leur auraient pas permis d'avancer la dépense totale de leur premier prospectus — ils réussirent à faire publier leurs annonces pendant plusieurs semaines, dans une série soigneusement choisie d'environ trente des principaux journaux des États Unis.

La toile était tissée, et Rolleum et Digwell, comme deux araignées affamées, se tapirent dans leur antre : tous leurs nerfs étaient surexcités par l'anxiété d'entendre le bourdonnement de la première mouche qui viendrait se faire prendre.

Il était naturel que les drôles fussent dans une vive anxiété; pour eux c'était la vie ou la mort. Si le public confiant, en réponse à leur chaleureux appel, venait généreusement verser son argent, ils devenaient à tout jamais de grands hommes. Dans le cas contraire, au lieu d'être des gentlemen riches et respectés, ils n'étaient que des filous déclarés et ridicules.

Eh bien! — ils réussirent. Si crédule est notre GrrrrrannndeNâââtiiiooonAmmmééérrriiicccainnne — si confiante, si persuadée de la véracité de ce qui est imprimé, même quand c'est seulement dans les colonnes d'annonces d'un journal, si certaine de la bonne foi de gens qui ont leur noms imprimés en grandes capitales précédés d'une main avec le doigt indicateur — qu'aujourd'hui ces drôles ont en banque cent mille Dollars récoltés en dix semaines, — avant qu'ils possèdent un pied de terrain, un pouce de puits, ou une goutte d'huile, excepté les trois pintes qui sont dans les bocaux sur la planche du bureau!

Et rappelez-vous que ce n'est pas un cas imaginaire. Je relate l'une après l'autre exactement les opérations d'une Compagnie Pétroléenne bien réelle.

Tout ce que j'ai dit a été fait, seulement, si cela est possible, avec une impudence plus effrontée, plus astucieuse que ce que j'ai rapporté; des vingtaines, des centaines d'autres Compagnies Pétroléennes ont été organisées par des moyens tout aussi fallacieux. Quelques-unes peut-être ont procédé comme pour des affaires sérieuses. D'autres se sont arrêtées et évanouies aussitôt que les directeurs ont pu mettre en poche une bonne partie du capital social.

Quel sera le résultat dans le cas actuel? je ne le sais pas. Lorsque j'ai connu ces détails, la Compagnie Pétroléenne de New York et Rangoon existait encore. Ils avaient acheté — ou passaient pour avoir acheté — quelques terres. Je n'ai pas entendu dire qu'ils aient jamais reçu d'huile des sources qui leur appartiennent. Ils ont envoyé une quantité monstrueuse de circulaires, de prospectus, d'avertissements; ils ont fait imprimer dans une feuille périodique très-recommandable un portrait de l'Honorable A. Bee, ce qui leur a coûté cinq cents Dollars. Ils se sont fait porter eux-mêmes jusqu'au septième ciel dans une longue série d'articles d'une autre feuille, et payé au propriétaire deux mille Dollars *en actions*. Ils parlent très-haut de dividendes. Mais bien qu'ils aient reçu beaucoup d'argent et qu'ils en aient dépensé beaucoup, je n'ai pas eu connaissance qu'ils aient encore rien donné à leurs souscripteurs. Auraient-ils payé quelque chose, que cela ne prouverait pas encore grand'chose. Car quelquefois on considère comme une bonne manœuvre de déclarer et de payer un gros dividende avant qu'aucun profit réel ait été réalisé. Ceci est pour faire monter le prix des actions et pour les faire enlever comme des petits pâtés.

Je ne ferai aucune réflexion morale à propos de cette compagnie. Son histoire s'en charge suffisamment. C'est un récit fort adouci de ce qui a été fait qui peut donner un spécimen frappant de la plupart des entreprises par actions formées de nos jours pour l'exploitation de l'huile de Pétrole — et celle-ci est loin d'être à classer dans la pire catégorie.

On dit tout bas, çà et là, que les administrateurs et les agents de la Compagnie Pétroléenne de New York et Rangoon ne possèdent pas autant d'actions de leur Compagnie que par le passé, et qu'ils se sont arrangés pour les vendre aux souscripteurs, comme si c'étaient celles du capital social de la Compagnie. S'il en est ainsi, ces messieurs se sont assurés la rémunération de leurs soins d'une manière certaine, et Peter Rolleum ayant réalisé en espèces la part d'actions extrêmement libérale qu'il s'était adjugée pour la peine qu'il avait prise de constituer la Compagnie Pétroléenne de New York et Rangoon, est probablement de moitié ou du quart aussi riche qu'il le dit.

CHAPITRE XXIV.

La Tulipomanie.

ALBONI, la cantatrice, possède une voix d'une exquise douceur, mais elle est très-grasse et très-grosse. A cette occasion, quelqu'un a dit que c'était un éléphant qui avait avalé un rossignol. Non moins bizarre est l'idée d'une nation de Hollandais, froids, brumeux, gras, à faces larges, carrés par la base, buveurs de genièvre, et fumeurs, qui se prend de folie pour une fleur. Et cependant cela a eu lieu pendant une période de trois ou quatre années. Leur folie a reçu le nom historique de Tulipomanie, parce qu'elle se rapportait aux tulipes.

Un mot d'abord sur les Hollandais.

Les ancêtres de ces robustes Bataves furent non-seulement de hardis navigateurs, des explorateurs perspicaces, des ingénieurs habiles, des ouvriers laborieux, des financiers intelligents, des négociants rusés et riches, des patriotes enthousiastes, et des batailleurs redoutables, mais ils furent (ce qu'ils sont encore à un degré très-éminent) remarquablement distingués par leur goût pour la littérature élégante, la poésie, la peinture, la musique, et tous les beaux-arts, y compris l'agriculture. Ce fut un Flamand qui inventa la peinture à l'huile. Avant lui, le blanc d'œuf, l'eau gommée, ou quelques autres ingrédients aussi défectueux étaient employés pour étendre la couleur. Érasme, un des savants les plus instruits, les plus spirituels, les plus fins, les plus chercheurs, et les plus aimables qui aient jamais vécu, était Flamand. Toute la Hollande et les Flandres, à l'époque où, comparées au reste du monde, elles étaient plus riches et plus fortes qu'elles ne le sont maintenant, étaient remplies de sociétés philarmoniques et chorales et de sociétés littéraires. Les universités de Lèyde, d'Utrecht, de Louvain jouissent d'une vieille renommée Européenne, et quant aux fleurs et aux plantes bulbeuses en particulier, après deux cents ans écoulés depuis l'époque dont je vais vous parler, la Hollande est encore aujourd'hui leur terre de prédilection et leur marché.

La tulipe croît à l'état sauvage dans le midi de la Russie, en Crimée, dans l'Asie Mineure, comme les pommes de terre au Pérou. Dans l'Europe Chrétienne, la première tulipe fut élevée à Augsbourg, dans le jardin d'un légiste, amateur de fleurs, un certain Conseiller Herwart, en 1559, treize ans après la mort de Luther. L'oignon de cette tulipe fut envoyé à Herwart de Constantinople. Pendant une période d'environ quatre-vingts ans, la réputation de cette fleur ne fit que s'accroître. Elle devint de plus en plus connue et cultivée, lorsque l'ardeur fanatique des demandes pour les belles variétés et les sommes élevées qu'elles rapportèrent engendra une manie réelle, comme celle du morus multicaulus, ou comme celle du pétrole aujourd'hui, mais beaucoup plus intense. Elle commença en 1635 et finit par une explosion en 1637.

Le commerce des tulipes est, je crois, la seule spéculation dont l'histoire fasse mention, dont l'excitation ait été provoquée par un objet qui ne pouvait pas même se targuer d'une valeur réelle. Le pétrole, par son usage actuel, par ses applications diverses, vaut quelques shillings le gallon. L'approvisionnement représente toujours une valeur commerciale. Le morus multicaulus devait être, comme le blé, une source permanente de richesse, et on s'attendait qu'il produirait un objet commercial bien connu, la soie. Mais personne n'a jamais prétendu qu'on pût manger ou manufacturer la tulipe ou l'employer d'une manière quelconque à un usage pratique. Elle ne possède aucune qualité qu'on puisse appeler utile. Elle n'a rien de désirable, si ce n'est la beauté d'une floraison d'une très courte durée. Vous ne pouvez absolument en rien faire, sauf la regarder. Spéculer sur elle est aussi raisonnable que spéculer sur les papillons.

La frénésie pour les tulipes s'étant accrue avec rapidité pendant quinze ou vingt ans atteignit son apogée dans l'espace d'une année, de 1634 à 1635, et affola la nation Hollandaise tout entière. A la fin de cette courte période, les prix, d'élevés qu'ils étaient, devinrent extravagants et d'extravagants insensés. Les hautes et les basses classes, comtes, bourgmestres, négociants, boutiquiers, domestiques, décrotteurs, tous comme des fous, achetaient et vendaient des tulipes. Afin de rendre la denrée accessible à tout le monde, on inventa un nouveau poids, appelé un perit, si petit qu'il en fallait environ huit mille pour faire une livre, et un seul oignon de tulipe pesant d'une demi-once à une once valait de deux cents à quatre cents de ces perits. Ainsi donc toute personne qui n'avait pas les moyens d'acheter une tulipe entière pouvait en acheter un perit ou deux et avait un oignon, ce que les hommes de loi nomment une « propriété indivise ». Cette manière de posséder prouve l'entière inanité de cette prétendue valeur. Imaginez un petit propriétaire essayant de prendre ses propres perits et de les avoir en poche. Il lui faudrait faire un petit trou dans un oignon de tulipe, et probablement cela le ferait mourir : il obtiendrait ainsi un petit morceau d'une pulpe sans aucune utilité pour lui et parfaitement sans valeur.

On fit un code pour réglementer le commerce des tulipes et répondre aux divers besoins qu'il engendrait ; en outre, dans toutes les villes, on trouvait des notaires pour tulipes, afin de diriger la partie légale des transactions, prendre connaissance des actes, des titres, des notes, des protêts, etc.

Dire que les tulipes valaient leur pesant d'or serait tout à fait au-dessous de la vérité, et il n'y aurait pas d'exagération à dire qu'elles valaient leur pesant de diamants. L'espèce la plus remarquable de toutes était nommée *Semper Augustus*, et un oignon qui pesait deux cents perits ou moins de quinze grammes était jugé bon marché à cinq mille cinq cents florins. Si bien que cette petite racine brune valait onze mille francs ou cinq cent cinquante louis d'or qui, à une simple estimation, pèseraient quatre kilogrammes cent vingt grammes. Ainsi ces quinze grammes de *Semper Augustus* valaient — je veux dire rapportaient — deux cent soixante-quatre fois leur poids en or.

Dans beaucoup de cas, des gens placèrent leur fortune entière, s'élevant à 100,000 ou 125,000 Florins, dans une collection de quarante ou cinquante oignons de tulipes. Il arriva une fois que dans toute la Hollande il n'exista que deux exemplaires du *Semper*

Augustus, un à Harlem, l'autre à Amsterdam. Celui de Harlem fut vendu pour douze acres de terrains à bâtir et celui d'Amsterdam pour une somme égale à 4,700 Florins, plus un carrosse neuf, un attelage de chevaux gris, et deux harnais complets.

Voici la liste et le prix d'estimation des marchandises données pour un oignon de la tulipe *Vice-Roi*. Il est intéressant de montrer, par une évaluation en argent, quel était à cette époque le prix de certaines marchandises réelles, en dehors de la preuve qu'on nous donne de cette effrayante folie de spéculation : —

160 boisseaux de blé	448 Florins.
320 boisseaux de seigle . . .	558 —
4 bœufs gras	482 —
8 porcs gras	240 —
12 moutons gras	120 —
2 tonnes de vin	70 —
4 — de bière	32 —
2 — de beurre . . .	190 —
1,000 livres de fromage . . .	120 —
1 lit complet	100 —
1 habillement	80 —
1 gobelet en argent	60 —
Total exact	2,500 Florins.

En 1636, des bourses régulières pour les spéculations sur les tulipes furent établies dans neuf villes Hollandaises, où elles avaient lieu sur la plus grande échelle ; et comme l'agiotage était dans toute sa fureur, les choses se passaient comme de nos jours pour l'agiotage des fonds dans Wall Street. Vous entriez sans posséder au monde une tulipe ou un perit de tulipe, et vous vous abouchiez avec un autre gaillard qui en possédait juste autant que vous, vous causiez, vous débattiez vos prix, et finalement (je suppose) vous vendiez à trois jours de date dix *Semper Augustus* à raison de 5,000 Florins chacun, soit

50,000 Florins, ce qui signifie en bon Français que, sans avoir aucune tulipe, vous promettiez à trois jours de date de livrer les dix oignons. Quand donc les trois jours étaient écoulés, si sur le marché les *Semper Augustus* valaient seulement 3,750 Florins, vous pouviez, si c'était une transaction réelle, acheter dix oignons pour 37,500 Florins, et les livrer à l'autre joueur pour 50,000 Florins, gagnant sur lui la différence de 12,500 Florins. Mais si le prix des oignons s'était élevé et qu'ils valussent 6,250 Florins chacun, vous aviez à payer, si la transaction était reçue, 62,500 Florins pour dix oignons, et vous n'aviez à recevoir que 50,000 Florins de votre acheteur, tandis que lui, en le vendant au prix du marché, gagnait sur vous la différence de 12,500 Florins. Mais en réalité, comme le marché n'était que fictif, ce n'était qu'un jeu de Bourse ; aucune des deux parties n'avait de tulipes ou ne s'attendait à en recevoir de l'autre ; tout se réduisait à un jeu de chances aléatoires ou d'habileté pour savoir qui perdrait ou gagnerait ces 12,500 Florins à la fin des trois jours, auquel terme l'affaire se réglait toujours avec absence de tulipes par la différence de 12,500 Florins, que le perdant payait au gagnant exactement comme au pharaon ou au lansquenet. De sorte qu'une fois vos conventions établies, si vous pouviez faire circuler un bon mensonge qui fît baisser ou hausser le prix, suivant ce qu'exigeait votre marché, vous en tiriez un bénéfice juste comme les joueurs sur les actions font chaque jour à New York, à Londres, à Paris, et autres villes commerciales de la Chrétienté.

Tant que dura en Hollande cette monstrueuse fièvre d'agiotage, l'argent roulait en abondance; tout le monde se croyait riche, et la Hollande fut plongée dans un tourbillon de joie étourdissante. Après trois années de ce paradis de fous, on commença à réfléchir que le volant avec lequel on jouait ne pourrait pas à tout jamais être renvoyé en l'air par les raquettes, et que, quand il viendrait à tomber, quelqu'un pourrait se trouver blessé. Ainsi donc un agioteur, puis un autre, commencèrent à vendre et à quitter le jeu, sans plus acheter. Cette épidémie de prudence s'étendit comme une peste, comme il arrive toujours en pareil cas, et la frayeur devint une panique générale, et comme tout le monde à la fois avait été riche en Hollande, tous les Hollandais se trouvèrent en même temps ne rien posséder dans le monde, excepté un sac ou un jardin plein d'oignons à fleurs, que personne ne voulait acheter, qui n'étaient pas bons à manger et qui, s'ils l'avaient été, n'auraient pas donné plus d'un poêlon de soupe.

Nécessairement, un tel état de choses causa partout d'innombrables banqueroutes, querelles, refus de tenir les marchés. On en appela au gouvernement, aux tribunaux ; mais avec leur bon sens Flamand, le gouvernement et les tribunaux refusèrent de sanctionner ces jeux de Bourse, et quoique la crise fût pénible parce qu'elle fut soudaine, ils préférèrent vider la coupe jusqu'à la lie et terminer l'affaire entièrement. C'est ce qu'ils firent. Presque tout le monde fut ruiné ou appauvri, et le petit nombre de ceux qui avaient gardé tout ou partie de leur gain en vendant en temps utile s'en trouvèrent d'autant plus riches ; mais les intérêts généraux des affaires de la Hollande éprouvèrent un échec considérable, dont ils furent plusieurs années à se remettre.

Des incidents curieux eurent lieu pendant le cours de la tulipomanie ; on les a déjà rapportés, mais ils valent bien la peine d'être reproduits de nouveau, comme dit le poëte : « pour la moralité et le couronnement du conte. »

Un matelot apporta un jour à un riche marchand Flamand la nouvelle de l'heureuse arrivée d'une superbe cargaison du Levant. Le vieux ladre récompensa le matelot pour cette bonne nouvelle en lui donnant un hareng-saur pour déjeuner. Ben-Bolt (si toutefois c'était son nom ; — peut-être, comme il était Flamand, était-ce quelque chose comme Benje Boltje) était très-friand d'oignons, et, en apercevant un sur le comptoir comme il sortait du magasin, il le glissa dans sa poche et, s'en retournant au quai, il s'assit pour jouir d'un déjeuner parfumé de l'odeur de l'oignon et du hareng. Il mâchait de bon appétit sans rien trouver d'extraordinaire dans la saveur de son festin, et il allait le terminer lorsque arriva le négociant, courant comme un fou à la tête d'une bande de commis exaspérés, et, s'élançant sur le malheureux fils de Neptune, il lui demanda ce qu'il avait emporté outre son hareng.

« Un oignon que j'ai trouvé sur le comptoir. »

« Où est-il?... Rends-le moi à l'instant? »

« Je viens de le manger avec mon hareng, monsieur. »

Malheureux marchand! Transporté d'une colère inutile, il apprit au marin que ses sacriléges mâchoires avaient broyé un *Semper Augustus*, d'une valeur telle, dit le malheur vieillard, qu'elle aurait suffi pour régaler le Prince d'Orange et toute la cour du Stathouder. « Au voleur! » criait-il, « saisissez ce gueux! » et on le saisit, et il fut jugé, condamné, et emprisonné pendant quelques mois; mais tout cela ne rendit pas l'oignon de tulipe. Après tout, je me fais cette question : le matelot était-il réellement aussi naïf qu'il le prétendait, ou bien ne connaissait-il pas fort bien la valeur de ce qu'il prenait? C'était bien au fait un tour de marin insouciant d'avaler un oignon de 3,000 Florins au vieil avare, pour lui apprendre à ne pas donner à la première occasion une si misérable récompense.

Un voyageur Anglais, très-amateur de botanique, se trouvait un jour dans la serre d'un riche Hollandais, quand il vit sur une planche un oignon qui lui parut singulier. Que fait-il? Avec ce sang-froid et cet égoïsme extrême que pratiquent trop de voyageurs, il tire son couteau et se met à disséquer avec soin cet oignon, le dépouillant de son enveloppe extérieure, séparant les parties intérieures, et faisant en même temps beaucoup d'observations très-savantes sur les phénomènes que présentait cette étrange et nouvelle racine. Le Hollandais survint et vit tout d'un coup ce qui se passait. Les yeux étincelants de rage, mais en faisant un profond salut et avec cette civilité solennelle et contrainte qui dissimule quelquefois la colère la plus furieuse, il lui demanda s'il savait ce qu'il faisait.

« Je pèle un oignon très-curieux, » répondit le voyageur avec autant de calme que s'il avait parfaitement le droit de détruire la propriété d'autrui pour satisfaire sa curiosité.

« Cent mille diables ! » exclama le Hollandais, exprimant l'intensité de sa colère par le nombre des mauvais esprits qu'il évoquait, — c'est un « *Amiral van der Eyck !* »

« En vérité, » remarqua le scientifique voyageur, « je vous remercie. Y a-t-il beaucoup de ces amiraux dans votre pays ? »

Et il tira son carnet pour y inscrire ce petit fait.

« Mort et Satan ! » jura de nouveau le Hollandais plein de rage, « venez devant le syndic et vous apprendrez ce dont il s'agit. »

Il saisit au collet l'éplucheur d'oignon tout stupéfait, et, en dépit de tout ce qu'il put dire, il l'entraîna directement devant le magistrat, où son zèle scientifique souffrit un notable refroidissement sous la forme d'une signification établissant que l'oignon valait 4,000 Florins, et le jugement immédiat de la Cour qui ordonnait que le prisonnier continuerait de rester enfermé dans la geôle jusqu'à ce qu'il eût fourni caution pour le montant de la somme. Il fallut en passer par là, et je ne doute pas que, pendant toute sa vie, il n'ait conservé un grand dégoût pour les Hollandais et leurs oignons.

Ces histoires sur les valeurs insensées données à des racines de fleurs me remettent en mémoire une autre anecdote que je raconterai, non pas qu'elle ait le moindre rapport avec les tulipes, mais parce qu'elle se rapporte à un Hollandais et qu'elle montre, par un contraste frappant, à quelle valeur minime on estimait en même temps une vie humaine. Une fois, en temps de paix, deux amiraux Anglais et Hollandais se rencontrèrent en mer, chacun naviguant sous son pavillon, et, pour une raison quelconque, ils échangèrent des saluts. Par accident, un des canons Anglais était chargé à boulet et, mal dirigé, il tua un homme de l'équipage Hollandais. Lorsqu'il apprit le fait, l'Anglais, fit mettre un canot à la mer et voulut témoigner ses regrets et s'enquérir de la famille de ce pauvre diable, afin de lui envoyer de l'argent, de pourvoir à ses funérailles, etc., etc., et faire enfin tout ce qu'un homme de cœur doit faire en pareil cas. Mais le commandant Hollandais, en l'accueillant sur le pont et apprenant le but de sa visite, déclina immédiatement toutes ses bonnes intentions en disant en mauvais Anglais : —

« Ne faites pas attention... ne faites pas attention... il y a bien d'autres Flamands en Hollande ! »

CHAPITRE XXV.

Comme quoi John Bull se laissa éblouir par un Grand Puff Financier. — La duperie des Mers du Sud en 1720.

CETTE flouerie des Mers du Sud est un des exemples les plus frappants que nous fournit l'histoire de la facilité avec laquelle on peut faire avaler à la pauvre nature humaine les bourdes les plus monstrueuses, les plus absurdes, et les plus funestes. Ce devrait être aussi un avertissement utile de la folie qu'il y a de se lancer dans ce qui n'est que pure spéculation comparé aux entreprises réelles et aux véritables affaires. L'histoire de la duperie des Mers du Sud a déjà été racontée, mais c'est un fait si important qu'il ne peut être entièrement passé sous silence. Elle occupa une période d'environ huit mois, du 1er Février 1720 à la fin du mois de Septembre suivant. Ce fut une extension déraisonnable de la valeur des actions de la Compagnie des Mers du Sud. La Compagnie fut formée en 1711 ; son capital était originairement de 6,000,000 Sterling souscrits par le public et remis au Gouvernement par les actionnaires pour faire face à quelques dettes publiques qui l'inquiétaient. En retour, le Gouvernement garantissait aux souscripteurs un dividende de six pour cent et accordait à la Compagnie divers droits importants et permanents et le monopole de tout le commerce du sud du Pacifique ou des Mers du Sud. Les résultats pécuniaires furent heureux jusqu'à l'apparition de la fureur d'agiotage dont nous allons donner l'historique : — A la fin de Janvier 1720, probablement infectées par la contagion de l'affaire du Mississippi de Law en France, la Compagnie des Mers du Sud et la Banque d'Angleterre firent en concurrence au Gouvernement des propositions pour répéter sur une plus grande échelle le plan financier originaire de la Compagnie des Mers du Sud. La proposition de la Compagnie, celle qui fut acceptée par le Gouvernement, était, comme précédemment, de prendre à sa charge le total de la dette publique, montant alors à plus de 32,000,000 Sterling ; le Gouvernement garantissant d'abord un dividende de cinq pour cent et ensuite un autre de quatre pour cent aux souscripteurs. Moyennant ce privilége, la Compagnie consentit à payer un pot-de-vin de plus de 3,000,000 Sterling. Ce plan fut, dit-on, imaginé et principalement soutenu par Sir John Blunt, l'un des directeurs de la Compagnie. Le Parlement l'adopta après deux mois de discussion. L'agiotage, pendant ce temps, avait pris un accroissement formidable.

On se rappellera que les énormes profits sur lesquels comptait la Compagnie devaient dériver de son monopole du commerce des Mers du Sud. Des histoires surprenantes furent débitées par Blunt et ses amis, qui pouvaient à peine croire la moitié de ce qu'ils contaient sur la liberté de commercer avec toutes les colonies Espagnoles de l'Océan Pacifique, l'importation de l'or et de l'argent du Pérou et du Mexique en retour de marchandises fabriquées, etc., toutes ces belles choses devaient produire deux ou trois fois chaque année le montant du capital social de la Compagnie. Lorsque le bill qui sanctionnait toutes ces dispositions passa, le capital des Mers du Sud avait déjà atteint le prix de quatre pour cent. Au Parlement, M. et depuis Sir Robert Walpole et quelques autres s'opposèrent fortement au bill, mais ce fut en vain. Sous l'influence des magnifiques promesses de Blunt et de ses amis, le capital des Mers du Sud, qui en Avril était resté quelque temps stationnaire, commença à s'accroître encore, et la Bulle s'augmenta, atteignit un volume si énorme, et s'anima de couleurs si brillantes qu'elle remplit tout l'horizon du pauvre fou de John Bull, tourna complétement sa cervelle de taureau, et le rendit absolument idiot. Les directeurs ouvrirent le 12 Avril des registres pour un nouveau capital de 5,000,000 Sterling, avec une prime de 300 Livres par chaque action de 100 Livres, ou trois cents pour cent pour commencer. En quelques jours, le double de la somme fut souscrit, c'est-à-dire que John Bull souscrivit 12,000,000 Sterling pour un capital de 5,000,000 Sterling. Quelques jours après, les souscripteurs vendaient à un prix double de celui qu'ils avaient payé. Le 21 Avril on vota un dividende de dix pour cent pour la Saint Jean. Un ou deux jours après, une souscription de cinq autres millions sterling fut ouverte à quatre cents pour cent pour commencer. En quelques heures toutes les actions et une moitié en plus furent souscrites. A la fin de Mai, les actions de la Compagnie des Mers du Sud valaient cinq cents pour cent; le 28, elles étaient à cinq cent cinquante. Pendant une période de quatre jours, pour une cause quelconque, elles sautèrent à huit cent quatre-vingt-dix. Durant tout ce temps, l'entreprenant Blunt soufflait, soufflait toujours sa bulle de savon. Pendant tout l'été, lui et ses amis continuèrent à souffler, et pendant tout l'été la bulle s'enfla, flotta dans l'air, et s'orna des plus brillantes couleurs. Les hautes et les basses classes, hommes et femmes, lords et ladies, ecclésiastiques, princesses et duchesses, négociants, joueurs, commerçants, ouvriers, laquais, vendaient et achetaient. Au commencement d'Août, les actions des Mers du Sud étaient à mille pour cent! Cela valait en réalité vingt-cinq pour cent. La foule était effrayante dans Exchange Alley, le Wall Strett de nos jours. Cette populace de fous avides était tellement bruyante et ingouvernable, et les imaginations étaient tellement surexcitées, qu'à un bout de l'Allée les mêmes actions se vendaient quelquefois dix pour cent plus cher qu'à l'autre bout.

L'accroissement de cette bulle monstrueuse et pernicieuse donna naissance à une multitude de petits monstres. Non-seulement le taux des actions de la Compagnie des Indes, de la Banque d'Angleterre, d'autres affaires solides, s'éleva beaucoup par cette fièvre générale de spéculation, mais un grand nombre d'inventions parfaitement ridicules, de hâbleries effrontées s'annoncèrent dans les journaux et s'imposèrent avec succès au public. Tout morceau de papier offrant l'aspect d'une action s'échangeait contre de l'argent. Il semble qu'à personne ne venait l'idée de s'enquérir de la solvabilité des fondateurs. Personne ne put se soustraire à la contagion. Près de cent entreprises furent à la fois offertes au public, et quelques-unes n'étaient que des tours de passe-passe présentés avec une audace incroyable. Il y eut des projets pour une roue à rotation perpétuelle au capital de 1,000,000 Sterling ; — commerce des cheveux (pour les perruques), chose importante à cette époque, — entreprises de funérailles pour toutes les parties de la Grande Bretagne, — amélioration dans l'art de fabriquer le savon, — importation des noyers de la Virginie, capital 2,000,000 Sterling ; — Assurances contre les pertes causées par les domestiques, capital 3,000,000 Sterling ; — Compagnie pour rendre le vif argent malléable ; — Compagnie de la machine Puckle ; — pour tirer avec des boulets ronds ou carrés, et ainsi de suite. Un génie colossal dans l'art de la blague fit paraître l'annonce suivante : — « Compagnie pour le développement d'une entreprise qui présente les plus grands avantages, mais personne ne connaît ce dont il s'agit. » Le capital demandé était de 50,000 Livres Sterling, par actions de 20 Livres ; chaque versement, de 2 Livres en souscrivant. On promettait à chaque souscripteur 100 Livres de dividende par an ; tous les détails seraient donnés dans un mois, quand on compléterait le versement de la souscription. Le grand financier, ayant lancé son prospectus, ouvrit le lendemain matin à neuf heures son bureau dans Cornhill, la foule s'y porta ; à trois heures après midi, John Bull avait payé cette immense blague 2,000 Livres, montant du premier versement pour mille actions souscrites. Le soir même, le financier — un homme habile ! — se retira modestement dans quelque localité du Continent qu'il ne fit pas connaître, et on n'en entendit jamais parler. Un autre escamotage presque aussi absurde fut celui des « Promesses du *Globe.* » C'était des morceaux carrés de cartes à jouer sur lesquels était apposé un cachet représentant la taverne du *Globe* avec ces mots : « Promesses des toiles à voile ! » Ce qu'ils promettaient, c'était une souscription ultérieure à une fabrique de toiles à voile projetée par un certain capitaliste. Ces « promesses, » pendant un temps, se vendirent 60 Livres chacune.

Mais les membres les plus sensés du Gouvernement exercèrent bientôt leur influence contre ces friponneries plus ou moins évidentes. On dit même que la Compagnie des Mers du Sud en devint elle-même jalouse, car il fut établi que ces escamotages secondaires avaient fait appel à un total de 3,000,000 Sterling, et elle-même prit des moyens légaux pour s'y opposer. Quoiqu'il en soit, un ordre du Conseil fut publié qui anéantissait et dissolvait péremptoirement toutes ces compagnies.

Durant le mois d'Août, le bruit circula que Sir John Blunt et quelques autres personnes « bien renseignées » avaient vendu leurs actions des Mers du Sud. Il y eut aussi quelques accusations de déloyauté dans la réception des souscriptions. Après une si longue période de surexcitation, arriva le moment de la réaction et de l'affaissement. Le prix des actions commença à baisser, en dépit de tout ce que les directeurs purent faire. Au 2 Septembre elles étaient tombées à 700.

Une assemblée générale de la Compagnie fut convoquée pour essayer de replâtrer l'affaire, mais ce fut en vain. Les actions baissèrent, baissèrent, baissèrent. Le grand puff avait reçu une atteinte mortelle. Des milliers de familles se virent en face de la misère qui les saisit de sa main de fer. La consternation fut inexprimable. La rage du public éclata alors, ainsi qu'on voit des incendies jaillir des décombres des maisons d'une ville ruinée par un tremblement de terre. Avec le secours de la Banque d'Angleterre on essaya, mais en vain, d'arrêter cette ruine. Les banquiers, les orfèvres (qui à cette époque se mêlaient d'affaires de banque) disparaissaient chaque jour. Les corporations marchandes firent faillite. Le crédit fut presque anéanti. Dans le mois de Septembre, les actions tombèrent à 175, 150, 135.

On redouta des troubles. Les directeurs de la Compagnie des Mers du Sud ne pouvaient se montrer dans les rues sans être insultés. On réclama impérieusement la présence du Roi, qui était alors dans le Hanovre, et il dut revenir. Le désastre était si général, la colère de la nation si redoutable, les assemblées et les pétitions si nombreuses dans toutes les parties du royaume, que le Parlement jugea nécessaire de satisfaire à la demande publique de nommer une commission chargée de faire une enquête formelle sur toutes les phases de cette entreprise. Elle eut lieu ; et à cette occasion la nation, volée, désappointée, et furieuse, fit tomber sa rage, exerça, autant qu'elle le put, sa vengeance sur les personnes et les propriétés des directeurs de la Compagnie des Mers du Sud. On leur interdit la sortie du royaume, leurs biens furent séquestrés, ils furent gardés à vue et interrogés. Ceux qui faisaient partie du Parlement furent insultés en face, quelques-uns furent expulsés, et les accusations les plus violentes furent lancées contre tous. On établit un comité secret d'enquête pour examiner tous les détails de l'affaire. Knight, le caissier, qui connaissait tous les dangereux secrets qui y avaient rapport, se sauva à Calais, et parvint à échapper aux conséquences de ces manœuvres.

Il se trouva que les registres avaient été ou détruits, ou cachés, ou lacérés, ou mutilés. Des remises d'actions de 50,000, 30,000, 10,000 Livres avaient servi à corrompre le Comte de Sunderland, la Duchesse de Kendal (la favorite du Roi), M. Craggs (l'un des Secrétaires d'État), et d'autres. M. Aislabie, le Chancelier de l'Echiquier, avait tiré de cette affaire 800,000 Livres et plus. Beaucoup d'autres, seigneurs, gentilshommes, et négociants éminents, furent honteusement compromis.

Les résultats des divers procès furent l'emprisonnement, l'expulsion, et la dégradation d'Aslaibie, de Craggs, de Sir George Caswell (banquier et membre de la Chambre des Communes) et d'autres. Blunt, un M. Stanhope, et un certain nombre des principaux coupables furent dépouillés de leur fortune, montant de 30,000 à 200,000 Livres pour chacun, qui servirent à indemniser partiellement les personnes ruinées, sauf quelques sommes laissées aux coupables pour recommencer leur carrière. Blunt, le chef de tous ces fripons, fut dépouillé d'environ 200,000 Livres, et on ne lui en alloua que 1,000. Au moyen de ces sommes et des propriétés que possédait la Compagnie, un tiers à peu près de l'argent qu'elle avait fait perdre fut ultérieurement remboursé aux perdants. Mais il s'écoula beaucoup de temps avant que le crédit public se rétablît complétement.

L'histoire de cette affaire des Mers du Sud devrait nous servir de fanal pour nous avertir que toute spéculation hasardeuse est le fléau du commerce, et que la seule manière d'arriver certainement à la fortune et d'en jouir avec sécurité, c'est de poursuivre avec persévérance une vocation légitime qui, comme certaine miséricorde, est deux fois bénie. Le travail de tout homme doit être profitable à son semblable en même temps qu'il l'est à lui-même. Tout le reste n'est que vanité et folie.

CHAPITRE XXVI.

Blagues Financières — John Law — Affaire du Mississippi — Les Français aussi avides que les Anglais.

DANS le bon vieux temps, les gens couraient après l'argent avec autant d'ardeur que maintenant, et leurs efforts pour en gagner étaient beaucoup plus grossiers, plus déshonnêtes, et plus extravagants encore, si c'est possible. Pendant environ deux cents ans après la découverte de l'Amérique, ce continent fut sans cesse l'objet de grands ou petits escamotages d'argent. Les Espagnols, les Portugais, les Français, et les Anglais s'obstinaient à croire que le sol de l'Amérique se composait principalement d'or, s'imaginant peut-être, comme un homme le disait à propos du Colorado, que ce qu'il y avait de pénible, c'est que pour atteindre l'or il fallait creuser à trois ou quatre pieds de profondeur dans une masse d'argent solide. Cette curieuse illusion est démontrée par toutes les premières chartes de concessions de terre en Amérique, qui réservent uniformément au Roi une portion de l'or et de l'argent qu'on y trouvera. Et si on ne devait pas trouver d'or, ces paresseux d'Européens étaient également affolés au sujet des riches marchandises qu'ils étaient certains de trouver dans les solitudes qu'offrent les vastes forêts et les chaînes de montagnes désertes de l'Amérique.

Dans le chapitre précédent, j'ai donné l'historique d'une de ces déceptions à l'occasion des richesses infinies qu'on devait recueillir dans les contrées limitrophes des Mers du Sud et dont la gigantesque escroquerie nommée Compagnie des Mers du Sud a été la cause.

Une croyance semblable, dans un pays voisin, en France, et à la même époque, servait de base fantastique à une blague financière analogue encore plus gigantesque, plus pernicieuse, et plus ruineuse.

Law était Ecossais, rusé, habile, et d'une capacité financière réelle pour cette époque, mais il était vicieux, joueur, sans principes, et enclin aux projets les plus extravagants. Il avait eu une belle fortune, avait voyagé et joué par toute l'Europe, et étant spirituel, amusant, et de fort bonne compagnie, il était devenu le favori du Duc d'Orléans et d'autres seigneurs Français. Quand, à la mort de Louis XIV, le Duc devint Régent du royaume de France en 1715, le pays était horriblement endetté et ses habitants dans une grande misère, par suite des guerres coûteuses et des taxes ruineuses du feu Roi. Lors donc que Law vint à Paris avec un plan financier plein des plus belles promesses, le Régent l'accueillit avec grand plaisir comme financier et comme ami.

Le Régent se laissa bientôt prendre au plan de Law, et au printemps de 1716 l'affaire du Mississippi fit un premier pas — bien qu'à ce moment on ne le considérât pas comme tel. C'était l'établissement, par autorisation royale, d'une banque Law et Cº, dont les fondateurs étaient Law et son frère. Cette banque, par une judicieuse organisation et par l'émission d'un papier fiduciaire remboursable en argent, commença promptement à soulager les finances du royaume en détresse et par donner une impulsion au commerce intérieur et extérieur. Ce succès, qui semble avoir été celui d'une affaire parfaitement raisonnée et loyale, fit une impression profonde mais tristement erronnée sur l'esprit léger et ignorant en finances du Régent de France et fut l'origine de tout le mal ultérieur. Le Régent demeura fermement convaincu que si une certaine quantité de billets de banque avait produit un si bon résultat, cent mille fois autant produiraient certainement un résultat cent mille fois plus heureux, c'est-à-dire qu'il crut qu'imprimer et émettre des billets, c'était créer de l'argent. Il ne s'inquiéta pas de faire les fonds en espèces nécessaires pour les demandes de remboursement, mais il s'imagina qu'il avait, à Paris, une fabrique illimitée d'argent.

Jusque-là, tout alla bien. Law exposa un nouveau plan, et, avec l'approbation toujours prête du Régent, il effectua un accroissement du capital de sa maison de banque, basée sur ces illusions dont j'ai parlé relativement à l'Amérique. Cette augmentation de capital fut la formation de la Compagnie du Mississippi, et ce fut cette création qui devint un si formidable attrape-nigauds.

La Compagnie était étroitement liée à la banque et reçut, pour commencer, le monopole de tout le commerce à faire avec les contrées riveraines du Mississippi et tout le pays qui se trouve à l'ouest de ce fleuve. On s'attendait à recevoir de ce pays d'énormes quantités d'or et d'argent et à partager ainsi de gros dividendes. En France, elle devait percevoir toutes les taxes et frapper toute la monnaie. Le capital social émis fut représenté par cent mille actions de 500 Livres Françaises chacune, et Law continua à aider le Gouvernement, moyennant que les sommes versées seraient représentées par ces actions prises pour leur valeur nominale, quoique sur le marché financier elles ne valussent que le tiers. Les souscriptions arrivèrent rapidement, car à cette époque la nation Française était plus ignorante en matières de commerce, de finances, et sur les ressources réelles que pouvaient offrir les régions éloignées, que nous ne pourrions facilement le concevoir de nos jours; et non-seulement le Régent, mais les hommes, les femmes, les enfants, à l'exception de vieux sceptiques obstinés et à la tête dure, croyaient tout ce que Law disait et l'auraient cru, leur eût-il raconté des histoires cent fois plus incroyables.

Le Régent donna bientôt aux deux associés — la Banque et la Compagnie — deux autres monopoles : celui du tabac qui produit toujours des bénéfices immenses, et celui de l'affinage de l'or et de l'argent. Bientôt encore il fit de la Banque une institution nationale en lui donnant le nom magnifique de Banque Royale de France. Au moyen de cette faveur, le Régent pouvait contrôler les opérations de la Banque en dépit de Law et commander à tous deux, car dans ces temps les rois de France étaient presque des despotes absolus, et le Régent exerçait les prérogatives de Roi. J'ai déjà parlé de la fatale illusion du Régent à l'endroit de la monnaie fiduciaire. Il n'eût pas plutôt la Banque en son pouvoir, qu'il ajouta à la somme raisonnable et utile de 60,000,000 de billets déjà émis, une émission monstrueuse de 1,000,000,000 d'un seul coup, avec la ferme conviction qu'il ajoutait une somme égale à la richesse circulante de la France.

Le Parlement, corps composé de magistrats, dont l'origine remonte au moyen âge, était une assemblée posée, sage, et conservatrice, et se montra toujours hostile à Law et à ses projets. Lorsque commença ce grand développement du papier de circulation, le Parlement le combattit vigoureusement; il pétitionna, rendit des arrêts, menaça Law de la potence, et l'effraya beaucoup, car l'inimitié invétérée d'une assemblée de vieux légistes a de quoi effrayer qui que ce soit. A la fin, le Régent, usant du pouvoir despotique que les rois de France possédaient à un si haut degré, réduisit au silence ces vieux magistrats, en en faisant emprisonner quelques-uns.

Ces mesures rigoureuses exécutées contre un parlement récalcitrant, tout alla bientôt comme sur des roulettes. Au commencement de l'année 1719, de nouvelles concessions furent accordées aux deux entreprises associées de Law. On concéda à la Compagnie du Mississippi le monopole de tout le commerce avec les Indes Orientales, la Chine, les Mers du Sud, et avec tout le territoire de la Compagnie Française dans l'Inde et de la Compagnie du Sénégal. Elle prit alors un nouveau nom plus imposant, celui de Compagnie des Indes. Elles avaient déjà également obtenu le monopole du commerce des peaux de castor au Canada. Cinquante mille nouvelles actions, au taux de 500 Livres chacune, furent émises comme auparavant par cette colossale corporation, qui monopolisait tout le commerce extérieur de la France et celui des deux tiers au moins de l'univers, tout le maniement des finances à l'intérieur, et qui possédait encore en outre d'importants priviléges. Ces actions devaient, comme précédemment, être achetées au pair avec la garantie du Gouvernement. Law fut assez effronté pour promettre des dividendes annuels de 100 Livres par action, ce qui, au taux auquel se trouvaient les fonds du Gouvernement, était un intérêt de cent vingt pour cent! Et tout le monde le croyait. Plus de trois cent mille demandes furent faites pour ces nouvelles actions. Law fut assiégé dans sa maison par deux fois autant de monde que le Général Grant en eut pour l'aider à prendre Richmond. Le grand escamotage fut alors à son apogée. La rue où demeurait ce merveilleux Écossais était pleine d'activité, et remplie, bloquée, par une foule qui s'y écrasait. La presse y était tellement excessive, qu'il en résulta des accidents graves. Depuis les princes du sang jusqu'aux savetiers et aux laquais, hommes, femmes, accouraient, se pressaient, se foulaient pour souscrire, pour apporter leur argent, pour savoir combien d'actions ils avaient obtenu. Law se transporta dans une rue plus large, et la foule idiote s'y entassa plus que jamais, si bien que le Chancelier, dont les audiences se tenaient dans le voisinage, ne pouvait entendre les avocats. Il fallait sans doute un tumulte bien effroyable pour couvrir les voix de ces Messieurs. Aussi Law déménagea encore et s'établit à l'Hôtel de Soissons, avec un jardin de quelques acres. Des incidents fantasques diversifiaient cet entraînement effréné vers la spéculation. Des gens de la plus haute noblesse louaient des chambres, dans le voisinage de l'hôtel de Law, à des prix douze ou seize fois plus élevés que les prix ordinaires. Un savetier, dont l'échoppe se trouvait dans ces lieux privilégiés, se faisait 200 Livres par jour en louant sa place et en fournissant aux spéculateurs ce qui est nécessaire pour écrire. Des filous et des gens tarés de toute espèce abondaient dans ce concours de monde. Quelquefois, survenaient des querelles et des rixes. Il fallut souvent envoyer de la cavalerie pour dégager la rue pendant la nuit. Des joueurs, munis de leur matériel, s'établissaient parmi les spéculateurs, qui jouaient avec plus d'ardeur que les banquiers, et faisaient quelques coups à la roulette pour calmer leur surexcitation comme d'autres vont dormir ou vont à la campagne. Un bossu gagna beaucoup d'argent en prêtant son dos pour écrire. Lorsque Law se fut transporté à l'Hôtel de Soissons, le dernier propriétaire, le Prince de Carignan, se réserva le jardin et fit rendre un édit qui confinait les transactions dans cette enceinte. Il y fit élever 500 tentes, et les loua chacune 500 Livres par mois, et gagna ainsi 250,000 Livres par mois. Il n'y eut que deux personnes de l'aristocratie qui furent assez fermes pour ne pas spéculer sur les actions : — M. le Duc de St. Simon et le vieux Maréchal de Villars.

Law devint, sans contredit, le personnage le plus important du royaume. Grands et petits, hommes et femmes, les hautes et les basses classes encombraient ses bureaux et ses antichambres, et le poursuivaient, empoisonnaient sa vie pour obtenir un moment d'audience et lui faire inscrire leurs noms parmi les souscripteurs d'actions. Les gens les plus titrés passaient la moitié d'une journée à attendre cette faveur; ses domestiques recevaient de grosses sommes pour annoncer les noms de quelques visiteurs; les dames du plus haut rang lui donnaient tout ce qu'il exigeait pour obtenir la faculté d'acheter des actions. Une d'elles ordonna à son cocher de la verser au moment où Law passait, afin de pouvoir lui dire un mot. Il l'aida à sortir de sa voiture : elle eut un moment de conversation et put acheter des actions. Une autre dame arriva en courant dans la maison où il était à dîner, en criant au feu; tout le monde prit la fuite, mais elle continua à courir pour atteindre Law qui, devinant son stratagème, nouveau Joseph financier, se sauva aussi vite qu'il put.

Comme la frénésie touchait à son paroxysme, le Régent en profita pour émettre des actions en nombre assez considérable pour pouvoir éteindre toute la dette nationale, savoir : 300,000 nouvelles actions à 5,000 Livres chacune, ou mille pour cent de leur valeur nominale. Elles furent immédiatement enlevées. Le nombre en eût-il été trois fois plus grand qu'elles eussent été immédiatement souscrites. Les variations du taux des valeurs étaient si brusques et si fortes, que, dans l'espace de quelques heures, les actions haussaient ou baissaient de vingt pour cent. Un domestique, qui fut chargé de vendre 250 actions, trouva, en arrivant au jardin de l'Hôtel de Soissons, que, depuis qu'il avait quitté l'hôtel de son maître, le prix des actions s'était élevé de 8,000 Livres (valeur de 500 Livres, rappelez-vous!) à 10,000 Livres. Le domestique vendit, donna à son maître le produit de la vente au taux de 8,000 Livres par action, mit le reste, montant à 500,000 Livres, dans sa poche, et quitta la France le soir même. Le cocher de Law devint si riche, qu'il quitta le service et prit voiture lui-même, et quand son maître lui demanda de lui trouver un successeur, il lui amena deux candidats, et dit à Law de choisir, et qu'il prendrait l'autre pour lui. Il y eut des aventures absurdes de gens des plus basses classes devenus riches ; il se commit aussi beaucoup de vols et de meurtres. Un des plus célèbres fut celui commis par le Comte de Horn, homme de la plus haute noblesse, avec deux complices. Le Comte, débauché et dissipateur, poignarda dans un cabaret un courtier pour s'emparer de l'argent qu'il avait sur lui. Mais il fut arrêté, et, en dépit des instances les plus vives et des démarches les plus pressantes de la noblesse, le Régent le laissa rouer publiquement, comme tout autre meurtrier.

Les actions de la Compagnie des Indes, bien que haussant ou baissant de dix ou de vingt pour cent d'un jour à l'autre, firent prime dès le commencement. En Août 1719, elles se vendaient à 610 pour cent; quelques semaines après, elles s'élevaient à 1,000 pour cent; elles montèrent encore pendant tout l'hiver, jusqu'en Avril 1720, où elles étaient à 2,050, c'est-à-dire qu'une action de 500 Livres se vendait 10,250 Livres.

Parvenue à ce degré d'insufflation extrême, la bulle de savon demeura quelque temps stationnaire, brillante et splendide comme les bulles au moment où elles sont le plus près de crever ; elle reçut alors deux ou trois petites piqûres. Le Prince de Conti, furieux de ce que l'on ne voulait pas lui donner des actions aux conditions qu'il avait offertes, envoya trois charretées de billets de la banque de Law, et en demanda le remboursement en espèces. Law paya et se plaignit au Régent, qui lui en fit restituer les deux tiers. Un rusé spéculateur retira des espèces, par petites sommes, jusqu'à ce qu'il eût réalisé environ 1,000,000 de Livres, et, dans la crainte qu'on ne le forçât à les rendre, il les mit dans une charrette, les recouvrit de fumier, se déguisa en paysan, et transporta ainsi sa fortune au delà des frontières, en Belgique. D'autres réalisèrent à petit bruit, par des moyens semblables, et placèrent leurs fonds dans d'autres pays.

De telles saignées amenèrent une grande pénurie d'espèces monnayées, et alors se révélèrent les symptômes d'une panique. Le Régent essaya de remédier au mal par un édit ordonnant que l'argent monnayé serait de cinq pour cent inférieur au papier. C'était tout simplement dire : « Par les présentes, il est décrété qu'il y a beaucoup plus d'argent qu'il n'en existe ! » Cela ne servit de rien, et un nouvel édit du Régent décréta que l'argent perdrait dix pour cent contre le papier. Il décréta aussi que la Banque ne rembourserait pas en espèces plus de 120 Livres à la fois ; et finalement, par une extension hardie de son autorité, il rendit un édit portant que personne ne pourrait conserver plus de 500 Livres en espèces sous peine d'amende et de confiscation. Ces lois odieuses amenèrent beaucoup de perturbations, de recherches, de détresse, et aggravèrent rapidement les difficultés qu'elles étaient destinées à résoudre. Les actions de la grande Compagnie commencèrent à tomber rapidement et constamment ; Law et le Régent à être généralement haïs, maudits, et menacés. Divers moyens aussi vains qu'insensés furent essayés pour arrêter la ruine, qui devenait imminente ; on renouvela les hâbleries sur la Louisiane en envoyant une bande de travailleurs recrutés, en ordonnant que tous les payements seraient faits en papier, en imprimant une nouvelle fournée de billets montant encore à 1,500,000,000 de Livres. Les deux corporations de Law furent aussi médicamentées de diverses manières. La détresse et la frayeur s'en augmentèrent. On rendit un édit par lequel les billets et les actions de Law subiraient, pendant une année, une dépréciation réglée par une loi et ne vaudraient plus alors que moitié de leur valeur nominale. Cet édit causa un tel tumulte, une clameur si générale, que le Régent fut obligé de l'annuler sept jours après sa promulgation.

Ce septième jour, la banque de Law cessa ses payements en espèces. Law fut privé de ses emplois publics, mais continua à être, en particulier, bien traité par le Régent. Cependant, reconnu dans son carrosse, il fut hué dans la rue ; on lui jeta des pierres, et il eut une compagnie de Gardes Suisses pour protéger sa maison. Il dut enfin se réfugier dans le propre palais du Régent.

L'espace me manque pour décrire en détail la ruine, la misère, les troubles, les pertes, les désordres qu'amena la baisse rapide du papier et des actions de Law jusqu'à ce qu'ils arrivassent à n'avoir plus aucune valeur. Des milliers de familles furent réduites à la pauvreté et le commerce détruit par ces tristes spéculations. Law lui-même se sauva de France, sans argent, et après une carrière de joueur obscure et peu honorable, il mourut dans la pauvreté, en 1729, à Venise.

C'est ainsi que cette immense fantasmagorie commerciale transporta toute une nation dans les béatitudes célestes d'une richesse imaginaire, puis s'évanouit, laissant après elle son opérateur et plusieurs milliers de victimes ruinées, le pays troublé et appauvri, et comme conséquences longtemps senties, des habitudes vicieuses, illégales, et instables, contractées pendant que dura cette illusion. Aucun bien n'en résulta, excepté une leçon chèrement achetée sur la coupable folie des spéculations qui n'ont pas une base commerciale réelle et une direction sagement méthodique dans la marche des affaires. Que cette leçon ne soit pas perdue pour les spéculateurs à la mode de nos jours. Ceux qui achètent de l'or ou de la farine, des cuirs, du beurre, des marchandises fabriquées, des épices, de la quincaillerie, ou tout autre objet pour spéculer lorsque les prix sont portés beaucoup au-dessus du taux habituel, affrontent ainsi de grands risques, car la bulle de savon doit un jour ou l'autre crever, et celui qui se trouve détenteur, quand ce moment arrive, doit nécessairement être le perdant.

V. — MÉDECINS ET CHARLATANS.

CHAPITRE XXVII.

Les Médecins et l'Imagination — Une Plaisanterie à coups de Canon — Magendie et la Science Médicale — Le Vieux Sablier de la Vie.

Les blagues médicales forment un sujet très-délicat à traiter, parce que je suis presque certain de blesser quelqu'une des trois catégories qui s'y rattachent — les médecins, les charlatans, et les malades; mais il ne sera pas dit que j'aurai laissé de côté un chapitre si important de l'œuvre que je me suis proposée.

Pour commencer, il est indispensable de faire connaître de la manière la plus délicate qui soit possible qu'il y a une légère immixion de blague dans les habitudes des meilleurs praticiens. Ces messieurs dont je respecte profondément la science, la charité, le dévouement, et l'habileté, font usage de ce que j'appellerai l'élément gazeux de leur pratique, non par amour du lucre, mais afin d'appeler l'imagination de leurs malades à l'aide de la nature et des remèdes actifs.

Le nombre est infini des histoires qui démontrent la puissance de l'imagination, en parcourant tous les degrés de l'action mentale, depuis les extases sublimes des saints vertueux qui rêvent qu'ils voient les cieux s'entr'ouvrir devant eux et découvrir à leurs yeux leurs gloires et leurs délices ineffables, jusqu'à l'idée, d'un comique burlesque, du pauvre diable qui attache un hareng fumé au pan de son vêtement et s'imagine être une sirène.

Cependant l'imagination déploie probablement sa puissance réelle d'une manière encore plus étonnante dans les influences de l'âme sur le corps qu'elle habite. Il est vrai qu'il est des êtres si complétement privés d'imagination qu'ils ne peuvent pas comprendre une plaisanterie; tel est ce grave Écossais auquel un de ses amis, tout à fait à bout de patience, dit plaisamment : —

« Ah! vous ne sentiriez pas une plaisanterie, lors même qu'elle vous serait envoyée par un coup de canon. »

« Monsieur, » répliqua l'Écossais d'un air grave et raisonnant judicieusement, « Monsieur, vous êtes absurde, il est impossible de lancer une plaisanterie par la gueule d'un canon! »

Mais pour en revenir à notre sujet : certainement il arrive fréquemment que le docteur prend grand soin que le malade ne connaisse pas la nature de son mal et même qu'il ne sache pas ce qu'il lui fait avaler. Cela vient de ce que beaucoup de personnes, lorsque la maladie est arrivée à une phase critique, peuvent s'acheminer vers la guérison, si on leur fait croire que la maladie prend cette tournure; mais elles éprouveraient littéralement une frayeur mortelle si on leur laissait connaître l'état dangereux dans lequel elles se trouvent.

Une espèce de duperie en usage dans la pratique est rendue nécessaire par les demandes des malades. Elle consiste à leur administrer de fortes doses de quelque chose qui a un goût et une odeur horribles. Il y a beaucoup de gens qui croient que le médecin ne fait rien pour gagner son argent, s'il ne leur fait avaler quelque sale drogue, noire ou brune, d'une saveur abominable. D'autres, encore plus exigeants, désirent cette sorte de preuves qui résultent de convulsions intérieures, et ne sont pas satisfaits à moins qu'ils ne souffrent des tortures et n'expulsent assez de matières pour calmer les éruptions du Vésuve ou du Popocatapetl.

« C'est un bon médecin. » Tel fut le verdict d'un de ces gaillards à entrailles de cuir. « Il vous remuera joliment à l'intérieur. »

La même méthode affecte aussi des formes plus douces en vous donnant ce que la docte faculté nomme un *placebo*. Ceci est un ingrédient qui a l'aspect d'un médicament, mais qui est parfaitement inoffensif, comme par exemple des pilules de mie de pain ou une boisson d'eau colorée un peu désagréable au goût. Ces prescriptions maintiendront souvent l'imagination du malade dans une direction convenable, tandis que la vieille bonne Dame Nature répare tranquillement les dommages du frêle abri de l'âme.

On pourrait presque imaginer que plus un médecin est habile, et moins il drogue ses malades, comptant davantage sur l'imagination, la nature, et principalement sur le régime et les soins. Voici à ce sujet une anecdote : Il y avait à Paris un vieillard qui vendait une eau fameuse pour les yeux et qui gagna ainsi beaucoup d'argent. Un beau jour il mourut, et malheureusement il oublia d'en laisser la recette. Sa veuve inconsolable continua cependant son commerce même rue et même numéro. Cette femme étant d'un caractère décidé et douée de présence d'esprit, elle remplit tout bonnement ses fioles avec de l'eau de Seine et vécut dans l'aisance par ce procédé, trouvant, au grand allégement de sa conscience, que l'eau pour les yeux était aussi bonne que par le passé.

Cependant, lorsqu'elle arriva à l'article de la mort, pressée par les aiguillons d'une conscience accusatrice, elle confessa sa supercherie à son médecin qui était un membre éminent de la docte confrérie.

« Soyez parfaitement rassurée, madame, » dit l'homme sensé, « ne vous tourmentez pas du tout pour cela, vous êtes le plus innocent des médecins qui soient au monde ; vous n'avez fait de mal à personne. »

C'est une plaisanterie vieille et peu généreuse, que de comparer la médecine à la guerre en se fondant sur ce que les sectaires des deux professions ont pour but la destruction de la vie. Ce n'est pas cependant s'écarter beaucoup de la vérité que de dire qu'ils se ressemblent en ceci, qu'ils sont des deux côtés éminemment sujets à l'erreur, et que celui qui en commet le moins est celui qui réussit le mieux.

Comment pourrait-il en être autrement, jusqu'à ce que nous connaissions mieux que nous ne le faisons maintenant, les grands mystères de la vie et de la mort ? Il semble assez hasardeux de permettre au médecin le plus instruit, le plus expérimenté, de toucher à ces ressorts de la vie dont Dieu seul connaît le mécanisme. Et c'est assez pour s'ébahir stupidement de voir comment les gens laissent le plus ignoble charlatan bouleverser leurs viscères avec ses drogues empoisonnées, comme s'il était le plus habile médecin du monde. Un véritable médecin ne se hâte pas de droguer. On dit même que le grand chirurgien Magendie commença un jour son cours officiel en disant froidement à ses élèves : « Messieurs, la cure des maladies est un sujet auquel les médecins ne connaissent rien. » C'était sans aucun doute pousser les choses à l'extrême, et cependant, en un certain sens, c'était exactement vrai. Il y a un gouffre en Islande dans lequel les touristes jettent des cailloux ou des touffes de gazon, et le résultat invariable est que, quelques minutes après, le gouffre vomit ce qu'il a reçu avec une grande quantité d'eau chaude, de vapeur, et de matières. Eh bien ! le docteur sait que quelques-unes de ses prescriptions agiront bien certainement, comme le voyageur sait que ce qu'il administre au volcan produira un effet analogue.

Mais, quels que soient les mystérieux procédés de la nature, quelque ignorant que soit le médecin, dans l'état imparfait des connaissances médicales, les succès des charlatans et de leurs impostures sont infiniment plus étonnants que ceux des hommes de science honnêtes et studieux et de leurs soigneuses investigations.

Me voici maintenant arrivé au bout de mon chapelet, et l'empirisme est quelque chose de trop monstrueux pour être traité dans un paragraphe ; mais je peux très-convenablement introduire un charlatan à la fin de ce chapitre ; il est rigoureusement juste que les gens honnêtes passent avant lui. Je fais allusion au « Vieux Sablier de la Vie. » Chacun a pu lire son annonce commençant ainsi : — « Un médecin retiré de la pratique et dont le sablier de la vie est presque écoulé, etc., » et tout le monde sait comment ce généreux compère envoie libéralement gratis sa recette. La seule chose nécessaire (ce que vous découvrez quand vous recevez la formule), c'est de lui acheter à un prix très-élevé un ingrédient que, dit-il, vous ne pouvez vous procurer autre part. Ce chenapan, cet escroc est, en fait, un drôle adroit, actif, âgé d'environ trente-cinq ans, malgré l'espace considérable de temps pendant lequel — pour me servir d'une phrase comique qu'un plaisant a forgée pour lui — il a eu le malheur de perdre le derrière de la charette qui contenait le sable de sa vie. Quelques amis bienveillants furent si peinés de l'épuisement du Sablier de la Vie, qu'ils lui envoyèrent un jour par un train express, un gros colis marqué C. O. D. dont le port s'élevait assez haut. Le Vieux Sablier paya, et, en ouvrant le colis, il trouva un demi-boisseau de très-beau sable.

CHAPITRE XXVIII.

Remède Consomptif. — E. Andrews M. D. — Naître sans Droits de Naissance. — Hatchi cristallisé. — Le Grand Roback. — Un Sorcier ennemi du Mensonge.

Il y a un drôle à Williamsburg qui s'intitule ministre de l'Évangile et vend une potion consomptive. Je suppose qu'il veut dire que c'est un remède contre la consomption. C'est quelque ripopée dans une fiole bouchée ; mais il y a beaucoup de gens assez idiots pour lui en acheter. En Novembre dernier, un certain personnage désira ardemment, dans l'intérêt de l'humanité, avoir une entrevue avec le révérend frère ; mais il fut aussi inaccessible qu'un moine dans sa cellule. La personne écrivit au fripon un billet fort poli pour s'informer des prix ; il reçut en réponse une circulaire imprimée, dans laquelle l'excellent homme exposait, de la manière la plus touchante, le chagrin qu'il éprouvait d'avoir augmenté ses prix, à cause du prix de l'or « avec lequel, disait-il, je suis obligé d'acheter mes médicaments à Paris. » Cette réponse était à la fois triste et peu satisfaisante, et le monsieur se rendit à Williamsburg pour avoir avec lui une entrevue et se rendre compte de tous les prix. Il se présenta à la demeure du pieux personnage; mais, chose étrange, il n'était pas à la maison.

La personne attendit.

Le révérend frère continua à ne pas être à la maison. Quand le monsieur eut attendu tout son content, il s'en retourna.

Il est bien entendu qu'il ne faut pas songer à voir le révérend frère. Peut-être est-il si modeste et si timide qu'il ne veut pas affronter les acclamations de reconnaissance des millions d'humains qu'il a sauvés par sa potion consomptive et qui ne lui permettraient pas de passer dans les rues. Il est dommage que le révérend ne jouisse pas de la réclusion encore plus complète par laquelle l'état de New York témoigne son appréciation des vertus cachées et modestes dont il est orné, dans la salubre et paisible ville de Sing Sing.

Un charlatan d'une ville de l'intérieur, qui s'intitule E. Andrews, M. D., a fait imprimer, dans la forme d'une feuille périodique, un document à moitié de circonstance, dont un exemplaire est devant moi. C'est un véritable salmigondis de sottise et de friponnerie vulgaire. Il l'intitule « le Bon Samaritain, ou la Médecine Domestique, » et ce numéro est marqué : « Volume vingt. » Voyez un peu quel grand homme nous avons parmi nous — à moins que le docteur lui-même ne se trompe. Il dit : « Je déclare ici que j'ai été favorisé par la nature et par la Providence en ayant accès à un trésor de connaissances telles, que jusqu'ici ce lot a échu à bien peu de personnes dans l'histoire du genre humain. » Évidemment ce trésor était si bien garni, que la cervelle du grand docteur a été à peine assez vaste pour le contenir, et qu'il n'est plus resté de place pour la grammaire Anglaise. Bientôt le docteur reparut de nouveau sur l'horizon avec des projets ayant bien leur propre mérite, mais qui ne concernent pas directement l'art de guérir. « La puissance automatique de la mécanique » — c'est une nouvelle sorte de mécanique, remarquez bien — « qui doit avoir pour but de TRAVAILLER POUR *autrui*, *comme maintenant* de TRAVAILLER CONTRE le genre humain. Le Territoire de *toutes les nations* doit être DÉLIVRÉ aux Colons Actuels en quantités LIMITÉES. Personne ne naitra sans que les *droits attachés à la naissance* ne naissent en même temps que lui. » Les italiques, etc., existent dans le prospectus du docteur. Quelle terrible chose que celle d'être né sans droits de naissance, ainsi que cela est possible, si nous en croyons le docteur, ayant avant nous les droits d'un autre dans l'ordre de primogéniture et errant dans le monde comme un serin qui s'est envolé de sa cage, tandis que son maître attardé essaie en vain de lui mettre du sel sur la queue et de le rattraper !

Ce Salomon, à la suite de cette prodigieuse introduction, remplit le reste de ses seize pages in-8° à doubles colonnes assez mal imprimées d'un galimatias dont on ne peut donner l'idée, composé de blagues, de mensonges, de promesses, de recommandations, de lettres apocryphes, d'épanchements d'une charité sympathique, d'un fatras comique sous la forme de discussion, annonces de remèdes, huiles cosmétiques, liqueurs épicées, recettes pour la destruction des chardons, mixtion contre les punaises, recettes pour fabriquer du savon, de l'encre, du miel, etc, je ne sais quoi encore que le Vieil Harry seul connait. Ce drôle donne une liste de soixante et onze maladies spéciales dont la guérison est certaine par l'usage de son Hatchi Cristallisé, et il ajoute que c'est aussi un remède certain contre toutes les maladies du foie, du cerveau, de la gorge, de l'estomac, des oreilles, et autres désordres internes, et également pour les maladies anciennes, — que veut-il dire par là ? — et contre la folie ! Dans cette monstrueuse liste sont accolés les maux les plus incongrus : les saignements de nez et les avortements, les vers et les attaques de nerfs, les empoisonnements et les crampes, et cet effronté hâbleur cite le Général Grant, le Général Mitchell, le Général Lee, le Général Mac Clellan, le Docteur Mott, de cette ville ; tous chantent en chœur les louanges du Hatchi Cristallisé ! Vient ensuite le Secret de la Beauté, préparation composée avec des roses de Turquie, puis une masse de recommandations et de certificats forgés, et l'assurance que chaque hiver le docteur donne aux pauvres cinq mille livres de pain, puis enfin quelques dénonciations terribles contre les docteurs diplômés.

Mais — comme disent les commissaires-priseurs — « Ca ne peut s'arrêter là. » J'ajouterai seulement que çà et là se fait jour l'infamie réelle de ce chenapan, lorsqu'il annonce les moyens de ruiner l'innocence ou de se livrer avec impunité aux vices les plus exécrables. Pour trois dollars trente cents, il vous vendra « le Mystérieux Anneau Enchanté. » Dans un chapitre abominable sur cet anneau, il dit : « Le possesseur peut éloigner de lui ou attirer à lui qui que ce soit et pour quoi que ce soit. » Je n'ai pas besoin d'expliquer à quoi ce coquin fait allusion. Il vend aussi les moyens certains de voler, de filouter ; annonce qu'il est prêt à enseigner comment on peut soustraire des papiers, des testaments, des titres, des notes, etc., et les transporter d'un endroit à un autre par des moyens invisibles. Il est réellement étonnant alors que la Banque de Commerce puisse garder dans ses caves aucune valeur.

Mais c'en est assez sur ce vil ministre du crime et de la folie. S'il ne s'agissait que de lui, je le regarderais comme indigne d'une mention, et je ne lui ai consacré ces quelques lignes que parce qu'il peut être utile de faire concevoir comment, à l'aide des plus grossières impostures, on peut tirer un revenu assuré d'une nation qui se glorifie, comme la nôtre, d'une civilisation avancée et d'une rare intelligence. Il est bon aussi de considérer si l'on ne peut pas accuser de négligence les autorités qui permettent que des tromperies aussi odieuses soient constamment pratiquées au préjudice du public.

Je devrais consacrer ici un paragraphe au grand C. W. Roback, dont l'un des almanachs astrologiques est devant moi. Cette savante production est ornée d'un frontispice représentant le docteur et ses six frères — car il est le septième fils d'un septième enfant. Les six frères aînés — assez gentils garçons, du reste — se tiennent d'un air soumis autour de leur gigantesque frère cadet orné d'une barbe splendide, ils lui vont seulement à la poitrine, et le contemplent avec respect, comme, dans le songe de Joseph, les gerbes de ses frères adoraient la sienne. A la fin du livre est un portrait de Magnus Roback, grand-père de C. W. Roback. C'est un vieux Flamand à tête de taureau, tenant un globe et un compas. Cette gravure n'est après tout qu'un portrait économique de tous les anciens géographes, astronomes, ou voyageurs. Dans le cours du livre, nous trouvons Gustave Roback, père de C. W. Roback. Pour celui-ci, on s'est servi d'une figure de Jupiter — ou de quelque autre divinité païenne — à moitié nu, à califourchon sur un aigle, une faucille dans une main et un quart de cercle dans l'autre, ce qui ressemble beaucoup à un tableau des « Vieux Maîtres » représentant Abraham au moment où il vise Isaac avec un pistolet d'arçon à pierre. Le Docteur Roback est assez obligeant pour nous dire où sont ses frères. L'un est officier supérieur dans l'empire de la Chine, un autre est évêque Catholique à Rome, et ainsi de suite. Il y a aussi la gravure de sa sœur qu'il a guérie de la consomption. Elle est représentée parlant à son oiseau, selon la mode de son pays, quand une jeune fille est inopinément soustraite aux coups de la mort.

Roback guérit toute sorte de maladies, découvre les objets volés, assure le mariage des enfants, etc., tout cela au moyen de conjurations. Il tire aussi des horoscopes, prédit les événements futurs, et fait voir clairement comment Bernadotte, Louis-Philippe, et Napoléon ont bien fait ou auraient bien fait de suivre ses avis. La particularité la plus remarquable de cet imposteur, c'est qu'il évite réellement de pousser au crime et au vice, mais qu'une de ses spécialités est de guérir de l'ivrognerie et — par-dessus toutes choses au monde — du mensonge. Quant à ce dernier point, Roback donne tout au long le certificat de Mme Abigail Mordaunt, dont la fille Amanda « était si malheureusement adonnée à faire des contes qu'elle préférait mentir que dire la vérité; » et la mère enchantée certifie que notre ami le sorcier « a tellement changé le naturel de cette jeune personne, qu'à notre connaissance et dans notre intime persuasion elle n'a jamais depuis parlé qu'avec sincérité. »

En voilà un sorcier! « aussi vrai qu'il est sorcier. »

Quel tapage produiraient les sorcelleries du grand Roback si, par exemple, il se mettait à travailler tout de bon pour les hommes politiques! Mais, après tout, en y réfléchissant mieux, s'ils disaient la vérité les uns sur les autres à la ronde, quel amas d'abominations serait mis à nu aux yeux du public! Non, non — il ne serait pas bon que la vérité fût mise au grand jour, en politique au moins. Laissons là Roback! je ne lui consacrerai plus un seul mot, je ne lui donnerai pas une seule chance — pas même pour expliquer sa grande puissance sur ce qu'il appelle : « Attaques! Attaques! Attaques! Attaques! Attaques! »

CHAPITRE XXIX.

Monsignore Cristoforo Rischio, ou le Crésus débitant d'Elixir à Florence — Modèle pour nos Docteurs Empiriques.

Tous ceux qui ont visité Florence pendant le cours de ces vingt dernières années doivent avoir remarqué sur la grande place, devant le Palais ducal, l'étrange génie connu sous le nom de Monsignore Creso, ou, en bon Français M. Crésus. Il est ainsi appelé, parce qu'on le suppose extrêmement riche; mais son véritable nom est Cristoforo Rischio, que je puis encore traduire par Christophe Risque. Madame Brown y fait allusion dans un de ses poëmes : *Les fenêtres de la maison Guidi*, je crois — et il a aussi fourni à l'un des frères Trollope le sujet d'un roman.

Deux fois par semaine, il vient en ville dans un étrange véhicule, traîné par deux beaux poneys Lombards, et les dételle au milieu de la place. Immédiatement son aide, qui est un très-bon chanteur, commence à chanter; la foule s'assemble bientôt autour du chariot. Alors Monsignore tire d'une boite qui est sous son siége un squelette humain parfaitement monté et le suspend par un crochet à une longue perche ; il en tire aussi un certain nombre de crânes humains, ceux-ci sont soigneusement rangés sur une tablette qu'il ajuste, et Crésus se place derrière. A l'arrière plan on voit une pharmacie complète : flacons, bouteilles, et boîtes. Un moment après, le chanteur s'interrompt, et dans le plus pur dialecte Toscan — qui est une musique lui-même — l'empirique Florentin adresse la parole à son auditoire. N'étant pas très-versé dans la langue Italienne, je ne puis donner que la substance de sa harangue et ne puis émettre qu'une opinion fort hasardée sur le mérite de son élocution. Je suis cependant certain que non-seulement le bas peuple, qui principalement le patronne, mais beaucoup de bourgeois des plus intelligents s'intéressent toujours à ce qu'il a à leur dire, et bien certainement ses gestes, et l'expression qu'il leur donne, décèlent un grand talent oratoire. Après avoir fait tourner à diverses reprises le squelette sur son support, et expliqué d'une manière détaillée les diverses parties anatomiques du corps humain, afin de faire connaître ses connaissances dans cette base de la science médicale, il prend les crânes l'un après l'autre, et s'étend sur leurs perfections relatives, semant çà et là son discours de quelques malignes anecdotes sur la vie du propriétaire primitif de chaque crâne.

Par exemple, il assure qu'un certain crâne a appartenu à un fou qui erra pendant la moitié de son existence dans le Val d'Ema, ne subsistant que d'une manière précaire et ne prenant qu'une nourriture entièrement végétale — des racines, des herbes, et autres aliments semblables. Un autre est le chef d'un condamné, pendu à Arezzo pour plusieurs crimes. Le troisième est celui d'un homme très-vieux, qui depuis sa jeunesse avait toujours vécu célibataire, et avait, par son abstinence et sa bonté, exercé sur la bourgeoisie une influence presque sacerdotale. Lorsque, par ses leçons variées, il a en même temps amusé et instruit ses auditeurs, il détourne ingénieusement le discours sur sa propre existence, et arrive enfin aux cures merveilleuses qu'il a accomplies. L'historique de ses préparations médicales, leur composition, sa méthode de distillation, forment un bon traité de vulgarisation de la science et il donne une application pratique de son habileté et de leurs vertus, en faisant sortir successivement de la foule un certain nombre de gens malades qu'il examine et auxquels il donne sur place des ordonnances. Que ces sujets soient des compères ou non, c'est ce que je suis incapable de décider ; mais il est très-possible que par sa longue expérience, Cristoforo — qui n'a pas un diplôme régulier — ait acquis une connaissance parfaite des plus simples éléments de la matière médicale, et qu'en réalité il opère des cures. Je le classe cependant parmi ceux qui sont généralement connus comme charlatans, parce qu'il affecte des prétentions à plus de science qu'il n'en possède. Ce fut pour moi une scène étrange et qui me suggéra beaucoup de réflexions.

Ce charlatan chauve, au nez crochu, à l'œil noir, stationnait sur cette place si célèbre dans l'histoire, regardant à travers ses lunettes d'or toutes ces figures tournées vers lui, et les dominant, ce squelette osseux se balançant au vent, et ces têtes grimaçant le rire d'une manière grotesque et comme riant de la crédulité des spectateurs. Derrière lui s'élevait la masse du Palazzo Vecchio avec sa haute tour se dressant à pic et garnie de profonds mâchicoulis ; à gauche, la splendide Loggia d'Orcagna, remplie de marbres précieux ; la longue galerie de peinture des Uffizi, où sont entassés les plus rares trésors de l'art que le monde ait produits ; à droite, la Fontaine gigantesque d'Ammanato, lançant des jets — dont une goutte vaut mieux que tous les élixirs du monde ; en face, le bâtiment des Postes, qui fut construit par les captifs Pisans. Si quelques-unes de ces merveilles causaient une émotion à l'imperturbable Creso, il n'en laissait rien paraître; mais deux fois par semaine, pendant trois longues heures, il faisait au grand jour sa hideuse clinique.

Voyant si souvent cet homme, et toujours attiré par le spectacle dont il était le héros — pour le moins autant que les paysans et les citadins qui achetaient en profusion ses fioles et ses boîtes de pilules — je devins curieux de connaître les principaux incidents de sa vie, et, grâce à l'aide d'un ami, j'obtins quelques renseignements sur lesquels je crois pouvoir assez compter pour les publier. Je le fais d'autant plus volontiers, que sa carrière est un des caractères du mode de vie anomale de l'Italie contemporaine.

Il est le fils d'un petit fermier, peu éloigné de Sienne, et a grandi en contact quotidien avec des vignerons et des cultivateurs d'oliviers, vivant de la sobre nourriture Toscane : le macaroni et les châtaignes, avec une côtelette de mouton maigre une fois par jour, le tout arrosé d'une pinte de vin Toscan bien sur. Il fut assez bien éduqué pour un petit paysan, et, dévoré du désir de devenir acteur, il étudia soigneusement Alfieri.

Un peu de réputation qu'il avait acquise par des morceaux récités le conduisit, dans une heure malencontreuse, à se hasarder dans un grand rôle sur un théâtre de troisième ordre à Florence. Sur ces entrefaites, son père était mort et lui avait laissé sa petite propriété, mais pour le début dont nous venons de parler, il vendit presque tout ce dont il avait hérité. Comme on peut le présumer, sa chute fut complète, quelque facilité qu'il eût trouvée à amuser les paysans ignorants et grossiers de son voisinage; mais s'essayer devant le public éclairé d'une grande ville était une épreuve trop au-dessus de son talent.

Ainsi donc, pauvre et humilié, il tomba dans les derniers emplois de l'art dramatique, chantant dans les chœurs d'opéras, jouant de petits rôles dans les pièces à spectacle, et pendant toute cette vie souffrant de la blessure d'une ambition rentrée et d'une pauvreté à demi méritée.

Un jour, au commencement de l'hiver, il se trouva sans emploi et sans un sou dans sa poche. Il vit une affiche dans laquelle on demandait des hommes pour débiter une certaine préparation nouvelle. Le droguiste lui avança une petite somme pour ses dépenses de voyage, et il s'adonna à l'éloquence péripatéticienne, parcourant les campagnes et haranguant dans tous les villages.

Dans cette carrière il fut servi par son éducation théâtrale. Quoique acteur insuffisant, il avait un mérite suffisant pour le propagateur nomade d'une médecine brevetée. Son talent de chanteur lui vint aussi en aide en rassemblant le monde autour de lui. Le grand secret du succès, dans toute chose, est de réunir un public. La moitié du but est atteinte quand l'auditoire est assemblé.

Très-bien ! Le pauvre colporteur nomade Cristofo Rischio débita en si grande quantité les drogues d'un autre, qu'il conçut l'idée de devenir son propre commanditaire. Il résolut de préparer un médicament qui serait sa propriété, et profitant de l'assistance d'un jeune étudiant en médecine, il obtint de bonne foi des prescriptions pour les maladies les plus communes. Il les fabriqua en gros, imagina des étiquettes pour chacune, et dissimulant leur composition réelle par quelques altérations innocentes, il commença à s'annoncer comme l'inventeur d'une panacée.

Pour ne pas rencontrer d'opposition dans le clergé, dont l'influence est toute-puissante sur les paysans, il eut soin de jeter adroitement un mot de respect à son adresse dans ses harangues nomades, et de temps en temps il faisait un beau présent à l'église.

Il tira aussi parti des superstitions générales, et à la science d'Hippocrate il sut joindre la rouerie de Simon Magus. Il eut la réputation de magicien et de médecin, et un petit talent d'escamotage qu'il possédait ne fut pas celui de ses mérites qui eut le moins d'influence.

Sa force corporelle égalait sa souplesse. Un jour, à Frisole, un docteur étranger osa défier Monsignore à une lutte. L'offre fut acceptée. Tandis que tous les deux se tenaient sur le fourgon de Cristoforo et que l'intrus haranguait le peuple, sans qu'un muscle de sa figure remuât ou sans un seul mouvement apparent de son corps, le charlatan, par un coup de pied décoché dans la jambe de son rival, le jeta par terre. Il eut l'effronterie de proclamer que ce fait était entièrement le résultat du pouvoir magnétique, accompli sans aucun moyen corporel, et par la seule vertu de ses talents surnaturels.

L'auditoire fut rempli de terreur et refusa d'écouter davantage le compétiteur, qui fut échec et mat.

Aussitôt que Cristoforo commença à faire de bonnes affaires, il satisfit ses inclinations théâtrales en achetant un superbe équipage, un attelage, et les accessoires, et il engagea un domestique. De mémoire de médecin on n'avait jamais vu en Toscane un tel déploiement de luxe. Il en acquit tout naturellement le nom de Creso, et, cela lui permettant de voyager plus rapidement, il agrandit sa sphère d'action et accrut ainsi énormément ses profits. Il choisit des jours et des heures fixes pour ses visites dans toutes les villes de la Toscane, et fut bientôt aussi connu partout que le Grand Duc lui-même. Lorsqu'on sut qu'il avait acheté le vieux château de Pontassieve, sur les bords de l'Arno, sa réputation grandit encore. Sa prospérité devint telle alors qu'il défia les membres de la Faculté. Il proclama qu'ils étaient jaloux de ses profondes connaissances, et menaça de dévoiler l'influence mortelle de leurs systèmes.

En même temps, ses discours aux gens du commun commencèrent à prendre une nuance de protection, et ceci rehaussa également sa réputation. Règle générale : il vaut mieux exciter l'envie que la pitié. L'habile imposteur devint alors aussi plus absolu. On sait que le Grand Duc l'avait une fois invité à dîner, et que Monsignore avait eu la hardiesse de refuser. Il sympathisa si chaudement avec l'enthousiasme qui s'éveillait en Italie pour l'unité et le progrès, qu'il se compromit avec la maison d'Autriche. Quand éclata la dernière révolution, Cristoforo fut, en Toscane, un de ses plus valeureux champions. Son chanteur ne faisait entendre que la marche de Garibaldi et les triomphes de la Savoie. Ses discours ne s'inspiraient que de l'évangile de l'Italie régénérée. Pendant un mois entier, il ne perdit pas son temps à vendre ses fioles et ses pilules, mais il consacra entièrement son éloquence véhémente, persuasive et dramatique à la cause populaire.

Nous connaissons le dénoûment. La Toscane n'est plus un duché, mais une partie intégrante du grand royaume péninsulaire avec Florence la Belle pour capitale.

Et comme par le passé, devant le palais ducal où se réunissent les députés de l'Italie, le pauvre et orgueilleux Cristoforo Rischio fait sa harangue tous les Mardis et Samedis. Il est — ou plutôt il était il y a quatre ans — âgé de plus de soixante ans, mais toujours aussi vigoureux et aussi enthousiaste, et si riche qu'il serait inutile pour lui de continuer sa carrière péripatéticienne.

Sa vie m'a paru mériter d'être reproduite, comme montrant ce à quoi on peut parvenir en concentrant des facultés mêmes d'un ordre peu élevé sur des objets de peu de valeur. Si Creso avait apporté la même persévérance dans ses essais dramatiques, je ne doute pas qu'il ne fût arrivé à être un grand acteur. S'il a si bien réussi en vendant simplement un elixir, pourquoi ne serait-il pas arrivé à la richesse avec une réputation moins grotesque par la vente de meilleures marchandises? Il a compris la nature humaine, ses crédulités, ses incrédulités, ses superstitions, ses goûts, ses caprices, son amour du faste et de la nouveauté. Il n'a fait aucun mal à personne et a procuré beaucoup d'amusement à un grand nombre de gens pour l'argent qu'il a reçu. A tout prendre, je le considère comme un homme agréable et utile, plutôt que sous tout autre aspect. Il a réjoui les souvenirs de beaucoup de voyageurs, il a soustrait de longues heures à l'ennui qu'on éprouve dans une ville étrangère ; et, malgré ses hâbleries, il ne s'est jamais séparé de la foi nationale, et n'a jamais trahi par intérêt la cause populaire. Le libéralisme est encore un autre genre de hâblerie en usage dans le Vieux comme dans le Nouveau Monde. Les Blagues Politiques sont les plus nombreuses, et des volumes ne suffiraient pas à leur dénombrement. L'univers est pavé de faux amis de la liberté qui ne rèvent que le pouvoir : « Ote-toi de là, que je m'y mette. » Mais revenons à Cristoforo. J'ose dire que sa mort, quand elle arrivera, causera plus de sensation et fera répandre plus de larmes que celle d'aucun médecin de la Toscane, quelque supérieur que soit son mérite.

VI. — CANARDS.

CHAPITRE XXX.

Le Spectre de la 27ᵉ Rue — Spectres partout.

En plaçant les histoires de spectres qui produisirent une si grande agitation au milieu de notre bonne population, il y a de cela deux ans et demi environ, parmi les blagues de notre siècle, je dois tout d'abord rappeler à mes lecteurs qu'il ne manqua pas, selon l'expression consacrée, de respectables témoignages pour attester la réalité des apparitions dont la 27ᵉ Rue était le théâtre.

Un beau Dimanche matin, dans un des premiers mois de l'année 1863, mes amis du *Sunday Mercury* étonnèrent leurs milliers d'abonnés par l'insertion dans leur journal des récits qui leur avaient été faits d'un effroyable spectre qui avait apparu dans une des maisons les plus honorables de la 27ᵉ Rue. Leur article entrait dans les plus grands détails et pourtant il se renfermait dans une apparente et discrète réserve qui donnait un attrait de plus à cette mystérieuse histoire.

Les faits rapportés dans ce premier article (car il fut suivi de plusieurs autres) se résumaient à ceci : — Une famille d'une haute honorabilité qui habitait la 27ᵉ Rue, l'un des plus beaux quartiers de la haute ville, s'aperçut, vers la fin de l'année 1862, que quelque chose d'extraordinaire se passait dans sa maison, l'une des plus importantes du voisinage. Les domestiques échangeaient entre eux des conversations à voix basse, et au bout d'un certain temps aucune considération d'attachement ou d'intérêt ne pouvait les retenir. Les amis de la famille commencèrent bientôt à remarquer que leurs visites, autrefois si cordialement accueillies, surtout par les enfants, semblaient causer un certain embarras, et que les sourires qui les attendaient à leur arrivée quand elle avait lieu de bonne heure, vers sept heures du soir par exemple, devenaient de plus en plus contraints à mesure que l'heure avançait et que leurs hôtes finissaient par faire comprendre qu'il était tard et qu'ils avaient besoin de repos quand neuf heures approchaient.

Le chef de la famille était un homme positif, nullement disposé à se laisser aller à des terreurs superstitieuses, un de ces hommes pratiques qui se moquent des démons, des spectres, et des esprits de toute sorte, à l'exception de ceux que renferme la plus pure liqueur de Santa Cruz et le vieux rhum naturel; aussi entra-t-il dans la plus grande colère quand, après avoir demandé à plusieurs reprises des explications, on l'informa délicatement que le parloir était hanté. Il prétendit qu'on voulait le forcer à quitter sa maison, qu'il existait une conspiration parmi les femmes de la famille pour l'obliger à aller fixer sa résidence plus haut dans la ville, dans une maison d'une plus grande apparence, et il se refusa à croire un mot à toutes les histoires de revenant qu'on lui débitait. Enfin, un jour qu'il était assis dans son *bougonnoir*, mot forgé par les dames pour indiquer son cabinet, situé au rez-de-chaussée, son attention fut attirée par le bruit de pas descendant rapidement l'escalier; il regarda au dehors, et il vit des ouvriers charpentiers et des peintres employés à des travaux à l'étage supérieur battre en retraite précipitamment vers la porte de sortie.

« Arrêtez!.... arrêtez!... fous endiablés!... Que veut dire tout ce vacarme? » cria le vieux gentleman.

Pas de réponse : — les ouvriers ne s'arrêtèrent pas, mais continuèrent à descendre les escaliers et à s'élancer dans la rue comme si le diable était à leurs trousses. Il se mit à leur poursuite et leur ordonna de rentrer; mais ils s'y refusèrent en prétendant qu'ils avaient vu l'Esprit du Mal *in propria persona*, et les menaces, la persuasion, les offres de récompense, tout fut inutile pour les décider à revenir. L'affaire prenait alors une tournure sérieuse, et un conseil de famille fut assemblé. Cet état de choses ne pouvait continuer, et il fallait y chercher un remède. C'est dans ce conclave à demi solennel et à demi tragique que le paterfamilias fut mis au courant des circonstances mystérieuses qui étaient venues jeter le trouble dans son foyer domestique.

Un revenant avait été vu plusieurs fois dans son plus beau salon!... un véritable spectre dont il n'y avait pas à nier ou à contester l'existence!

Le spectre était décrit par les femmes comme faisant son apparition à toute heure, mais le plus souvent le soir, comme de raison. D'après les bonnes vieilles idées qu'on se fait généralement d'un revenant, c'est un long et cadavéreux personnage, de l'un ou de l'autre sexe, qui apparaît couvert d'un drap blanc, les bras levés au milieu des bruits sinistres du sépulcre... Chut! silence! et quelquefois accompagné d'un cliquetis de chaînes. Une lueur bleuâtre et une forte odeur de soufre manquent rarement d'augmenter encore l'horreur de la scène. Le revenant en question semblait ne pas faire tant de façons, mais il n'en était pas moins terrible si son apparition était plus tranquille et son costume plus ordinaire. On le voyait habituellement dans le salon situé au second étage sur le devant de la maison et dont les fenêtres donnaient sur la rue. On le trouvait là assis près de la cheminée, son costume était celui d'un voiturier ou d'un charretier, et de là le nom de Spectre du Charretier, qu'on avait coutume de lui donner. Il restait assis sans faire un mouvement à l'approche des habitants de la maison, qui dans les

premiers temps avaient cru que c'était quelque fou
ou quelque homme pris de boisson qui s'était introduit dans la maison. Ils ne furent convaincus de leur
erreur que lorsqu'en approchant, ils aperçurent le
feu à travers son corps et virent la lueur sinistre
qui brillait dans ses effroyables yeux qui semblaient
menacer ceux qui s'avançaient de leurs regards de
l'autre monde. Tel fut le premier récit qui parut
dans le *Sunday Mercury* : il ne pouvait, en vérité,
manquer d'impressionner très-vivement le public.
Pour entretenir l'émotion populaire, une autre notice
sur le même fait fut insérée dans un des grands
journaux du Dimanche. Les marchands de journaux
et les crieurs des rues s'emparèrent aussitôt de cette
nouveauté, et avant la nuit il ne restait plus un
exemplaire du *Sunday Mercury* à vendre nulle part.
L'édition de province du *Sunday Mercury* fut encore
vendue sur une plus grande échelle.

Dans la matinée du Dimanche, tous les journaux
de la ville firent quelque allusion à l'histoire du
spectre, et quelques-uns allèrent même jusqu'à
donner le numéro (supposé) de la maison favorisée
par ces apparitions. Le résultat de cette publication
fut assez plaisant et prit même une tournure sérieuse.
Les habitants indignés se ruèrent dans le bureau du
Sunday Mercury, enflammés de la plus amusante colère et menacèrent le rédacteur en chef du journal de
poursuivre par toutes les voies légales et judiciaires
la punition du délit dont il s'était rendu coupable,
alors qu'en fait il n'avait donné aucune indication
précise sur le lieu ou sur les personnes. Mais l'émotion suscitée dans le populaire se manifesta dans la
27ᵉ Rue elle-même. Avant midi une partie considérable du quartier qui se trouve en bas de la
6ᵉ Avenue était occupée par une masse compacte
de gens de tous âges, de tous sexes, et de tous
pays, qui étaient venus pour voir le Spectre. Un
marchand de liqueurs qui se trouvait près de là fit
de splendides affaires sur ses spiritueux, et quand le
soir arriva, cette plaisanterie avait pris des propor-

tions si considérables qu'une escouade de police fut obligée de faire évacuer les bas côtés et même la chaussée encombrée par les voitures. Le Spectre fut interpellé, on lui demanda à grands cris de faire un speech, comme avaient coutume de le faire toutes les célébrités nouvelles, et plus d'un vieux monsieur et plus d'une vieille dame, regardant par les fenêtres des étages supérieurs, reçurent comme gage de considération de la part de la foule des mitraillades de navets, d'œufs pourris, et d'autres projectiles qu'il serait trop long d'énumérer. La foule ne se composait pas exclusivement des gens de la ville, les campagnes environnantes avaient fourni leur contingent. Ils arrivaient à pied, à cheval, ou en voiture, et la foule était bigarrée de tous les costumes connus dans cette partie du pays, depuis le temps de Rip Van Winkle. Cruikshank aurait fait une fortune rien qu'avec quelques-unes de ses légères esquisses représentant la charge de quelques-uns des originaux qui se trouvaient là. Ce concours de monde se continua pendant plusieurs jours, depuis le matin jusqu'à la nuit.

Comme de raison, l'histoire était expliquée de différentes façons par plusieurs personnes — toutes plus émerveillées les unes que les autres de leur propre sagesse. Quelques-uns prétendaient que le rôle du Spectre était joué par quelques voisins voulant débarrasser la maison d'habitants peu convenables ; d'autres prétendaient que c'était une vengeance exercée par de précédents locataires, etc, etc. Chacun avait sa version, et, comme cela arrive toujours, en pareil cas, personne ne possédait la bonne.

Cependant le *Sunday Mercury* continuait ses publications sur toutes les nouvelles péripéties du mystère. Cela dura de semaine en semaine pendant près de deux mois, et tout le pays était pris de la folie des revenants. Des apparitions de spectres avaient été vues à Washington, à Rochester, à Albany, à Montréal, et dans d'autres villes.

Les spirites s'emparèrent de la question et commencèrent à discuter le Spectre du Charretier avec le zèle le plus excessif. Un surprenant individu — médecin et philosophe tout à la fois — fit irruption de sa coquille et arriva tout d'un coup à l'apogée de la célébrité en renchérissant sur tous les canards qui s'étaient produits ; il publia la révélation de ses relations personnelles avec le terrible Charretier. Dans tous les coins apparurent d'immenses affiches blanches et jaunes avec des lettres d'un pied de haut et des points d'exclamation longs comme des baguettes de tambour annonçant les nouveaux détails de l'histoire du Spectre, et il s'établit une véritable lutte entre les vendeurs à qui arriverait le premier à offrir au public cette nouvelle fournée d'horreurs.

L'effet à l'étranger ne fut pas moins grand. La presse Française, Anglaise et Allemande reproduisit quelques extraits de ces articles et les accompagna de graves commentaires. Le théâtre s'en empara, et le Professeur Pepper, de l'Institut Royal Polytechnique de Londres, inventa un fort ingénieux procédé pour produire des spectres qui pouvaient marcher sur la scène avec une perfection à faire pâlir l'ombre du père du pauvre Hamlet et le mauvais génie de Brutus. Les spectres de Pepper traversèrent l'Atlantique, et tous nos théâtres s'empressèrent d'offrir au public des apparitions nocturnes. Il en fut de même en France, où M. Pepper céda à M. Hostein, le très-célèbre directeur du Théâtre Impérial du Châtelet, le droit de se servir de son invention dans *le Secret de Miss Aurore*. Rien ne manqua à la vogue de ces apparitions, pas même les contrefaçons ridicules du faiseur de tours de troisième catégorie, qui s'est fait une spécialité d'inventer gratis les inventions des autres. Néanmoins, les seuls spectres réels, au nombre de quatre, parurent au Musée dans un drame fait exprès, qui eut un immense succès — le tout pour vingt-cinq cents — ou six cents et un quart par spectre !

Mais je ne dois pas oublier de dire que les détails donnés dans le *Sunday Mercury* étaient bien calculés pour faire impression sur les esprits de ceux qui sont disposés à croire au merveilleux quand il est habilement mêlé au possible. Des détails circonstanciés furent donnés sur « plusieurs jeunes dames fort distinguées », « plusieurs graves et savants professeurs », « plusieurs hommes dignes de foi » — où n'en trouve-t-on pas? — sur des observateurs de tout genre qui avaient recherché des entrevues avec le Spectre pour leur édification personnelle, mais qui n'étaient arrivés qu'à la plus complète défaite. On lui avait tiré des coups de pistolet, on lui avait joué du piano, chanté des romances, et finalement on avait fixé son image photographique sur des plaques métalliques qu'on avait disposées dans la chambre hantée. Un habile artiste avait emporté un portrait photographique très-ressemblant de cet étranger de distinction qu'il avait tiré sur des cartes de visite qui s'étaient immensément vendues. Les apparitions se multiplièrent. Un vieillard, une femme, et un enfant, firent leur apparition dans la maison merveilleuse, et ce qu'il y eut de plus fort, ce fut une tête sanglante, ayant les yeux ouverts et nageant dans une mer de sang, qui parut dans un plat comme la tête d'Holopherne.

Quelques imbéciles virent dans ces revenants des allusions politiques, et il y a encore actuellement beaucoup de personnes qui pensent que c'était une satire politique dirigée contre tel ou tel parti, selon que leurs sympathies les poussaient.

C'eût été un côté bien remarquable de cette étrange et merveilleuse histoire, si « Barnum » avait échappé à l'accusation d'en être l'inventeur.

J'étais continuellement assiégé et souvent plus qu'impatienté, véritablement ennuyé par mes nombreux visiteurs qui cherchaient à insinuer que j'étais le père du Spectre.

« Allons, Monsieur Barnum, ceci va peut-être un peu trop loin! » me disait quelque vieille dame ou quelque grand-père. « Vous ne devriez pas vous jouer de gens de cette manière..... Ces spectres sont de vilains personnages ! »

« Mon cher monsieur, ou ma chère dame, » leur disais-je selon le sexe de mon interlocuteur, « je vous assure que je ne sais rien de rien en ce qui concerne le Spectre, et quant aux esprits, vous savez que jamais je n'y ai touché ; je leur ai fait une guerre acharnée pendant presque toute ma vie. »

« Bien ! bien ! Vous aurez toujours le dernier, » disaient-ils en s'éloignant, « mais tout ce que vous direz est inutile, nous savons que c'est vous qui avez inventé le Spectre. »

Maintenant tout ce que je puis ajouter sur cette étrange hallucination, c'est que ceux qui venaient chez moi pour voir le véritable Charretier, finissaient toujours en réalité par être abasourdis.

La merveilleuse apparition disparut à la longue aussi soudainement qu'elle était venue. L'escouade de police qui avait été chargée, pour plusieurs raisons, de surveiller le quartier, continua à remplir sa mission et dirigea la lumière de ses lanternes sur le visage de couples solitaires pendant quelque temps encore ; mais une fois bien tranquillisée, elle abandonna la partie, et c'est à moi que paraît avoir été réservé l'honneur de rappeler en peu de mots l'histoire du Spectre de la 27ᵉ Rue.

CHAPITRE XXXI.

Le Canard Lunaire.

La plus magnifique blague scientifique qui ait été offerte au public de notre génération, est celle qu'on appelle, à juste titre, le Canard Lunaire, qui fut publié dans les colonnes du *New York Sun*, dans les mois de Septembre et d'Octobre de l'année 1835. La sensation produite par cette immense imposture, non-seulement dans toutes les parties des États Unis, mais dans le monde civilisé tout entier, et l'habileté consommée avec laquelle elle était présentée, la rendra intéressante pour mes lecteurs, qui seront indulgents pour l'insuffisance de mon style. On peut dire avec certitude que la science astronomique lui doit plusieurs aperçus tout à fait nouveaux — circonstance qui donne à cette production de justes droits à l'immortalité.

À l'époque où le conte merveilleux auquel je fais allusion fit son apparition, la science astronomique était en grande faveur, et tous les ouvrages sur cette matière étaient achetés avec empressement et étudiés par une immense quantité de personnes. Les découvertes réelles du plus jeune des Herschels, dont la réputation semblait destinée à éclipser celle de son devancier du même nom, et les éloquents ouvrages du Dr. Dick, dont la grande librairie des Harpers avait publié une édition populaire, d'après l'édition Anglaise, avaient beaucoup contribué à accroître et à cultiver cette manie de l'époque à tel point que l'occupation presque exclusive de tout le monde était d'observer les étoiles. Les ouvrages de Dick : *Le Système Sidéral, Les Magnificences Célestes, L'Amélioration de la Société*, étaient dévorés avec avidité par les lecteurs riches et pauvres, vieux ou jeunes, dans toutes les conditions. Ils étaient cités dans les salons, à table, à la promenade, à l'église, et même dans la chambre à coucher ; Dick et ses ouvrages semblaient avoir pris possession de toutes les cervelles. Pour la partie instruite et habituée à se nourrir des spéculations de l'imagination, les périodes brillantes du Docteur, pleines d'admirables aperçus sur les mondes d'étoiles qui nous entourent, leur merveilleuse magnificence, les aspects toujours variés de beauté et de bonheur qu'ils présentent, avaient une influence fascinatrice. Les conjectures admirablement raisonnées de l'auteur sur la majesté et sur la beauté de leurs paysages, sur la fertilité et la diversité de leur sol, sur la puissante intelligence et la beauté de leurs habitants, trouvaient des croyants en masse ; la conversation ne roulait pas sur autre chose, et les beaux et les belles, tous les diseurs de rien, commençaient à murmurer et à exprimer le désir de voir les fanatiques du Dr. Dick aller au diable avec lui et tous ses ouvrages.

On était au paroxysme de cette fureur à laquelle nous faisons allusion, lorsqu'un matin, les lecteurs du *Sun* — qui, à cette époque, ne dépassaient pas deux mille cinq cents — furent émus par l'annonce, dans ses colonnes, de certaines *Grandes découvertes astronomiques, récemment faites par* SIR JOHN HERSCHEL, LL.D., F.R.S., etc., etc., *au Cap de Bonne-Espérance*, données comme une reproduction d'un supplément du *Edinburgh Journal of Science*. L'article qui les annonçait était fort saisissant, mais il était encore bien loin de donner une idée en rapport avec l'intérêt de ces découvertes. Quand elles parurent, l'émotion dépassa toutes les limites et alla en grandissant, à tel point que les bureaux du *Sun* furent littéralement assiégés par une foule de gens venant réclamer le numéro qui contenait ces merveilleux détails.

Comme la brochure qui en a été postérieurement publiée est maintenant épuisée, et qu'on aurait de la peine à en trouver un exemplaire dans tout le pays, j'en citerai quelques passages que j'extrais d'une édition rare pour l'édification de ceux qui n'ont jamais vu l'original. Réellement, c'est une trop bonne histoire en tous points pour qu'elle soit perdue, et c'est une grande pitié qu'il n'en paraisse pas de loin en loin une nouvelle édition. Elle est constamment demandée, et, pendant l'année 1859, un simple exemplaire de cette brochure de soixante pages, vendu aux enchères à la vente de M. Haswell, le libraire, fut adjugé à la somme de trois Dollars soixante-quinze cents. Dans cette même année, un correspondant de l'État du Wisconsin, écrivit au *Sunday Times*, de New York, pour demander où l'on pouvait se procurer cette brochure, et il reçut cette réponse : que, si elle existait quelque part, elle devait se trouver dans le vieux magasin de librairie du N° 85, de Centre Street. Après plusieurs semaines de recherches, le bibliophile de l'Ouest réussit à se procurer un exemplaire du fameux ouvrage, mais il était fortement maculé par les doigts qui l'avaient feuilleté. Poussé par une heureuse inspiration, M. William Gossans, de New York, en publia cette même année une nouvelle édition sur beau papier, et avec des vues de la lune prises à l'aide du grand télescope de Lord Rosse, en 1856. Mais cette édition, comme les précédentes, a été complètement épuisée, et le collectionneur le plus enragé aurait beaucoup de peine à en trouver un seul exemplaire à l'époque actuelle. Par conséquent, ce n'est pas un mince service que je rends au lecteur, en cueillant pour lui quelques fleurs de ce curieux jardin astronomique.

Le récit s'ouvrait dans le style élevé des revues, et la dignité majestueuse et contenue de ses périodes imposait tout d'abord la plus respectueuse attention, tandis que sa parfaite bonne foi, la richesse et l'exactitude minutieuse de ses détails scientifiques, enlevaient les hommages et la foi de tous ceux qui n'étaient pas des sceptiques endurcis sur lesquels il n'y a rien à gagner.

Voici le commencement du récit : —

« Dans ce supplément extraordinaire de notre journal, nous
« avons le bonheur de faire connaître au public Anglais, et par
« conséquent à tout le monde civilisé, les récentes découvertes en
« Astronomie qui resteront comme un impérissable monument
« de la gloire du siècle où nous vivons, et qui conféreront à notre
« génération une noble distinction dans les siècles à venir. On a
« dit, dans le langage de la poésie, que les étoiles sont les attributs
« héréditaires de la royauté de l'homme comme souverain intel-
« lectuel de la création animale. Il peut maintenant contempler
« le Zodiaque avec une plus orgueilleuse conscience de sa supé-
« riorité, etc., etc. »

Là l'écrivain s'étendait sur les sublimes travaux par lesquels l'homme s'affranchit des liens qui l'attachent à la terre, et, avec une sensation d'effroi, il approchait des révélations de son génie sur les parties les plus reculées du ciel ; il décrivait, de la façon la plus dramatique, le jeune Herschel surpassant tout ce qu'avait fait son père, et au moment où, à l'aide de son merveilleux appareil, les mystères les plus reculés de l'espace sidéral vont lui être révélés, s'arrêtant pendant quelques heures pour dominer son émotion et reconquérir le calme nécessaire pour supporter la joie écrasante de son succès.

Il faut que je cite quelques lignes de ce passage, car il était fait pour exciter au plus haut point la curiosité publique : —

« Il lui était bien permis de s'arrêter ! Il était au moment de
« devenir l'unique dépositaire des merveilleux secrets qui étaient
« restés cachés aux yeux des hommes depuis la création du Monde.
« Il était sur le point de poser sur sa tête un diadème de savoir
« qui devait lui donner la prééminence sur tous les savants de son
« siècle et sur tous ceux des siècles écoulés. Il s'arrêta avant d'ou-
« vrir l'écrin qui le contenait. »

Une telle introduction n'était-elle pas plus que suffisante pour stimuler les propensions au merveilleux de tous ceux qui se plaisaient à contempler les étoiles, jusqu'au point de faire dresser leurs cheveux sur leurs têtes, comme se hérisse le dos d'un porc-épic effrayé ?

Dans tous les cas, tel fut l'effet produit, et il devint impossible dans les premiers moments de suffire aux demandes frénétiques seulement de la ville, sans faire mention des lecteurs de la province !

Je vais exposer brièvement l'exposé de ces prétendues découvertes, pour ne pas tenir mes lecteurs trop longtemps en suspens.

On prétendait que le *Edinburgh Journal* était redevable, de ces informations, au Dr. Andrew Grant — savant célèbre qui, pendant bien des années, avait été le compagnon d'abord du premier des Herschels et ensuite du second, avec lequel il était parti, en Septembre 1834, pour le Cap de Bonne-Espérance, où il avait été envoyé par le Gouvernement Britannique, conjointement avec les Gouvernements de France et d'Autriche, pour observer le passage de Mercure sur le disque du Soleil — point astronomique très-important pour les observations lunaires sur la longitude, et par conséquent pour la navigation du monde entier. Ce passage ne devait pas avoir lieu avant le 7 Novembre 1835 (année où le canard fut imprimé); mais Sir John Herschel s'était mis en route une année à l'avance, dans le but de mettre à l'épreuve un nouveau télescope de son invention, construit d'après ses indications, et d'une puissance surpassant tout ce qui avait été jusque-là tenté par un mortel. Il avait été reconnu par plusieurs anciens astronomes, et entre autres par l'illustre père de Herschel, que l'image de l'astre observé devient diffuse dans la proportion de son grossissement, et, qu'au delà d'une certaine limite, le pouvoir grossissant devenait inutile. Une infranchissable barrière semblait donc s'opposer à ce qu'on pût dans l'avenir observer les astres de plus près, si l'on ne découvrait pas un nouveau moyen d'en éclaircir l'image et de la rendre visible à l'œil. A l'aide de profondes recherches et de l'application de tous les perfectionnements apportés dans la science de l'optique, Sir John était parvenu à obtenir une image parfaitement nette de la lune à l'aide d'une lentille qui grossissait six mille fois sa dimension apparente dans le ciel. En divisant la distance qui sépare la lune de la terre — c'est-à-dire 340,000 kilomètres par 6,000 — cela nous donne cinquante-cinq kilomètres ou à peu près, comme la distance à laquelle nous semblons être placés pour l'observer. Or, comme Herschel l'ancien, avec un télescope grossissant mille fois, avait calculé qu'il pouvait distinguer un objet de cent vingt-deux mètres de diamètre, il était clair que son fils, avec un grossissement de six mille fois, devrait voir un objet n'ayant que vingt-deux mètres de diamètre. Mais tout nouveau pas en avant semblait interdit, jusqu'au moment où, dans une sérieuse conversation avec le savant opticien Sir David Brewster, Herschel fut amené à suggérer à ce dernier l'idée d'en revenir aux anciens télescopes sans tubes qui projetteraient l'image obtenue dans une chambre obscure, et alors d'éclairer cette image par la lumière intense du gaz hydrogène comme dans les microscopes à gaz. En entendant cette suggestion, Brewster est représenté, par le véridique chroniqueur, comme ayant sauté sur son siége, en s'écriant avec ravissement à Herschel : —

« Vous êtes l'homme par excellence ! »

Cet avis, ouvert et accueilli avec tant de joie, fut immédiatement mis en pratique, à l'aide d'une souscription à la tête de laquelle le Duc de Sussex, le généreux protecteur de la science, s'inscrivit pour 10,000 Liv. Sterl., et qui reçut l'approbation du Roi d'Angleterre, qui s'engagea, pour lui et les siens, à fournir la somme, quelle qu'elle fût, qui serait nécessaire pour parfaire les 70,000 Liv. Sterl. qui avaient été jugés nécessaires. On ne perdit pas de temps, et, après deux ou trois essais malheureux, en Janvier 1833, la maison Hartley et Grant, de Dumbarton, réussit à exécuter le grand objectif du nouvel appareil mesurant vingt-quatre pieds de diamètre (six fois le diamètre de celui du télescope du premier des Herschels), pesant 14,826 livres, ou près de sept tonnes, après avoir été poli, et possédant un pouvoir de grossissement de 12,000 fois ! — une lentille achromatique parfaitement pure et sans tache, sans un bouillon ni une gerçure.

Naturellement, après la description minutieuse d'un résultat aussi étonnant que celui-ci, le *Edinburgh Scientific Journal* (c'est-à-dire l'écrivain du *New York Sun*) ne pouvait pas manquer d'apporter la même précision dans les détails subséquents, et il explique que Sir John Herschel et son merveilleux appareil ayant été choisis pour observer le passage de Mercure sur le disque du soleil, le Cap de Bonne-Espérance obtint la préférence, parce que, dans une première expédition au Pérou, coïncidant avec une autre en Laponie, expéditions faites dans le même but au dix-huitième siècle, il avait été observé que l'attraction des régions montagneuses influait sur la ligne d'aplomb des grands instruments, qu'elle faisait dévier de la ligne perpendiculaire de sept ou huit secondes, ce qui, par conséquent, nuisait beaucoup au résultat des opérations. Au Cap, au contraire, il y avait un magnifique plateau d'une vaste étendue où cette difficulté ne pouvait pas se rencontrer. En conséquence, le 4 Septembre 1834, dans le but de se familiariser avec la manœuvre de son nouvel et gigantesque appareil et d'observer les Constellations Australes avant l'époque de ses observations sur Mercure, Sir John Herschel mit à la voile du port de Londres, accompagné par le Dr. Grant (celui qui était supposé avoir fourni les renseignements transmis par le journal), le Lieutenant Drummond, appartenant au corps royal du génie, F.R.A.S., et une forte brigade composée des meilleurs ouvriers de l'Angleterre. A leur arrivée au Cap, l'appareil fut transporté, en quatre jours, au grand plateau, situé à trente-cinq milles de la ville du Cap, dans la direction du N.E., sur des chariots traînés par deux attelages de bœufs se relayant alternativement, et composés de dix-huit bœufs par attelage, qui étaient aidés aux montées par des bandes de boers Hollandais. Pour la description de l'immense lentille et de ses réflecteurs, je renverrai le lecteur curieux à l'opuscule lui-même, non que la présence des rustres Hollandais m'alarme en aucune façon, car il n'en manque pas chez nous (il y a ici une plaisanterie assez plate sur les mots *boors*, rustres, et *boers*, boers) et chacun peut s'habituer à eux avec le temps, mais parce que la description scientifique de l'appareil et de sa structure est capable de faire voir au lecteur des étoiles en plein midi, sans qu'il ait besoin de regarder à travers l'instrument.

Je me contenterai de dire que le 10 Janvier tout fut terminé, même les deux piliers — de cent cinquante pieds de hauteur! — qui soutenaient la lentille. Alors les opérations commencèrent, et avec elles l'émerveillement des lecteurs. Le genre humain doit se féliciter de ce que l'auteur de cette blague nous a épargné les observations de Herschel sur les révélations tropicales, sidérales et synodiques de la lune, et sur les phénomènes de syzygie, et de ce qu'il est entré de suite au vif de la question. Il frappe immédiatement son grand coup, en informant le monde que Herschel a complétement réussi à voir l'image distincte des objets dans la lune, « comme on pourrait voir, à l'œil nu, à une distance d'une centaine de pas, les objets terrestres, résultat qui résout affirmativement la question de savoir si notre satellite est habité et quelle est la nature de ses habitants, et qui établit d'une manière solide une nouvelle théorie sur les phénomènes des comètes, etc., etc... Cette nouvelle toute seule était suffisante pour suspendre toutes les respirations; mais quand apparurent les rivages de marbre vert de la Mare Nubium; les montagnes taillées en forme de pyramide et transparentes comme la plus pure améthyste, les ravissantes vallées verdoyantes, bordées de montagnes arrondies dont le sommet, du plus pur vermillon, est frangé d'arcades avec leurs contre-forts en marbre blanc brillant au soleil et d'où l'eau jaillit en cascades — quand toutes ces merveilles furent révélées, le ravissement de nos lunatiques ne connut plus de bornes — et toute la ville fut prise de lunomanie! Mais ces étonnantes peintures furent encore surpassées par la découverte des animaux lunaires. D'abord vint un troupeau de quadrupèdes bruns, ressemblant tout à fait..... non! pas à une baleine, mais à un bison et avec une queue analogue à celle du bos grunniens — le lecteur comprend probablement de quelle espèce peut être ce bœuf, s'il a fréquenté les théâtres forains de l'été avec leurs musiciens sur une estrade; où l'on voit, selon l'annonce du montreur, une créature « qui serait classée sur la terre dans la nature des monstres » — je partage complétement cet avis ! — l'animal en question est « d'une couleur bleuâtre et plombée, environ de la taille d'un bouc, ayant une tête et une barbe semblables, et une seule corne légèrement inclinée en avant. » Il est clair, en effet, que si ce bouc a été réduit à une seule corne, beaucoup de gens ne pourraient pas en dire autant. Je ne puis que complétement apprécier la distinction exquise accordée par l'auteur à la femelle de cet animal lunaire, car, en même temps qu'elle est privée de corne et de barbe, il nous le dit explicitement, elle a une queue beaucoup plus grande ! Lorsque les astronomes touchèrent avec leurs doigts la barbe de cette « belle » petite créature (sur leur réflecteur, rappelez vous-le bien !) elle se hérissa avec violence, ce qui, en considérant la distance de 340,000 kilomètres à laquelle avait lieu cet attouchement, prouve la délicatesse de ses sensations.

En suivant cette procession de découvertes, parmi d'autres animaux moins remarquables, on nous présente « un quadrupède avec un cou étonnamment long, une tête semblable à celle du mouton, portant deux cornes en spirale, blanches comme l'ivoire poli, et placées perpendiculairement et parallèlement l'une à l'autre. Son corps était comme celui d'un daim, mais ses jambes de devant étaient plus longues, dans une plus grande disproportion, et sa queue, très-épaisse et d'une blancheur de neige, se relevait au bas de son échine, et ses poils pendaient de deux ou trois pieds de chaque côté. Sa couleur était baie brune et blanche et disposée par taches irrégulières. » C'est probablement l'animal qui se trouve sur cette terre, principalement le long des rives du Mississippi, qui nous est connu sous le nom du « guyascutus », et dont j'aurai à m'occuper tout particulièrement dans un des chapitres subséquents.

Mais toutes ces choses disparaissaient comme insignifiantes, comparées à la première apparition des

Lunatiques ou des hommes dans la lune, « hauts de quatre pieds, couverts, excepté sur le visage, d'un poil court et brillant d'un jaune cuivré », et « avec des ailes composées d'une fine membrane, sans poil, prenant du sommet de leurs épaules et descendant jusqu'à leurs genoux. » Leur figure était d'une couleur de chair jaunâtre — légère amélioration sur celle du visage des orangs-outangs de la grande espèce. Ceci à titre de compliment pour les Lunatiques. Mais, dit le chroniqueur, le Lieutenant Drummond déclara « que, sauf leurs grandes ailes, ils feraient à peu près aussi bien sur un champ de manœuvres qu'une compagnie de milice bourgeoise! » C'est un petit peu dur, pourra s'écrier mon bon ami le lecteur, pour la susdite milice!

Naturellement il est impossible, dans une esquisse comme celle-ci, de donner plus qu'un aperçu de cette curieuse combinaison des réalités astronomiques avec des divagations de pure fantaisie, et il me faut passer sur les Montagnes frangées d'Or, le Val des Triades, avec ses splendides temples triangulaires, etc.; mais je ne puis décidément pas passer sous silence les habitants de cette merveilleuse vallée — une race supérieure de Lunatiques, aussi beaux et aussi heureux que des anges, « répandus comme des aigles » sur le gazon, mangeant des citrouilles jaunes et des concombres rouges, et divertis par des cerfs blancs comme neige avec des cornes d'un noir de jais! La description, en cet endroit, est positivement délicieuse, et je me rappelle encore le poignant soupir de regret que je poussai quand, à la conclusion, je lus que ces êtres innocents et heureux, quoique étant évidemment des « créatures d'ordre et de subordination », et « très-policées », furent vus se livrant à des amusements qu'il n'était pas possible de considérer comme restant « dans les limites des convenances », dans le cours de ce bal dégénéré. L'histoire s'arrête court et renvoie le lecteur à l'ouvrage développé écrit par Herschel lui-même sur ce sujet et qui n'a pas encore paru.

Maintenant on peut rire de bon cœur de tout cela ; mais presque tout le monde y fut pris, sans en excepter les plus graves et les plus prudents ; et le *Sun*, alors établi au coin de Spruce Street, à l'endroit où sont maintenant les bureaux de *La Tribune*, y gagna un accroissement de plus de cinquante mille numéros dans sa circulation. En réalité, c'est de là que part le succès prolongé qu'il a obtenu dans la suite. Ses propriétaires réalisèrent une somme de plus de vingt-cinq mille dollars par la vente sur le comptoir du canard lunaire, et l'édition en forme de brochure, tirée à soixante mille exemplaires, fut épuisée. Quel en était l'auteur? Un littérateur qui avait consacré plusieurs années de sa vie aux études mathématiques et astronomiques, et qui avait, avec le propriétaire du *Sun*, des rapports d'auteur à éditeur — un homme qui s'est fait depuis un nom bien connu dans la littérature et la politique — Richard Adams Loke, Esq., alors dans sa jeunesse, et qui est maintenant au déclin de la vie. M. Loke, qui vit encore, est natif des Iles Anglaises, et, au temps de ses premières relations avec la presse de New York, il était le seul sténographe de cette cité, dans laquelle il a jeté les bases de la position et de la fortune dont il jouit. M. Loke déclara que l'objet qu'il avait originairement en vue en écrivant son Histoire de la Lune, était de faire la satire de quelques-unes des extravagances du Dr. Dick, et de suggérer quelques idées astronomiques qu'il ne se sentait pas l'audace de présenter sérieusement.

Quel qu'ait été son but, il a été supérieurement atteint, et pendant des mois entiers la presse de la Chrétienté, en Europe encore plus qu'ici, fut pleine de reproductions de son canard lunaire, à ce point que Sir John Herschel fut obligé de faire paraître un démenti formel et de protester contre l'usage qui était fait de son nom. Dans le même temps, il fut publié en plusieurs langues avec de superbes illustrations. M. Endicott, le célèbre lithographe, avait, il y a quelques années, en sa possession une splendide série de gravures grand in-folio, exécutées en Italie dans le style le plus artistique et servant d'illustration au Canard Lunaire.

A New York, l'opinion publique fut pendant longtemps divisée à son sujet; la grande majorité croyait à la vérité des renseignements qu'il fournissait, et un petit groupe d'esprits chagrins la niaient. Un jour, M. Loke fut présenté, dans les bureaux du *Sun*, à un très-grave et très-orthodoxe Quaker, qui en vint à lui parler de l'embarquement des appareils d'Herschel, à Londres, qu'il avait vu de ses propres yeux, comme de raison. Loke ouvrit de grands yeux en entendant ces remarquables détails; mais, sagement, il ne laissa rien paraître de son étonnement.

Les discussions soulevées dans la presse furent très-nombreuses; le *Sun*, naturellement, défendit la réalité de l'affaire, et quelques autres émirent des doutes. Le *Mercantile Advertiser*, l'*Albany Daily Advertiser*, le *New York Commercial Advertiser*, le *New York Times*, le *New Yorker*, le *New York Spirit of* 1776, le *Sunday News*, l'*United States Gazette*, le *Philadelphia Inquirer*, et une masse d'autres journaux professèrent la plus solennelle croyance et la plus complète admiration de ces merveilleuses découvertes, et ne furent surpassés dans leur approbation que par les journaux scientifiques du dehors. Le *Evening Post*, toutefois, se montra décidément sceptique et s'expliqua sur la matière avec irrévérence et dans les termes suivants : —

« Le soleil est tout à fait dans le rôle qui lui convient en jetant
« tant de lumière sur la lune. Qu'il existe des créatures ailées
« dans la lune, cela ne doit pas plus nous étonner que l'existence
« d'une race semblable sur la terre, et l'authenticité de ce fait
« nous est garantie par le témoignage du voyageur le plus véri-
« dique et le plus minutieux dans les détails, de Peter Wilkins,
« dont les ouvrages rendent compte de l'aspect général et des
« habitudes d'une tribu d'Indiens volants des plus étranges ;
« mais il entre dans les détails bien plus délicats et bien plus
« intéressants, qu'il a été à même de découvrir par suite des
« relations conjugales qu'il avait nouées avec l'une des familles
« de cette tribu ailée. »

Le Canard Lunaire a eu son jour, et une partie de sa gloire survit encore. M. Loke, son auteur, réside maintenant dans la petite et charmante demeure d'un ami, dans Clove Road, Staten Island, et sans doute, quand il lève les yeux sur l'astre des nuits, souvent il doit s'imaginer voir une grimace menaçante sur la physionomie de son seul habitant authentique, « le vieux solitaire que le code criminel des nourrices a exilé là pour avoir ramassé du bois le jour du Sabbat. »

CHAPITRE XXXII.

Le Canard de la Miscégénation — Grand Succès Littéraire — Une Rouerie Politique — Les Tours des Agents d'Élection — Manœuvres employées pour donner de la Célébrité à la Brochure — Ceux qui s'y laissèrent prendre et comment la chose se fit.

Quelques personnes disent que tout est permis en politique. Sans accepter cette doctrine, je sens néanmoins que l'histoire de toutes les blagues des temps anciens et des temps modernes ne serait pas complète, si elle ne faisait pas mention d'un des derniers et des plus heureux canards littéraires. Il s'est produit dans la brochure intitulée *La Miscégénation*, qui plaide la cause du mélange de la race blanche et de la race noire sur le Continent, non-seulement comme la conséquence naturelle de l'affranchissement des nègres, mais encore comme un moyen de produire une race plus parfaite que toutes celles qui ont jamais existé. Cette brochure est le résultat d'une habile rouerie politique, et elle a été rédigée par trois jeunes écrivains du journal *The World* : D.-J. Croly, George Wakeman, et E.-C. Howell.

Le but de la Miscégénation était excessivement ambitieux, et les moyens mis en œuvre doivent être probablement classés parmi les plus ingénieux et les plus audacieux qui aient jamais été employés pour faire adopter d'absurdes théories et leur donner une immense notoriété. L'objet qu'on avait en vue était, en faisant usage des idées prévalant dans l'esprit des plus extrêmes anti-esclavagistes, de les amener à accepter des doctrines qui pourraient paraître coupables au plus grand nombre, et comme de raison, d'en faire usage dans la trame politique qui devait en résulter. Il était aussi important que les démocrates fussent induits à croire que la brochure en question émanait d'une source républicaine. La première idée en fut suggérée par un discours de T. Théodore Tilton, prononcé à l'Institut Cooper, devant la Société anti-esclavagiste Américaine, en Mai 1863, sur le nègre, dans lequel cet orateur distingué soutenait qu'à un certain moment, dans l'avenir, le sang du nègre se mêlerait au sang des autres races pour former la grande nation Américaine régénérée. Le plan une fois conçu, on commença immédiatement à le mettre à exécution. La première pierre d'achoppement fut le mot « amalgamation, » par lequel cette fraternisation des races avait toujours été connue. Il était évident qu'un livre faisant appel à l'amalgamation était un livre mort-né, et que par conséquent il fallait trouver un mot nouveau, ayant la même signification, mais qui ne soulèverait pas les mêmes objections. Ce mot fut fabriqué à l'aide de la combinaison des mots latins *miscere*, qui veut dire mêler, et *genus*, qui veut dire race; de là naquit la miscégénation — le mélange des races. Le mot est tout aussi euphonique qu'amalgamation et plus correct dans sa signification. Il a passé dans la langue, et pas un des futurs dictionnaires ne pourra le passer sous silence. Il était ensuite nécessaire de donner au livre une apparence d'érudition, et les arguments tirés de l'ethnologie devaient y occuper une place importante. Ni les uns ni les autres des auteurs n'étaient bien versés dans cette science; ils furent obligés de s'en rapporter entièrement aux renseignements qu'ils puiseraient dans les livres encyclopédiques. Cet obstacle, pour un éditeur ou pour un publiciste de New York, n'était pas aussi grand qu'il pouvait le paraître. Le public est très-souvent favorisé dans nos journaux de dissertations, sur diverses matières abstraites, écrites par des hommes qui ne savent pas le premier mot de la matière qu'ils traitent. On dit de Cuvier qu'il était en état de reconstituer le squelette entier d'un animal disparu de la création, sur l'examen d'une seule de ses dents, de même un éditeur ou un rédacteur de journal est capable d'écrire un article de quelque dimension que ce soit, sur un sujet donné, pourvu qu'on lui donne un point de départ. Il n'y avait qu'un seul auteur ayant écrit sur l'Ethnologie qui fût connu de nos auteurs, c'était Pritchard; mais, en partant de là, le reste devenait facile. Nos auteurs se rendirent à la librairie Astor et se procurèrent un volume des œuvres de Pritchard, dont la lecture leur fournit tout naturellement les noms de nombreuses autres autorités qui furent également consultées, et de cette manière une respectable provision d'arguments scientifiques en faveur de la miscégénation fut bientôt amassée. L'argumentation sentimentale leur fut bientôt fournie par leur connaissance des auteurs s'occupant des questions politiques courantes, par les rêveries des réformateurs les plus exaltés, et par les inventions qu'ils pouvaient puiser dans leur propre fonds.

Le livre fut d'abord écrit au courant de la plume, les chapitres se succédèrent sans ordre, sans liaison des uns aux autres, et arrangés après coup. Comme l'impression qu'on voulait produire devait être sérieuse, il était clair qu'il ne fallait pas commencer par les extravagantes et absurdes théories auxquelles ils avaient l'intention d'amener graduellement le lecteur. On commença donc par la partie scientifique de l'ouvrage, et l'on s'efforça de la rendre aussi grave, aussi claire, et aussi inattaquable que possible. Par des arguments purement tirés de l'histoire et de la science, on établit que, du mélange des races, il résultait une amélioration pour l'espèce. A mesure que l'ouvrage avançait, on entassait les arguments, à ce point que, vers la fin, ce simple fait que la statue de la Déesse de la Liberté qui surmonte le Capitole est d'une teinte bronzée, fut considéré comme un augure de la couleur que devait avoir la race Américaine dans l'avenir ! —

« Quand le voyageur approche de la Grande Cité, celle où siège
« le gouvernement qui est destiné à être le plus grand et le plus
« bienfaisant de tous ceux existant sur la terre, la première chose
« qui frappe ses yeux, c'est la statue de la Liberté, qui surmonte
« le Capitole. Elle n'est pas blanche, comme le symbole d'une
« seule race, ni noire, comme le type d'une autre ; elle représente
« une race composite, dont les rejetons se répandront de l'Océan
« Atlantique à l'Océan Pacifique, de l'Équateur ou Pôle Nord
« — la Race Mêlée de l'Avenir. »

Le livre une fois écrit, il s'agissait de le faire adopter par les gens qu'il fallait tromper. Il n'était pas seulement nécessaire de mettre dedans les membres du parti de la Réforme et du parti Progressiste, mais de présenter — comme je l'ai déjà dit — d'assez sérieux arguments pour que les Démocrates fussent amenés à croire qu'ils y trouveraient la révélation *bona fide* des infernaux desseins de leurs antagonistes. Des deux côtés le succès fut complet. Quoique, naturellement, la masse des chefs du parti Républicain ignorât complétement l'existence du livre, néanmoins quelques anti-esclavagistes aux idées les plus transcendantes étaient déjà décidément gagnés. La manœuvre employée était excessivement ingénieuse. Avant que le livre fût publié, des épreuves furent envoyées aux abolitionistes proéminents du pays, aux médiums spirites en renom, aux dames connues pour porter le costume des Bloomeristes, et à tous ceux qui chez nous passaient pour avoir un peu de propension pour les idées de réforme. A l'envoi de ces épreuves était jointe une circulaire qui invitait ceux auxquels elle était adressée à faire parvenir à l'auteur, avant la publication de l'ouvrage, l'expression de leur opinion sur la valeur des arguments présentés et sur l'intérêt que pouvait avoir sa publication immédiate ; leurs réponses devaient être adressées à la Compagnie de Publicité Américaine, 121, Nassau Street, à New York — désignée comme chargée de représenter les éditeurs. On mordit à l'hameçon. Les lettres arrivèrent de tous côtés, et parmi les noms des personnages importants qui envoyèrent leur adhésion, figurèrent Albert Brisbane, Parker Pillsbury, Lucretia Mott, Sarah M. Grimke, Angelina G. Weld, le Dr. J. McCune Smith, Wm. Wells Brown. M. Pillsbury fut tellement enthousiasmé par le livre, qu'il dit dans sa lettre : « Votre livre est venu égayer et « réjouir une matinée d'hiver que j'avais commencée « dans la tristesse et le chagrin. Vous êtes sur la « bonne voie, poursuivez, et que Dieu vous pro- « tége ! » M. Théodore Tilton, en recevant la brochure, en accusa réception, en promettant de la lire et d'écrire à l'auteur une lettre détaillée et sincère, aussitôt qu'il en aurait le temps, ajoutant que c'était un sujet sur lequel il avait beaucoup médité. La lettre promise n'arriva jamais, à ce que je crois ; peut-être, en lisant l'ouvrage, M. Tilton avait-il « flairé un rat » ! Il pouvait aussi s'être laissé influencer par un paragraphe ironique ayant rapport à lui personnellement et dans lequel l'auteur de la brochure disait que comme il était un type pur de la race blonde, et que pendant sa jeunesse il avait été cité pour la beauté angélique de ses traits, sa sympathie pour la race noire devait être attribuée à l'amour naturel des contrastes. Voici comment s'exprime l'auteur avec la plus grande gravité : —

« La sympathie que M. Greeley, M. Phillips et M. Tilton
« ressentent pour les nègres, est l'amour du blond pour le noir,
« c'est un amour de race, une sympathie plus forte chez eux
« que l'amour qu'ils éprouvent pour la femme. Il est fondé sur
« une loi naturelle. Nous aimons nos contraires. Il est dans la
« nature des choses qu'il en soit ainsi, et quand la nature a
« sa liberté d'action, les hommes comme ceux que nous avons
« indiqués, qu'ils soient contre ou pour l'Esclavage, qu'ils soient

« Conservateurs ou Radicaux, Démocrates ou Républicains, se
« marieront avec les plus parfaits spécimens de la race de cou-
« leur. »

Le choses marchaient on ne peut mieux, et après avoir rallié un bon nombre de réformateurs, les derniers efforts devaient tendre à gagner l'oreille du public. Pour y arriver, on eut recours à de nouvelles manœuvres. On annonça dans le *Philadelphia Inquirer* (journal qui depuis le commencement de la guerre avait été renommé pour ses nouvelles à sensation) qu'une charmante et accomplie jeune mulâtresse était sur le point de publier un ouvrage sur le mélange des races, dans lequel elle se prononçait pour l'affirmative. Naturellement cette piquante annonce fut reproduite par presque tous les journaux du pays. Différentes histoires également ingénieuses et également sans fondement sérieux furent mises en circulation, et le public attendit avec impatience l'apparition de l'ouvrage.

Dans le cours du mois de Février de l'année dernière, le livre fut publié. Naturellement des exemplaires furent envoyés à tous les grands journaux. Le *Anglo-African*, l'organe des hommes de couleur de New York, appuya chaudement et dans des articles d'une grande étendue la doctrine émise par le livre nouveau. Le *Anti-Slavery Standard*, rédigé par M. Olivier Johnson, consacra plus d'une colonne à l'examen sérieux et à l'approbation du livre. M. Tilton, de l'*Indépendant*, ne s'y laissa pas prendre. Dans ce journal, à la date du 25 Février 1865, il consacra un article de deux colonnes à la miscégénation et au petit pamphlet en question. M. Tilton fut le premier à annoncer qu'il croyait que ce livre était un canard. Je cite quelques passages de son article : —

« Après l'avoir laissé quelque temps sur une table sans le lire,
« notre attention fut réveillée en remarquant la manière sauvage
« avec laquelle certains journaux l'attaquaient.

* * * * * *

« Le nom de l'auteur est un secret bien gardé, ou du moins
« il ne nous est pas connu. Après avoir lu l'ouvrage avec atten-
« tion, nous ne croyons pas que l'écrivain soit sérieux. Notre
« première impression a été et continue à être que cet ouvrage
« est une plaisanterie, une parodie des idées extrêmes et fanatiques
« de certains hommes du parti radical qui y sont nommés. Cer-
« tainement, cet essai n'est pas tel qu'il aurait été si l'un de ces
« radicaux l'eût écrit, quoique leurs discours y soient soigneuse-
« ment rapportés et commentés. »

* * * * * *

« S'il est écrit sérieusement, l'ouvrage n'est pas assez complet
« pour être satisfaisant. Si c'est une plaisanterie, nous préférons
« Sidney Smith — ou les Rapports de M'Clellan. Néanmoins,
« pour être francs, nous approuvons une grande partie des pages
« qu'il contient, mais il y a une portion que nous répudions de
« toutes nos forces. »

* * * * * *

« L'idée d'appuyer par des raisonnements scientifiques le mé-
« lange des races, comme conséquence d'un plan prédéterminé
« pour la reconstruction de la race humaine — pour confondre
« toutes les variétés actuellement existantes dans un type nou-
« veau et invariable — est si absurde que nous sommes convaincus
« qu'une telle conception n'a pas été formulée sérieusement. »

M. Tilton, toutefois, exprime l'avis que le rôle des hommes de couleur est en définitive destiné à prendre place dans le peuple Américain de l'avenir, et qu'avec le temps le nègre du Sud, devenant plus pâle à chaque génération, finira par cacher complétement sa face sous la neige.

L'un des rédacteurs de *La Tribune* fut si impressionné par ce livre, qu'il écrivit un article où il le discuta avec une apparence de sérieux et d'une manière telle que beaucoup de ses lecteurs durent le supposer plutôt favorable que défavorable à sa doctrine. M. Greeley et les propriétaires du journal, prétend-on, furent mécontents de la publication de cet article. Le lendemain matin presque tous les journaux de la ville firent paraître un article sur ce sujet.

Le point important à atteindre alors, c'était de faire discuter la miscégénation au Congrès. Le livre et tout ce qui avait paru à son sujet fut porté à la connaissance de M. Cox, de l'Ohio (celui qu'on appelait communément « Sunset Cox »), et il fit un discours sérieux sur ce sujet. M. Washburne répliqua avec esprit en lisant et en commentant les passages extraits d'un livre de M. Cox, dans lequel ce dernier déplorait l'existence des préjugés contre les Africains. Quelques jours après, M. Kelly, de Pensylvanie, répondit sérieusement à M. Cox, en déployant dans sa réponse tout son savoir et en se servant de toutes les recherches historiques qu'il avait faites à ce sujet. Quelque temps après, il en fut question à Washington; M. Cox fut chargé par quelques membres du Congrès d'écrire un rapport. On dit que M. Sumner, après l'avoir lu, déclara immédiatement que c'était un canard.

A la sollicitation des auteurs, une personne alla faire visite à James Gordon Benett, du *Herald*, et lui parla de la Miscégénation. M. Benett considéra l'idée comme trop monstrueuse et trop absurde pour y consacrer un article.

« Mais, » dit son visiteur, « tous les journaux démocratiques en ont parlé. »

« Les rédacteurs des journaux démocratiques sont des ânes, » dit Benett.

« Le sénateur Cox en a fait l'objet d'un discours au Congrès. »

« Cox est un âne, » répondit Benett.

« Greeley avait l'autre jour un article. »

« Eh bien ! Greeley est un baudet. »

« L'*Indépendant* contenait l'autre jour un article de fonds d'une colonne et demie sur la Miscégénation. »

« Alors Beecher ne vaut pas mieux que les autres, » dit Benett, « ce sont tous des ânes. Mais que disait-il ? »

« Oh ! il lui était plutôt favorable qu'autrement. »

« Eh bien ! je lirai l'article, » dit Benett. « Et peut-être ferais-je alors un article pour tourner Beecher en ridicule. »

« Cela donnera une bonne prise contre les radicaux, » répondit l'autre.

« Oh ! je n'en sais rien, » dit Benett ; « qu'ils se marient ensemble si cela leur convient, je le souhaite de tout cœur. »

Pendant quelques jours, le *Herald* garda le silence; mais, l'occasion du départ de New York d'un régiment d'hommes de couleur ayant valu à ce régiment une adresse flatteuse, émanée des dames de la Ligue Loyale, le *Herald* vit là une circonstance favorable pour faire une sortie contre M. Charles King et d'autres ; et le lendemain, il contenait un terrible article attaquant la Miscégénation de la manière la plus violente et disant que les dames de la Ligue Loyale avaient offert d'épouser les officiers de couleur à leur retour ! A partir de ce jour, le *Herald* ne cessa pas de taper sur les Républicains, à raison de leurs prétendus penchants pour la Miscégénation. C'est ainsi que M. Benett avala la « créature », cornes, sabots, queue, et tout.

Les auteurs eurent l'imprudence de chercher à surprendre à M. Lincoln une approbation de leur ouvrage, et lui demandèrent la permission de lui dédier un livre nouveau sur cet agréable sujet « la Melaleukation ». Mais M. Abraham Lincoln savait voir une plaisanterie et n'était pas homme à se laisser prendre si facilement.

Vers les premiers temps de la publication du livre, il se trouva qu'Anna E. Dickinson faisait des lectures à New York. Les auteurs déployèrent en cette occasion une grande finesse, un grand tact, en même temps qu'une sublime impudence, en faisant imprimer et distribuer parmi les auditeurs des affiches à la main contenant l'annonce de leur livre et les adhésions qu'il avait obtenues. En conséquence, avant que Melle Dickinson parût, l'auditoire était occupé à lire gravement les affiches de la Miscégénation : les chroniqueurs qui remarquèrent ce fait en firent l'objet d'un rapprochement dans leur compte rendu. C'est ainsi que prit naissance et que circula le bruit que Melle Dickinson en était l'auteur!

Le Dr. Mackay, le correspondant du *Times* de Londres à New York, s'était laissé décidément gagner, et il lança toute sorte de grands mots contre la doctrine de la Miscégénation dans ses lettres au *Tonnerre*, et c'est ainsi que, pour la centième fois pendant la guerre Américaine, les grands journaux de l'Europe furent mis dedans et refaits.

Le *Saturday Review* — peut-être le plus remarquable et à coup sûr le plus arrogant des recueils hebdomadaires de Londres — s'occupa du livre et de ses auteurs dans son style le plus pompeux. Le *Westminster Review* en cita les arguments en les rapprochant de ceux de la brochure du Dr. Broca sur l'Hybridité Humaine, ouvrage très-profond. *La Miscégénation* fut éditée en Angleterre par MM. Trübner et Cᵉ, et des traductions fort étendues ont été reproduites dans tous les journaux Français et Allemands.

Voilà l'historique du plus impudent comme du plus ingénieux des canards littéraires du temps présent. Il n'existe peut-être pas un journal du pays qui n'en ait entretenu ses lecteurs, et il ne serait pas difficile de trouver dans les extraits des différents journaux qui s'en sont occupés assez de papier pour remplir le bassin de ma baleine.

Il est inutile de dire que le livre eut un grand nombre d'éditions. Comme de raison, la masse des gens intelligents en Amérique repoussa la doctrine qui était présentée et la considéra soit comme une manœuvre politique, soit comme le produit des divagations d'un fou ; mais ses auteurs ont eu la satisfaction de lui voir atteindre une célébrité qui a pu difficilement être égalée par aucune autre brochure publiée antérieurement en Amérique.

VII. — FANTOMES ET SORCELLERIES.

CHAPITRE XXXIII.

Maisons Hantées. — Une Nuit en tête-à-tête avec un Revenant. — Kirby l'acteur. — Revolvers dirigés sur le Fantôme. — Le Mystère expliqué.

Un grand nombre de personnes croient plus ou moins aux maisons hantées. Dans presque toutes les localités il existe quelque bâtiment qui a son histoire merveilleuse. Ceci est vrai dans tous les pays et chez les peuples appartenant à toutes les races. C'est positivement à ce fait que l'ingénieux inventeur du Spectre de la 27e Rue peut attribuer son succès et l'émotion qu'il a excitée. En réalité, il n'avait compté pour réussir que sur la faiblesse de la nature humaine. Même de nos jours, il y a des centaines de maisons qu'on regarde avec effroi, avec terreur, ou avec un superstitieux intérêt. La peur en a chassé les anciens habitants, qui ont abandonné la possession des lieux aux taupes, aux chauves-souris, et aux chats-huants, leurs hôtes réels, et à des revenants et à des esprits imaginaires.

Dans le cours de mes voyages dans les deux hémisphères, j'ai été étonné du grand nombre de faits de ce genre qui sont venus à ma connaissance personnelle.

Mais, pour le moment, je veux raconter en peu de mots l'histoire d'une maison hantée, dans le Yorkshire, en Angleterre, dans laquelle, il y a une vingtaine d'années, l'acteur Kirby, qui débuta au Théâtre Chatham, passa une nuit assez singulière. Je rencontrai Kirby à Londres en 1844, et je vais donner, presque dans les mêmes termes où il me l'a contée, l'histoire de la nuit passée par lui dans une maison hantée huit jours avant notre rencontre. J'ajouterai que je ne vois aucune raison pour douter de la véracité de Kirby, et qu'il m'a assuré sur l'honneur que son récit était entièrement conforme à la vérité. Ayant moi-même visité pendant le jour plusieurs maisons sur lesquelles couraient des histoires semblables, je prenais un intérêt tout particulier en cette matière, et c'est pourquoi j'ai conservé un souvenir précis des mots mêmes dont il s'est servi pour me raconter son aventure nocturne. Il y a une chose certaine, c'est que Kirby n'était pas homme à se laisser détourner par la crainte de tenter une pareille expérience.

« J'avais entendu conter de merveilleuses histoires sur cette maison, » me dit Kirby, « et j'étais fort heureux de trouver l'occasion d'y pénétrer, quoique, je l'avouerai, ce fût avec un bonheur non moins grand que j'en sortis le lendemain matin.

« C'était une vieille résidence de campagne, une solide maison construite en pierres et qui, depuis de longues années, avait la réputation d'être hantée. Elle était confiée à la garde d'un homme seul. C'était le vieux jardinier, — un ancien serviteur de la famille qui l'habitait autrefois, et dans lequel les membres de cette famille avaient la plus entière confiance.

« Ayant eu vent de l'existence de cette merveilleuse demeure, et ayant quelques jours de liberté avant mon départ pour Londres, où j'avais à aller remplir l'engagement que j'avais contracté avec le Théâtre de Surrey, l'envie me prit de pénétrer le fond de cette histoire. J'allai en conséquence voir le vieux jardinier qui avait la garde de la maison, et je me présentai à lui comme un voyageur Américain fort désireux de passer la nuit avec ses fantômes.

Le vieillard semblait avoir de soixante-quinze à quatre-vingts ans. Je le trouvai près de la grille de la maison dont il avait la garde. Il me répondit, quand je lui eus expliqué mon désir, que c'était un endroit dangereux que celui où je voulais entrer, mais que je pouvais en franchir le seuil si cela me plaisait ; que je ressortirais par la même porte si je devais revenir de mon expédition.

« Désirant être sûr de mon affaire, je lui donnai un souverain, et je lui demandai de me faire jouir de tous les priviléges de l'établissement, et que si sa note montait à une somme plus élevée, je réglerais le compte à mon retour. Il me regarda avec une expression de doute et d'appréhension qui semblait dire qu'il ne savait pas ce que je voulais faire ni ce qui m'arriverait. Mais il se contenta de dire : —

« — Vous pouvez entrer.

« — Voulez-vous venir avec moi et me montrer le chemin ?

« — Volontiers.

« — Allons.

« Nous entrâmes ; la grille fut fermée. Je me retournai tout à coup vers le vieux jardinier, le gardien de la maison, et je lui dis : —

« — Maintenant, mon patriarcal ami, je vais pénétrer cette fourberie à fond, quand je devrais y passer quarante nuits de suite. Et je suis préparé à recevoir tous les esprits qui pourront se présenter ; mais si vous voulez m'épargner cette peine et m'expliquer toute l'affaire, je n'en dirai rien qui puisse vous faire tort, et je vous donnerai dix souverains en or.

« Le vieux jardinier avait l'air étonné ; après avoir souri, fait entendre quelques doléances, et tremblé, il me dit : —

« — Je n'ose pas parler... mais je vous donne le conseil de ne pas pousser les choses trop loin.

« Quand nous eûmes traversé la cour, il sonna une cloche, et différents bruits étranges se firent entendre. Je fus introduit dans la maison par un porche de belle construction qui conduisait à un grand escalier, que nous montâmes pour arriver à une grande porte qui donnait entrée dans une grande chambre. C'était une bibliothèque. Le vieux gardien avait pris une torche, et je m'étais approvisionné d'allumettes. Il était évident que mon guide jouait franc jeu, et je m'installai sur un siége dans la bibliothèque, où il me dit que je ne tarderais pas à voir la preuve que la maison était hantée.

« N'étant pas doué d'une foi robuste dans la doctrine des maisons hantées, je tenais avec soin ma boîte d'allumettes, et pour qu'il ne me restât aucun doute, je m'étais muni de deux bougies, que j'avais gardées dans ma poche pour ne pas être trop subitement et trop longtemps plongé dans l'obscurité.

« — Maintenant, Monsieur, — me dit-il, — je vous souhaite de conserver votre calme et votre courage, parce que je me comporterai du mieux que je pourrai près de vous ; mais je ne viens jamais seul dans cette maison.

« — Eh bien ! que se passe-t-il dans cette maison ?

« — Oh ! toutes sortes de choses, Monsieur !

« — Quoi, enfin ?

« — Quand j'étais plus jeune que je ne le suis maintenant, le maître de cette propriété s'effraya de quelques apparitions, de sons et de bruits mystérieux, et il préféra quitter la place.

« — Pourquoi ?

« — Il tenait de son grand-père une tradition conservée fidèlement dans la famille, qui établissait que cette habitation était hantée : il loua les terres aux petits fermiers des environs et quitta la maison dans laquelle il ne revint passer qu'une seule nuit, et après cette nuit-là, il la quitta pour jamais. Nous supposons qu'il est mort. Maintenant, Monsieur, si vous voulez passer la nuit ici, comme vous l'avez demandé, ce qui vous en adviendra, je n'en sais rien ; mais, je vous le dis, la maison est hantée, et je ne dormirais pas une nuit ici pour tout l'or de la banque d'Angleterre !

« Ceci n'influença en rien mes résolutions : j'étais muni des moyens de protéger ma sûreté, j'avais des allumettes en abondance, et j'étais décidé à sonder ce mystère et à voir si la fourberie qui, depuis plus de soixante ans, effrayait le propriétaire de cette magnifique maison, sise au milieu de dépendances splendides, ne pouvait être découverte et déjouée. Que la fourberie existât, cela ne faisait pas pour moi l'objet d'un doute ; mais que je dusse la découvrir, je n'en étais pas aussi certain.

« Je m'assis dans la bibliothèque, bien déterminé à passer la nuit dans la maison. Une porte donnait accès dans une autre pièce où il y avait un lit de repos un peu couvert de poussière et qui présentait toutes les commodités qu'on pouvait désirer dans les circonstances dans lesquelles je me trouvais.

« Néanmoins, avant que le vieux jardinier me quittât, je lui demandai de me faire visiter le bâtiment et de me laisser explorer moi-même les différéntes chambres et tous les appartements. A tout cela il acquiesça de la meilleure volonté du monde, et comme s'il s'en fût promis beaucoup de plaisir; il déploya la plus grande activité et il se mit en mouvement d'un pas bien vif et bien libre pour un homme qui avait l'apparence d'avoir dans les environs de quatre-vingts ans.

« Nous parcourûmes toutes les pièces l'une après l'autre, à tous les étages. Tout semblait bien arrangé, mais un peu endommagé par la poussière et par le temps. J'exerçai une surveillance minutieuse, mais je ne vis rien, aucun mécanisme qui fût de nature à produire de grands effets.

« Nous revînmes enfin dans la bibliothèque et je fermai la porte, dont je retirai la clef, que je mis dans ma poche.

« — Maintenant, mon brave, — dis-je au vieux jardinier. — où est la fourberie?

« — Il n'y a pas de fourberie ici, — me répondit-il.

« — Eh bien! pourquoi ne me donnez-vous pas quelque preuve que la maison est hantée?

« — Attendez, — dit-il, — jusqu'à minuit cette nuit, et vous verrez suffisamment pour vous convaincre. Quant à moi, je ne resterai pas jusqu'à ce moment.

« Il partit. Je restai. Tout demeura tranquille pendant quelque temps. Je n'entendis pas remuer une souris, pas un rat ne se montra, et je pensai que je ferais bien d'aller dormir.

« Je m'étendis dans ce but. Aussitôt j'entendis certains bruits extraordinaires qui troublèrent mon repos. Des chaînes s'agitaient, des chocs, des cris, des gémissements se faisaient entendre de différents points de la maison. Je m'attendais à tout cela, et je n'en étais pas fort effrayé. Un instant après, au moment où j'allais me rendormir, un curieux filet de lumière parcourut la chambre, il suivait le mur en zigzag à une hauteur de six pieds environ et traversait toute la chambre. Je ne sentais aucune odeur bitumineuse ou soufrée, il s'allumait avec la rapidité de la poudre, mais sans en avoir l'odeur.—Tiens!—me dis-je,—c'est assez bien, nous allons nous amuser. Puis le bruit des sonnettes, le cliquetis des chaînes, les éclats de lumière, les bruits, et les coups de toute sorte se mêlèrent aux cris et aux gémissements. Je restai tranquillement assis. J'avais deux excellents revolvers dans ma poche et je pensai que je pourrais tirer sur tout ce qui se présenterait, esprit ou matière. Je les sortis de ma poche et je les plaçai sur la table. L'un d'eux disparut tout à coup! Je n'aimais pas trop cela, mais mes nerfs conservèrent leur calme, car je savais que tout cela n'était qu'un jeu. Je pris l'autre pistolet dans ma main et je fis l'inspection de la chambre. Il n'y avait personne et je commençais à soupçonner à demi que je m'étais endormi et que j'avais fait un rêve. Pour secouer le sommeil, je serrai la main, celle qui tenait le pistolet, et cela m'éveilla à l'instant.

« Pendant que j'essayais de raffermir ma démarche, la bougie tomba. Je la rallumai avec une de mes allumettes. On ne voyait personne, mais les bruits recommencèrent et d'une manière infernale. Je pris alors une de mes bougies et je sortis pour ouvrir la porte. Je cherchai la clef dans ma poche; elle n'y était plus! Tout à coup la porte s'ouvrit, je vis un homme ou quelque chose qui avait la taille d'un homme, se tenant tout droit devant moi. Je dirigeai mon revolver sur sa tête, car il me semblait bien voir en lui quelque chose d'humain, et je lui dis : — Qui que tu sois, revenant ou esprit, fantôme ou voleur, tu feras bien de te tenir tranquille, car je te fais sauter la cervelle si tu en as!

— Et pour être sûr qu'il ne m'échapperait pas, je lui saisis le bras et je lui dis que s'il était un fantôme il allait avoir un vilain moment à passer, et que s'il était un farceur je le laisserais aller, à la condition de me raconter toute l'histoire.

« Il vit qu'il était pris et me supplia sérieusement de ne pas lui tirer un coup de mes pistolets. J'y consentis, mais je ne le lâchai pas. Je l'emmenai dans la bibliothèque, et toujours le pistolet à la main, je l'examinai en détail. Il était revêtu d'une cotte de mailles, la poitrine couverte d'une cuirasse, avec un casque et une épée dans le goût de l'époque des Croisés. Il me promit, pour avoir la vie sauve, de me faire le récit sincère de tous les faits.

« Voici en substance ce qu'il m'apprit : Serviteur des anciens propriétaires et chargé en dernier lieu, en qualité de jardinier, de garder la maison, il avait été employé par un ennemi du propriétaire à lui en rendre l'habitation si insupportable qu'il fut amené à en vendre les dépendances un prix fort au-dessous de leur valeur. Il s'était entendu avec un mécanicien fort habile chimiste qui l'avait aidé à disposer les choses de manière à rendre la maison si intolérable qu'il fût obligé de la quitter. Une batterie électrique, munie de fils de fer, et des mécanismes chimiques de tous genres, lui furent fournis pour atteindre ce but.

Les uns après les autres les membres de la famille s'en allèrent, et depuis deux générations ils étaient restés éloignés sous l'impression de la terreur des apparitions, des soupirs, des gémissements, et des bruits qui les avaient effrayés à la mort. En dernier lieu, le vieux jardinier ajouta qu'il espérait que sa propre petite-fille deviendrait la maitresse de la maison lorsque la propriété aurait été assez négligée et serait devenue assez effrayante pour que personne dans le voisinage ne voulût se décider à l'acheter, ou même à y passer un moment pour explorer ses horribles mystères après la tombée de la nuit.

« Il me demanda à genoux d'épargner la honte à ses cheveux blancs pendant le temps si court qui lui restait à vivre. Il me déclara qu'il n'avait été poussé que par un sentiment d'orgueil et d'ambition pour sa petite-fille.

« Je dis au pauvre diable que je garderais son secret et qu'il ne serait pas rendu public tant qu'il vivrait. Le vieillard me saisit la main et me remercia dans les termes les plus énergiques. Maintenant, Monsieur Barnum, je vous ai donné honnêtement et sans aucune exagération connaissance des faits qui ont marqué mon aventure dans la maison hantée, ne les publiez pas avant d'être sûr que le vieux jardinier a quitté sa dépouille mortelle. »

Voilà toute l'histoire de Kirby sur la maison hantée, ce n'est pas plus sorcier que cela. Sans aucun doute le vieux jardinier est passé depuis longtemps dans le monde des esprits; mais, ce qui n'est pas aussi probable, c'est que sa petite-fille arrive à la propriété légale de la maison. Les propriétés foncières ne changent pas si facilement de main en Angleterre. Si puissante cependant est la foi superstitieuse dans les maisons hantées, qu'il se passera bien des années avant que cette propriété reprenne sur le marché la valeur qu'elle aurait si elle n'avait pas été considérée comme une maison hantée.

Il faut espérer qu'avec l'accroissement des écoles

et de l'éducation, les folies superstitieuses qui font croire aux fantômes et aux revenants finiront par disparaître.

CHAPITRE XXXIV.

Maisons Hantées — Spectres — Goules — Fantômes — Vampires — Conjureurs — Devins — Bonne Aventure — Magie — Sorciers — Sorcellerie — Rêves — Manifestations — Médiums Spirites — Faux Prophètes — Démonomanie — Et toutes les Diableries en général.

La superstition a-t-elle enfanté la jonglerie ou la jonglerie est-elle la mère de la superstition, comme elle en est la nourrice? C'est ce que je n'ai pas la prétention d'affirmer, car les sots les plus épais comme les plus grands philosophes peuvent être comptés parmi les croyants et les victimes des plus méchantes jongleries qui se soient produites sur la terre.

Quand nous sortons de l'enfance nous commençons à nous croire délivrés de toutes les superstitions, de toutes les absurdités, de toutes les folies, comme la croyance aux rêves, aux signes, aux augures, et autres choses semblables; mais nous apprenons après que l'expérience ne nous en guérit jamais complétement. Sans aucun doute cela dépend beaucoup de la manière dont nous avons été élevés. Si l'on permet que les enfants aient tous les soirs les oreilles régalées d'histoires de revenants, de spectres, de goules, de sorciers, d'apparitions, et d'épouvantails, il est plus difficile pour eux dans la suite de la vie de débarrasser leurs esprits des impressions qu'ils ont reçues.

Mais, quelle qu'ait été notre première éducation, je suis convaincu qu'il existe dans toutes les têtes un amour inhérent du merveilleux, et que chacun de nous est plus ou moins superstitieux. Quant à moi, je qualifie toute superstition de blague, car elle ouvre notre esprit à une certaine disposition à croire à toutes les tromperies qui peuvent être mises en œuvre.

L'un des objets que se propose ce livre est de montrer combien chacun est enclin à aller au-devant de la tromperie, de faire voir que presque tous les hommes la recherchent, que les réalités les plus sérieuses et les plus graves sont fréquemment écartées pour des illusions ridicules et mensongères, et que l'espèce humaine, en général, aime à se laisser conduire dans la région du mystère. Comme le dit Hudibras : —

« Il y a sans aucun doute autant de plaisir à être trompé qu'à tromper soi-même. Moins on aperçoit les moyens mis en œuvre par un jongleur pour exécuter un tour, et plus on y trouve de charme ; moins on comprend ses procédés, et plus on admire son adresse. »

Le développement et la force du cerveau d'un homme n'ont pas d'influence sur ses superstitions : les hommes les plus instruits et les plus grands ont été les plus fermes croyants de machinations ingénieusement imaginées pour égarer la raison humaine. Si les explications que je puis donner en développant ce sujet peuvent servir à mettre les gens sur leurs gardes contre les mensonges de toute sorte, aussi bien que contre de ridicules superstitions, je serai heureux de penser que je n'ai pas écrit pour rien. Le sommaire de ce chapitre énumère les principales espèces de jongleries surnaturelles ; lesquelles, il faut bien se le rappeler, diffèrent complétement des impostures religieuses.

On est étonné quand on réfléchit à quelle date reculée remonte cette nature de superstitions, comme toutes les autres en réalité, et comme elles ont été universellement admises. Il y a près de trente-six siècles, on regardait comme positif que Joseph, le Juif devenu Premier Ministre de Pharaon, avait une coupe d'argent qui lui servait pour sa divination. Il est donc établi que cet art prétendu était déjà pratiqué à cette époque.

Au temps d'Homère, il y a environ deux mille huit cents ans, on croyait à l'apparition des fantômes. La sorcière d'Endor prétendait, vers la même époque, évoquer l'ombre de Samuel.

Encore aujourd'hui ici, dans la ville de New York et à Londres, à Paris, à Vienne, partout, les livres sur l'explication des songes sont vendus à un grand nombre d'éditions. Une douzaine de diseurs de bonne aventure font régulièrement des annonces dans les journaux. Une maison hantée suffit pour ameuter la foule pendant des semaines; une multitude de personnes sont tourmentées si elles répandent du sel; elles n'aiment pas à voir la nouvelle lune par-dessus la mauvaise épaule; et elles sont ravies quand elles ont la chance de trouver un vieux fer à cheval pour le clouer sur leur porte.

J'ai déjà parlé d'une ou deux maisons hantées, mais je vais encore consacrer une partie de ce chapitre à revenir sur co sujet. Il en existe des centaines, c'est-à-dire qui sont réputées telles et qui l'ont été depuis des centaines d'années. Dans presque toutes les grandes villes, dans beaucoup de bourgades et de villages on en peut trouver. J'en connais une, par exemple, dans le New Jersey, une ou deux à New York, et j'en ai entendu citer un grand nombre dans le Connecticut. Il s'en trouve un grand nombre en Europe, car les blancs ayant vécu là depuis bien plus longtemps qu'en Amérique, les revenants s'y sont naturellement accumulés. Dans ce pays il y a des maisons et des lieux qui sont hantés par des spectres de Hessois, des fantômes de Yankees, sans mentionner le fantôme du Hollandais sans tête de Tarrytown. Mais qui a jamais entendu parler du spectre d'un Indien? Et, quant à celui d'un noir, il lui faudrait paraître en plein jour, car dans l'ombre on ne le verrait pas!

Je n'ai pas l'espace nécessaire seulement pour énumérer les cas de maisons hantées. Une à Aix-la-

Chapelle, une grande et belle maison, est restée vide pendant cinq ans, parce qu'on y entendait des coups frappés ; elle fut vendue pour presque rien, et le nouveau propriétaire (quel homme chanceux!) découvrit que c'était le vent qui passait par une fenêtre disjointe et qui faisait battre une porte. Un Anglais mourut, et son héritier entendit parler de bruits mystérieux qui effrayaient les domestiques et étaient attribués au défunt. Néanmoins il se livra à quelques investigations, et il trouva qu'un rat, dans un vieux magasin, en essayant de sortir d'une ratière à l'ancienne mode, ne parvenait qu'à demi à soulever la planchette qui retombait et produisait le bruit qu'on attribuait au revenant. Préférant de beaucoup trouver un rat que son père, le jeune homme extermina du même coup le rat et le revenant.

Un fort ancien et fort émouvant échantillon des maisons hantées était le château de Vauvert, appartenant au Roi Louis IX. Ce beau bâtiment se trouvait dans une situation qui rendit sa possession très-désirable à certains moines, dans l'année 1259. Aussi tout à coup des cris horribles se firent entendre pendant la nuit, des lueurs rouges et vertes apparurent aux fenêtres, et, en définitive, un grand spectre verdâtre, avec une barbe blanche et une queue de serpent, apparut tous les soirs à minuit à l'une des fenêtres de la façade, en montrant le poing et en hurlant après ceux qui passaient. Tout le monde fut effrayé — le Roi Louis, simple et bonne âme! tout comme les autres. Alors les audacieux moines se présentèrent au bon moment, et dirent que si le Roi leur donnait le château, ils sauraient bien faire rentrer le revenant dans l'ordre. Ils s'installèrent dans le château, et ce qu'il y a de certain, c'est que le revenant ne reparut plus. Pourquoi se serait-il montré ?

Les spectres de Woodstock sont bien connus. On sait combien ils tourmentèrent les Commissaires Puritains qui vinrent pour prendre possession du château et en disposer au profit du trésor public! Les pauvres Puritains passèrent de fort vilains moments. Un chien invisible hurla sous leurs lits et mordit les couvertures; des êtres, également invisibles, erraient de tous les côtés; les chaises et les tables dansaient, des plats voltigeaient dans les airs comme dans les manifestations de certains faux médiums; leurs traversins se changeaient en bûches; des briques voltigeaient à travers la chambre sans respect pour leurs têtes; les vitres volaient en éclats; des cailloux étaient lancés contre les Commissaires effrayés; une pluie de plâtre tombait dans leurs lits; leurs vêtements disparaissaient; et ils étaient inondés d'eau sale pendant qu'ils étaient couchés; ils recevaient des soufflets, si bien qu'après avoir résisté plusieurs semaines, les pauvres diables abandonnèrent la partie et revinrent à Londres. Quelques années après, on découvrit que tout cela était l'œuvre de leur secrétaire qui était Royaliste, quoiqu'ils le crussent un furieux Puritain, et qui connaissait parfaitement les nombreux passages secrets et toutes les machinations de ce vieux château. Beaucoup de personnes ont lu le curieux roman que Sir Walter Scott a écrit sur cette histoire sous le titre de *Woodstock*.

Le démon de Tedworth, également bien connu, qui battait du tambour, grattait, pilait dans un mortier, et mettait tout en l'air, vers 1661, dans la maison de M. Mompesson, se trouva être un tambour bohémien et ses compères.

Le non moins fameux spectre de Cock Lane, qui se montrait à Londres en 1762, était une Mme Parsons et sa fille, dressées par M. Parsons à frapper et à gratter d'après la méthode de communication mise en pratique par les spirites de nos jours. Parsons avait imaginé toute cette affaire pour se venger d'un M. Kent Le revenant prétendait être l'ombre d'une belle-sœur de Kent et avoir été empoisonnée par lui. Mais Parsons et ceux qui lui prêtaient leur assistance furent découverts, et ils eurent lieu de regretter leur plaisanterie, car ils furent condamnés à de fortes amendes et à la prison.

Un très-habile fantôme, un fantôme Méthodiste, avait coutume de gémir, de produire des coups et des bruits, et d'apparaître dans la maison du Rév. M. Wesley, le père de John Wesley, à Epworth, en Angleterre. Ce revenant était très-gênant et tout à fait inutile. En réalité, aucun des fantômes qui hantent les maisons ne sont d'une utilité quelconque ; ils agissent comme s'ils étaient les esprits de singes malfaisants.

J'ajouterai encore deux ou trois courtes anecdotes de revenant présentées d'une manière diabolique. Elles ne sont pas nouvelles, mais elles font bien ressortir l'état d'esprit dans lequel il faut être pour se rencontrer avec des esprits. En voici une : Quelqu'un eut l'idée d'effrayer Cuvier, le grand naturaliste, en lui faisant apparaître un revenant avec une tête de bœuf. Cuvier s'éveilla et vit cette effrayante apparition brillant et grimaçant auprès de son lit.

« Que voulez-vous ? »

« Vous dévorer, » murmura le fantôme.

« Me dévorer ! » s'écria l'illustre savant. « Les sabots et les cornes sont granivores. Vous ne pourriez pas en venir à bout. Allez-vous-en ! »

Le fantôme s'en alla.

Une pieuse fille d'un village de la Nouvelle Angleterre était connue pour posséder trois qualités particulières. D'abord elle était fort religieuse, fort honnête, et fort positive. En second lieu, elle regardait chacun comme étant également honnête, et, partant de là, elle était fort crédule et croyait tout ce qu'elle entendait. En troisième lieu enfin, elle avait la conscience si tranquille, qu'elle ne voyait pas de raison pour être effrayée de rien, et conséquemment elle n'avait peur de rien.

Pendant une nuit obscure, quelques jeunes gens, sachant qu'elle devait rentrer chez elle seule, après la prière du soir, en passant par une rue peu fréquentée, résolurent de mettre à l'épreuve deux de ses qualités particulières, à savoir, sa crédulité et son courage. L'un des jeunes gens s'était affublé d'une grande peau d'ours, et quand il entendit le bruit des pas de la vieille fille, il s'avança droit sur son passage en faisant un grand bruit.

« Miséricorde! » s'écria la vieille fille. « Qui êtes-vous? »

« Je suis le diable! » lui fut-il répondu.

« Alors vous êtes une pauvre créature, » répliqua-t-elle, et elle se jeta de côté et passa auprès de l'étrange animal, sans probablement douter un instant qu'il ne fût Satan en personne, mais aussi, bien certainement, sans avoir la moindre disposition à avoir peur de lui.

On dit qu'un colporteur Yankee, qui avait bien souvent volé les gens de la Nouvelle Angleterre qu'il traversait, fut invité à se joindre à quelques-uns des habitants pour boire un coup. Il finit par tomber ivre-mort, et, dans cette condition, on le transporta dans une grotte près du village; alors les paysans se déguisèrent de manière à se rendre effrayants, et attendirent qu'il reprît connaissance.

Quand il commença à se réveiller, ils allumèrent de grandes torches, mirent le feu à quelques bottes de paille et à trois ou quatre bâtons de soufre qu'ils avaient placés dans différents coins de la grotte. Le colporteur se frotta les yeux, et à l'aspect du pandémonium qui s'offrit à sa vue, des odeurs sulfureuses qu'il respirait, il conclut qu'il était mort et qu'il subissait son dernier jugement. Mais il prit la chose très-philosophiquement, car il se dit complaisamment à lui-même : —

« Je suis en enfer, juste comme je m'y attendais! »

On raconte une histoire d'un vieux capitaine de navire qui avait épousé une virago et qui se rencontra dans un lieu solitaire avec de faux diables. Au moment où le spectre lui barrait le passage, il s'écria : —

« Si tu n'es pas le diable, va-t'en! Si tu es le diable, viens souper avec moi. J'ai épousé ta sœur! »

CHAPITRE XXXV.

La Magie et ses Blagues — Virgile — Un Sorcier en Conserve — Cornelius Agrippa — Ses Disciples et son Chien Noir — Le Docteur Faust — Tour joué à un Maquignon — Ziito et sa Grande Hirondelle — Salamanque — Le Diable a le Dernier.

La magie, la sorcellerie, les sortiléges, les enchantements, les conjurations, les incantations, les prédictions, la divination, la magie noire, toutes ces choses ne sont qu'une seule et même blague. Elles prouvent combien les hommes sont enclins à croire à quelque pouvoir surnaturel chez des êtres plus savants et plus forts qu'ils ne le sont eux-mêmes, et combien ils se complaisent à s'humilier devant quelques ridicules jongleries, au lieu d'élever leur pensée plus haut, vers Dieu, le seul être qui soit digne d'appeler leur vénération et leurs prières.

La grande majorité des humains croit à la magie et à la sorcellerie, qui s'imposent à la foi de beaucoup de gens, même dans les pays Chrétiens. A ma connaissance, cette croyance a toujours existé. En suivant le fil de l'histoire, nous trouvons toujours quelque œuvre de conjuration ou de sorcellerie mêlée à la trame historique chaque fois que les faits s'y prêtent. Dès l'origine des temps, nous voyons la sorcellerie établie et reconnue, et son histoire se continue sans interruption depuis les siècles les plus reculés jusqu'à nos jours.

Dans l'étroit espace que je puis consacrer ici à ce sujet, je me contenterai de faire un choix parmi les histoires les plus intéressantes. Mon intention n'est pas, quant à présent, de traiter la question à fond et dans tous ses détails. Du reste, il existe une bibliothèque entière de livres sur cette intéressante matière.

Il y a un fait assez curieux, c'est que dans tout le

Moyen Age, le poëte Romain Virgile (1) a toujours été considéré comme un grand magicien. Une tradition conservée des chroniques monastiques dit qu'il avait fait une mouche d'airain qu'il avait placée au-dessus de la porte de Naples, et qu'il avait donné à cet insecte métallique une puissance magique telle, que tant qu'il continua sa garde au-dessus de la porte, aucun moustique, aucune mouche, aucun cousin, ou tout autre insecte incommode, ne put pénétrer dans la ville. Que serait devenu l'inventeur de la poudre insecticide si célèbre de nos jours? On compte sur Virgile la même histoire que sur le Grand Albert, Roger Bacon, et d'autres magiciens. On prétend qu'il avait fait une tête de bronze qui prophétisait l'avenir. Il fit aussi quelques statues des dieux des différentes nations soumises à la domination Romaine, et ces statues étaient si bien enchantées, que s'il se préparait quelque rébellion chez l'une de ces nations, ses dieux faisaient sonner une cloche et indiquaient du doigt la nation prête à se soulever. Nous apprenons également, en puisant à la même source, comment le pauvre Virgile trouva une fin prématurée en essayant un moyen de vivre toujours. Il était devenu vieux, à ce qu'il paraît, et il désirait redevenir jeune ; il employa quelques incantations spéciales et prépara un caveau secret. Lorsque tout fut prêt, il commanda à l'un de ses disciples de confiance de le découper comme un cochon et de réunir les morceaux de son corps dans un baril plein de saumure, d'où il ressortirait en possession de sa jeunesse magique au bout d'un temps déterminé. Mais, par un de ces hasards fâcheux qui surviennent toujours dans les cas semblables, un malencontreux voyageur découvrit le chemin du caveau et trouva

(1) Le Virgile dont il est ici question paraît être intimement connu de l'auteur : c'est un Virgile plus Américain, plus Yankee même, qu'historique — nous ne le donnons nullement comme le Virgile connu de ce côté-ci de l'Atlantique ; c'est peut-être de l'historien Italien Virgile, qui vivait en 1500, qu'on veut parler, à moins que ce ne soit d'un autre.

le baril de porc mariné, occupant paisiblement le milieu de la grotte, éclairé par une lampe toujours allumée, et distillant les parfums de son huile magique au-dessus du pauvre sorcier salé qui marinait à sa clarté. Le voyageur bouscula rudement le baril, la lumière pâlit devant la lueur des torches que portait le voyageur, et tout à coup, à son grand étonnement, il vit un petit enfant tout nu qui fit trois fois le tour du baril en accablant de malédictions celui qui avait détruit le charme et disparut. Le voyageur effrayé se sauva de toute la vitesse de ses jambes, et le pauvre Virgile, du moins à ma connaissance, est encore dans sa marinade.

Cornelius Agrippa fut un des plus célèbres magiciens du Moyen Âge. Il vécut de l'année 1486 (six années avant la découverte de l'Amérique) jusqu'en 1534. Il était né à Cologne. On a dit qu'Agrippa possédait un miroir magique dans lequel il montrait, à ceux qui venaient le consulter, les personnes mortes ou absentes qu'elles désiraient voir. Il lui eût été possible de faire apparaître la belle Hélène dans la ville de Troie, ou Cicéron à la tribune, ou de faire voir à un amant langoureux l'image de sa dame et ce qu'elle faisait au moment où elle était évoquée sur le miroir magique — exhibition qui n'était pas sans danger! Qui sait, en effet, si les consolations que pouvait chercher la belle seraient bien du goût de son amant? Agrippa, dit-on, avait un démon familier sous la forme d'un grand chien noir, qu'à son lit de mort il chassa en l'accablant de malédictions. Le chien se sauva, plongea dans la Saône, et on ne le revit plus. Nous devons supposer naturellement que Sa Majesté Satan n'en prit pas moins possession de l'âme du sorcier en vertu de son pacte. Il y a une histoire sur Agrippa qui prouve combien un demi-savoir peut être une chose dangereuse. Pendant qu'Agrippa était absent pour un court voyage, son disciple en magie se glissa dans son laboratoire et se mit à lire des évocations dans un grand livre. Au bout de quelque temps, un coup fut frappé à la porte, mais le jeune homme n'y fit pas attention. Quelques instants après, un coup plus fort se fit entendre qui le fit tressaillir, mais il n'en continua pas moins sa lecture. Tout à coup la porte s'ouvrit, et sur le seuil parut un beau grand diable qui demanda d'un ton courroucé : « Pourquoi m'appelles-tu? » Le jeune homme effrayé répondit à peu près comme ces méchants enfants qui disent : « Je n'ai rien fait!..... » Mais il ne fait pas bon de se jouer des malins esprits; et le démon furieux le saisit par le cou et l'étrangla. Peu de temps après Agrippa rentra, mais, ô stupéfaction! une nuée de malins esprits dansaient et jouaient par toute la maison, et étaient réunis en foule principalement dans son cabinet. Semblable à un maître d'école au milieu d'enfants malfaisants, le grand enchanteur renvoya tous les petits démons chez eux, fit des reproches au grand diable, et trouvant la situation désagréable, il le força à ranimer le corps de son jeune disciple et à l'emmener promener par la ville. Mais le malin démon reprit sa liberté avec le jour naissant, et il laissa retomber le jeune homme mort au milieu de la place du marché. Il fut reconnu, on trouva la marque des griffes et les traces de la strangulation; on se douta du fait, et Agrippa fut obligé de se cacher sans perdre de temps.

 Un autre disciple d'Agrippa faillit avoir une fin aussi triste. Le magicien avait l'habitude d'enchanter un manche à balai et de le changer en un serviteur qui mettait tout en ordre dans la maison, et quand la besogne était terminée, le serviteur redevenait manche à balai comme devant, et il le replaçait derrière une porte. Le jeune disciple avait entendu le charme qui évoquait le serviteur, et un jour, pendant l'absence de son maître, ayant besoin d'une cruche d'eau, il prononça l'incantation et dit au domestique d'apporter de l'eau. Le malin esprit obéit à l'instant, il vola vers la rivière, en rapporta une cruche pleine qu'il vida, puis, à l'instant, il en rapporta une seconde, qui fut aussitôt suivie d'une troisième, et le disciple, ahuri, se mit à crier : « En voilà assez ! » Mais ce n'étaient pas les paroles qui devaient détruire le charme. Le méchant démon, qui ne se plaisait qu'à faire le mal, en remplissant son devoir à la lettre, allait et revenait avec la rapidité de l'éclair, et les pieds de l'imprudent étudiant commençaient à baigner dans l'eau au milieu de la chambre. Désespéré, il saisit une hache et en déchargea un coup violent sur le diabolique serviteur, qui se partagea en deux. *Deux* serviteurs, portant chacun une cruche, bondissant, et grimaçant avec une joie d'enfer, et tous deux se mirent à l'œuvre avec plus d'ardeur que jamais. Le pauvre étudiant se considérait comme perdu, quand heureusement le maître rentra à la maison, congédia les porteurs d'eau en employant la formule d'usage, et sauva la vie de l'étudiant.

Quelque absurdes que paraissent ces fictions, elles n'en reposent pas moins sur quelque fait, comme le prouve l'histoire du chien noir d'Agrippa. Wierus, auteur d'une certaine autorité et ami personnel d'Agrippa, rapporte qu'il a su parfaitement tout ce qui concernait le chien en question, que ce n'était pas du tout un chien surhumain (si l'on peut s'exprimer ainsi), mais un simple chien humain — un animal que lui, Wierus, avait souvent mené à la laisse et qui était seulement le favori d'Agrippa.

Un autre magicien éminent de cette époque fut le Docteur Faustus, que Gœthe appelle Faust et Bailey Festus, et dont l'histoire, où un amour humain se mêle aux tours diaboliques de Méphistophélès, est si universellement connue. La vérité sur Faust paraît être que ce fut tout simplement un heureux jongleur du seizième siècle. Néanmoins, des histoires merveilleuses ont été répandues à son sujet, et il y a été ajouté une foi implicite. C'était au temps de la Réforme Protestante, et Mélanchthon et Luther eux-mêmes paraissent avoir cru très-sérieusement que Faust pouvait faire apparaître les morts, peupler les airs d'êtres invisibles, et accomplir tous les tours légendaires des enchanteurs. Un hardi mensonge s'impose souvent aux plus nobles, aux plus éclairés, et aux plus sages esprits!

Faust, d'après la tradition, aimait assez la plaisanterie. Il acheta un jour un fort beau cheval à un maquignon dans une foire. Celui-ci, quelques instants après, conduisit le cheval à la rivière; mais, ô miracle! le cheval n'était pas plutôt dans l'eau, qu'il s'évanouit, et que le malheureux maquignon se trouva dans la rivière, ayant de l'eau jusqu'au cou, et assis sur une selle de paille. Il y a une certaine satisfaction à jouer un mauvais tour aux rusés compères qui exercent cette profession, et Faust avait la conscience si tranquille, qu'il rentra dans son hôtel et alla paisiblement se mettre au lit — du moins il le dit. Quelques instants après arriva le maquignon furieux; il cria, il s'égosilla, mais sans pouvoir parvenir à éveiller le docteur, et lui saisissant le pied, il lui imprima une violente secousse. Le pied et la jambe lui restèrent dans la main; Faust poussa d'horribles cris d'angoisse, et le maquignon, terrifié, s'enfuit au plus vite et ne vint jamais tourmenter sa pratique estropiée pour lui réclamer son argent.

Un magicien, nommé Ziito, qui résida à la cour de Winceslas de Bohême (A.D. 1368 à 1419), joue un rôle important dans les annales de ces jongleries. Il était laid, difforme, et orné d'une bouche immense. Il se prit un jour de querelle, sur une place publique, avec un de ses confrères en conjurations, sur une question de science, et se laissant aller à un mouvement d'emportement, il ouvrit sa grande bouche et avala l'autre magicien tout entier avec ses souliers, qui, comme il le fit remarquer, étaient très-sales. Puis il se retira dans un cabinet, et, de manière ou d'autre, débarrassa son corps de son rival, qu'il rendit tranquillement à la société. On raconte sur Ziito une histoire qui a beaucoup de rapport avec celle de Faust et du cheval.

Dans toutes ces histoires sur les magiciens, le pouvoir qu'ils exercent dérive du diable. On a cru pendant longtemps que l'ancienne université de Salamanque, fondée en Espagne en l'année 1240, était la principale école de magie, et qu'elle possédait des professeurs qui en faisaient l'objet de cours réguliers. Le diable était supposé être le principal patron de cette branche d'enseignement, et il était payé de sa peine par une singulière rémunération qu'il prélevait le premier jour de chaque semaine. Le dernier exercice auquel on se livrait ce jour-là était de courir dans une cave qui existait sous l'Université. Le diable était tout prêt, et il avait le privilége de s'emparer de celui qui arrivait le dernier au but. S'il l'attrapait, ce qui avait lieu ordinairement, l'âme du malheureux étudiant était la propriété de celui qui l'avait pris. De là était venue cette phrase : « Le diable a le dernier. » Il arrivait quelquefois que, par accident, celui qui restait en arrière était un gaillard fort vif. S'il était assez vif pour échapper à la griffe du diable qui voulait le saisir, celui-ci n'avait que son ombre. Dans ce cas, il était admis que cet enchanteur ne connaissait plus d'obstacle et devenait fort éminent dans son art.

CHAPITRE XXXVI.

Sorcellerie — Les Sorciers de New York — La Manie des Sorciers — La Facilité avec laquelle ils étaient brûlés — La Manière dont ils étaient jugés — Les Sorciers du jour en Europe.

La sorcellerie est la plus basse, la plus absurde, la plus révoltante, et la plus sotte de toutes les impostures. Et elle n'a pas cessé d'exister; elle est vivante, elle est pratiquée par des intrigants, et crue par des sots dans le monde entier. Les sorciers et les magiciens opèrent avec succès chez les Hottentots, chez les nègres, chez les Indiens sauvages, chez les peuples de la Sibérie, les Esquimaux, et les Lapons, et c'est bien naturel. Tout le monde sait que ce sont de pauvres et ignorantes créatures! Mais les Français, les Allemands, les Anglais, et les Américains, sont-ils aussi de pauvres ignorantes créatures? Il faut bien le croire, si l'on a quelques preuves que la sorcellerie y est pratiquée et qu'on y ajoute foi, et chez tous ces peuples il y a des sorciers. Je prends les journaux du matin de New York, et j'y vois l'annonce de sept sorciers. En 1858, ils étaient en grande faveur à New York et à Brooklyn; on y comptait seize sorciers et deux devins. L'un de ces devins était un nègre : c'était bien l'homme qu'il fallait pour s'occuper de magie noire.

Une sorcière est une femme qui pratique la sorcellerie en vertu d'un pacte avec le diable, qui lui prête son secours. Avant l'Ère Chrétienne, les sorciers Juifs étaient de simples devins, et tout au plus savaient-ils évoquer les morts, et chez les Gentils, c'étaient des empoisonneurs, des inventeurs de philtres ou potions d'amour, en un mot des magiciens de l'ordre le plus vulgaire. L'intervention du diable dans toute cette affaire commence un peu après la venue du Christ. Pendant les derniers siècles, malgré la croyance généralement répandue en matière de sorcellerie, les sorcières ont dégénéré, ce ne sont plus que des femmes vulgaires et dans un état voisin de la misère qui se livrent à de misérables conjurations. Prenons les sorcières de New York, par exemple. Elles vivent dans les rues sales et puantes des quartiers à bon marché; leurs maisons répondent aux rues et sont empestées d'une odeur de chou, d'oignon, de lessive, de graillon, et d'autres senteurs aussi désagréables que purement sublunaires. Leurs chambres sont mal meublées et souvent encombrées de baquets, de terrines, de torchons, et de linge sale. Leur apparence extérieure est généralement celle de femmes laides, malpropres, vulgaires, grossières, ignorantes, et souvent adonnées à la boisson. Leur rémunération est d'un quart ou d'un demi-dollar, quelquefois d'un dollar. Elles se livrent à leur divination en coupant et en battant des cartes, ou en lisant dans la paume de la main ; et les choses qu'elles vous disent sont les plus sottes et les plus creuses balivernes qui soient au monde, une masse de phrases vieilles et usées jusqu'à la corde. Voici un échantillon de ce qu'elles débitent à leur pratique devant un jeu de cartes étalé sur la table ; tout le monde peut en faire autant : « Un malheur vous menace, je pense qu'il vous frappera d'ici à trois semaines, mais il se peut que vous y échappiez. Un homme noir est en face de votre carte de vie ; il médite de mauvais desseins contre vous, et il faut vous méfier de lui. Votre carte de mariage est en présence de deux jeunes femmes, une blonde et une brune ; vous obtiendrez l'une ; l'autre, vous ne l'aurez pas. Je crois que vous aurez la blonde. Elle favorise l'homme noir, qui a de mauvaises intentions. Vous aurez de l'argent, mais il vous faudra le gagner. Vous gagnerez de fortes sommes, mais vous n'en profiterez pas beaucoup, etc., etc. » Voilà ce qu'on tire des sorcières de nos jours. Mais le plus beau temps de l'histoire de la sorcellerie remonte à environ trois cents ans, vers l'époque de la découverte de l'Amérique. C'est à cette période qu'appartient la sorcellerie de Salem dans la Nouvelle Angleterre, l'art de reconnaître les sorcières de Matthew Hopkins, dans la Vieille Angleterre, les procès des sorcières Écossaises, et que la manie des sorcières possède les Suédois, les Allemands, et les Français.

Les traits particuliers de l'histoire de la sorcellerie à cette époque la rangent parmi les plus mystérieuses de toutes les tromperies humaines. Dans la généralité des cas de sorcellerie, la sorcière s'était vendue au diable pour toute l'éternité afin d'obtenir quelques années de puissance sur cette terre, de faire du mal à ceux qu'elle n'aimait pas, et de causer la perte d'une partie de leur fortune. C'était là à peu près toute l'histoire, sauf quelques détails accessoires, comme le baptême des sorcières et les pratiques du sabbat, où les cérémonies de la religion Chrétienne étaient parodiées. Maintenant voilà où est le mystère : comment croire que, pour atteindre d'aussi faibles résultats, qui allaient rarement jusqu'à la mort d'un ennemi, quelqu'un consente à accepter la damnation éternelle dans l'autre monde, une pauvreté presque certaine, le malheur, la persécution, et les tourments dans celui-ci, et à n'avoir pour toute compensation que l'avantage de se livrer aux pratiques les plus abjectes, les plus obscènes, et les plus vulgaires qu'il soit possible d'imaginer?

Mais cette croyance était universelle; des centaines de sorcières confessaient les faits que j'ai décrits, beaucoup d'entre elles entraient dans de nombreux détails et étaient brûlées vives pour leur peine. La somme d'assassinats juridiques commis pour cause de sorcellerie est véritablement surprenante. Un magistrat nommé Remigius a publié un livre dans lequel il dit en quelle estime il se tenait lui-même pour avoir condamné et fait brûler neuf cents sorcières dans l'espace de seize années en Lorraine. Le seul reproche que sa conscience lui adresse, c'est d'avoir, par condescendance pour un collègue, consenti à ce que des enfants fussent seulement fouettés sur la place du marché où leurs parents avaient été brûlés, au lieu de partager le même sort. A Bamberg, six cents personnes ont été brûlées en six ans; à Wurzburg, il y en a eu neuf cents en deux ans. Sprenger, inquisiteur général en Allemagne et auteur d'un célèbre ouvrage sur les moyens de découvrir et de punir la sorcellerie, imprimé sous le titre de *Malleus Maleficorum*, ou « la Massue des Malfaiteurs, » en fit brûler plus de cinq cents dans une seule année. A Genève, cinq cents personnes furent brûlées de 1515 à 1516. Dans le district de Côme, en Italie, mille personnes furent brûlées pour crime de sorcellerie pendant la seule année 1524, et plus de cent par année furent brûlées pendant plusieurs des années suivantes. *Dix-sept mille* personnes furent exécutées pour sorcellerie en Ecosse pendant une période de trente-neuf années qui se termina en 1603. *Quarante mille* furent exécutées en Angleterre de l'année 1600 à 1680. Bodinus, un autre juge chargé de la destruction des sorciers, déclare gravement que, sans nul doute, il y avait plus de trois cent mille sorciers en France.

Les raisonnements de ces destructeurs de sorciers et leur manière de conduire leurs procès et d'obtenir des aveux étaient véritablement infernaux. La principale règle était que la sorcellerie étant un crime exceptionnel, il n'y avait pas à s'occuper des formes ordinaires de la justice. Tous les genres de tortures étaient généreusement appliqués pour forcer les confessions. En Écosse, on se servait du brodequin, espèce de gaîne de fer dans laquelle la jambe était enfermée jusqu'au genou, et où l'on introduisait un coin de fer qui brisait les os et en faisait jaillir la moelle. Les piqûres d'épingle, la noyade, la privation de nourriture, la gêne, étaient des supplices trop communs pour qu'il soit besoin d'entrer dans des détails à leur sujet. Quelquefois le prisonnier était pendu par les pouces, et pendant qu'un tourmenteur le fouettait, un autre lui brûlait la plante des pieds ou d'autres parties du corps avec une torche. A Arras, pendant que les prisonniers étaient livrés à la torture, le bourreau se tenait debout près d'eux, le glaive à la main, et les menaçait de leur trancher la tête s'ils ne consentaient pas à avouer. A Offenburg, quand les prisonniers avaient été torturés au point de ne plus avoir la force de parler, ils adhéraient par signes à d'horribles confessions dont la formule leur était lue dans un livre. On extorquait des aveux à beaucoup d'entre eux par la promesse du pardon ou de la liberté, puis on les brûlait. Une pauvre femme, en Allemagne, fut jouée par le bourreau, qui se déguisa en diable et se présenta dans son cachot. Accablée par les souffrances, la peur, et la superstition, elle le supplia de l'aider à s'enfuir. Cette prière fut prise comme une confession; elle fut brûlée, et la ballade qui retraçait ce bon tour fut longtemps populaire dans le pays. Plusieurs juges en matière de sorcellerie nous apprennent combien il y avait de ces victimes qui, lasses de souffrir, avouaient tout ce qu'on voulait, comme unique moyen d'arriver à une mort prompte et d'en finir avec leurs misères. Tous ceux qui osaient protester contre les idées populaires et l'égarement de la justice avaient immédiatement la bouche fermée par une accusation de sorcellerie dirigée contre eux-mêmes, et une fois accusés, ils avaient fort peu de chance d'échapper. Le Jésuite Delrio, dans un livre publié en 1599, pose nettement le point de vue où se plaçaient les exterminateurs de la sorcellerie, car dans un seul et même chapitre, il défie tout opposant de prouver que la sorcellerie n'existe pas ; il démontre que nier la sorcellerie est la pire des hérésies, et que ce crime doit être puni de mort. Un fort grand nombre d'individus honnêtes et sensés ont été alors brûlés en vertu de ce principe.

Je n'entreprendrai pas de donner les détails d'un procès en sorcellerie ; je me bornerai à cette esquisse des moyens employés, qui est bien suffisante pour faire comprendre cette cruelle et sanguinaire aberration.

J'ai déjà dit que nous ne manquons pas à New York de sorcières vulgaires et de gens qui croient à la sorcellerie. D'autres pays sont tout aussi favorisés. Je n'ai pas les derniers documents de statistique ; mais dans les années 1857 et 1858, par exemple, les soulèvements populaires et les persécutions fondées sur la croyance en la sorcellerie sont abondants dans les différentes contrées de l'Europe. On ne cite pas moins de huit cas semblables rien qu'en Angleterre, dans le cours de ces deux années. Parmi ces cas se trouve le meurtre d'une femme tuée comme sorcière par la multitude dans le comté de Shrop, et l'attaque dirigée par la foule contre une personne inoffensive soupçonnée d'avoir ensorcelé une grossière et mauvaise fille, attaque à laquelle on eut beaucoup de peine à la soustraire, au grand mécontentement de la foule qui la prétendait injustement traitée. Plusieurs autres de ces cas démontrent qu'il existe une singulière somme de curiosité chez des gens respectables.

Si beaucoup d'entre nous ont lieu de se féliciter d'être exempts de toutes ces horribles folies, néanmoins nous n'avons pas sujet d'être bien fiers des progrès de l'humanité, puisque, après six mille ans d'existence, après dix-huit cents ans écoulés depuis la révélation Chrétienne, il existe encore tant de gens qui croient à la sorcellerie parmi toutes les nations du monde civilisé.

CHAPITRE XXXVII.

Charmes et Incantations — Comment Caton guérissait les Entorses — Le Nom Secret de Dieu — Noms secrets des Villes — Abracadabra — Guérison des Crampes — Le Sceau de M. Wright — Whiskerifusticus — Les Chevaux des Sorcières — Leurs Malédictions — Comment évoquer le Diable.

Il ne sera pas sans intérêt pour mes lecteurs de faire passer sous leurs yeux un bon choix fait parmi des mots qu'on a cru et qu'on croit encore doués d'un pouvoir magique. Ils pourront alors opérer par eux-mêmes, seuls ou avec quelque courageux ami, jusqu'à ce qu'ils se soient convaincus de la réalité de ce pouvoir magique.

Le Romain Caton, si célèbre par sa sévère vertu, croyait que, s'il était malade, il pouvait se procurer un grand soulagement, et guérir les entorses chez les autres, en prononçant ces mots : « Daries, darlaries, astaris, ista, pista, sista; » ou, comme d'autres le prétendent, « Molas, daries, dardaries, astaries; » ou encore, suivant une autre version, « Huat, huat, huat, ista, pista, sista; Domiabo, damnaustra. » Ce qu'il y a de certain, car rien n'est plus vrai, tous les médecins vous le diront, c'est que si le Vieux Censeur avait une grande foi dans ces mots, ils pouvaient le soulager efficacement, non par la force des mots en eux-mêmes, mais par la force de la vieille imagination Romaine. Il existe quelques mots Grecs qui n'ont pas moins de vertu : *Aski*, *Kataski*, *Tetrax*. Quand les prêtres Grecs reconduisaient à leur porte les adeptes complétement initiés aux mystères d'Éleusis, ils leur disaient en dernier ces mots terribles et puissants : *Konx, ompax*. Si vous voulez savoir de quel usage ils étaient, dites-les à quelqu'un, et vous en verrez immédiatement le résultat. Les anciens Hébreux croyaient que Dieu avait un nom secret, qu'ils considéraient comme inexprimable et qu'ils se contentaient de représenter par une figure mystique conservée dans le temple, et que celui qui parviendrait à le lire et à le répéter pourrait diriger la création intelligente et inintelligente à sa volonté. Quelques-un supposent que « Jehovah » est le mot qui passe pour être ce nom secret, et quelques Hébraïstes pensent que le mot « Yahveh » se rapproche beaucoup plus du nom véritable. Les Mahométans, qui ont beaucoup emprunté aux Hébreux, ont la même croyance sur le nom secret de Dieu, qui, à ce qu'ils croient, était gravé sur le cachet de Salomon, comme tous les lecteurs des *Mille et une Nuits* peuvent se le rappeler. Les Juifs croyaient que si vous prononciez le mot « Satan, » tout malin esprit à portée de vous entendre pouvait à l'instant s'introduire dans votre corps et prendre possession de vous, comme nous le voyons dans le Nouveau Testament.

Quelques anciennes villes avaient un nom secret et l'on croyait que si quelque ennemi parvenait à le découvrir, il pourrait, à l'aide de cette connaissance en entraîner la destruction. Ainsi, le nom secret de Rome était Valentia, et ce nom, conservé secret avec le plus grand soin, n'était connu que d'un ou de deux chefs parmi les pontifes.

M. Borrow, dans un de ses livres, parle d'un charme qui était connu par une Égyptienne et qu'elle répétait en elle-même quand elle avait besoin d'appeler un secours surnaturel. C'était « Saboca enrecar Maria ereria. » Il l'amena, après bien des efforts, à le lui répéter ; mais elle aurait bien désiré ne pas céder, et elle craignait qu'il n'en résultât quelque malheur. Il lui assura que ce n'était qu'une phrase toute simple, mais il ne gagna rien sur son esprit.

Un ancien médecin, nommé Serenus Sammonicus, était tout à fait sûr de guérir les fièvres par le moyen de ce qu'il appelait Abracadabra, ce qui était une espèce d'inscription tracée sur une matière quelconque, et que le malade devait porter sur sa personne. Voilà cette inscription : —

```
ABRACADABRA
 BRACADABR
  RACADAB
   ACADA
    CAD
     A
```

Un autre savant de la même école avait coutume de guérir les inflammations des yeux en pendant au cou du malade une inscription composée seulement de deux lettres A et Z. Mais comment les disposait-il ? C'est ce que malheureusement, nous ne savons pas.

A propos de ceci, beaucoup de paysans Allemands des provinces les plus ignorantes croient encore que d'écrire Abracadabra sur un morceau de papier et de le porter sur soi suffit pour les protéger contre les blessures, et que si le feu prend à leur maison, en jetant ce papier dans le feu cela éteint l'incendie.

Quelques charmes ou incantations s'adressent à Dieu, au Christ, ou à quelque saint, comme les païens l'adressaient à un esprit. En voici un pour l'épilepsie qui semble en appeler aux deux religions, comme garantie pour éviter toute erreur. Vous prenez l'épileptique par la main et vous murmurez à son oreille : « Je t'adjure par le soleil et par la lune et par l'Évangile d'aujourd'hui, de te relever et de ne plus tomber à terre. Au nom du Père, du Fils, et du Saint-Esprit. »

Un charme en usage contre les crampes dans certains villages est celui-ci : —

« Le diable est en train de faire un nœud dans ma jambe. Marc, Luc, et Jean, défaites-le, je vous en prie. Nous faisons trois signes de croix pour vous soulager : deux pour les deux larrons et un pour Jésus-Christ. »

En voici un autre, souvent employé en Irlande, qui, dans le même esprit de superstition et d'ignorance irrespectueuse, emploie le nom du Sauveur pour une misérable incommodité de l'humaine nature. Il a pour objet de guérir le mal de dents, et consiste à répéter cette phrase : —

« St. Pierre était assis sur un bloc de marbre, notre Sauveur vint à passer, et lui demanda ce qu'il avait : « Oh ! Seigneur, j'ai mal aux dents ! » « Lève-toi, Pierre, et suis-moi, et quiconque se rappellera ces mots en mémoire de moi ne souffrira jamais du mal de dents. Amen. »

L'astrologue Anglais Lilly, après la mort de sa femme, précédemment veuve d'un M. Wright, trouva dans un petit sachet écarlate qu'elle portait sous le bras, un cachet d'or pur, une sorte de plaque ronde dont le poids en or représentait une valeur de cinquante francs, et que son premier mari avait employé pour exorciser un esprit qui le tourmentait. Dans le cas où quelqu'un de mes lecteurs aurait la quantité de métal précieux nécessaire et serait désireux de se débarrasser d'un semblable visiteur, qu'il fasse faire la plaque et graver sur l'un des côtés en rond autour du bord : « Vicit Leo de tribus Judæ tetragrammaton +. » Et au milieu l'image d'un « mouton sacré. » Autour du bord de la plaque, sur l'autre côté, qu'il fasse graver « Annaphel, » et trois croix comme ceci + + + ; et au milieu « Sanctus Petrus Alpha et Omega. »

Les sorcières ont toujours eu des incantations

qu'elles employaient pour changer en cheval un manche à balai, et pour rendre malades les animaux et les personnes, etc. La plupart de ces incantations sont suffisamment stupides ; mais elles sont loin d'être aussi merveilleuses qu'une que je connais, et qu'on peut trouver dans un livre mystérieux intitulé : *The Girl's own Book*, et qui, autant que je puis le croire, avait le pouvoir de chatouiller les enfants ; elle est ainsi conçue : —

« Whiskerifusticus, aux jambes torses et à la barbe de bouc, le chauve et brave Bombardier de Bagdad, aida Abomilique Barbebleue, Pascha de Babelmandel, à détruire un abominable bourdon à Balsora. »

Quant aux autres sorcières, elles répétaient leurs charmes souvent dans leur propre langue et quelquefois dans une espèce de jargon inintelligible. Quand les sorcières Écossaises voulaient partir pour leur Sabbat, elles enfourchaient un manche à balai, une tige de blé, une paille, ou un jonc, et s'écriaient : « Cheval et botte de paille, au nom du diable ! » et immédiatement elles s'envolaient quarante fois plus haut que la lune, si telle était leur volonté. Quelques sorcières d'Angleterre, du comté de Sommerset, avaient coutume de dire : « Thout, tout, throughouth, and about, » ce qui peut à peu près signifier : « De ci, de là, tout du long, tout autour ; » et quand elles voulaient revenir après l'assemblée, elles disaient : « Rentum, tormentum ! » Si cette formule de charme ne parvient pas à fabriquer un cheval, ni même un cheval de paille, alors je recommande cette autre version : —

Horse and pattock, horse and go !
Horse and pellats, ho, ho, ho !

Les sorcières Allemandes disent dans leur idiome Teutonique : —

« En avant, marche ! Hi ! monte haut, et ne t'arrête nulle part ! »

Les sorcières Écossaises ont des procédés pour détruire les personnes ou les biens de ceux auxquels elles veulent du mal, qui ressemblent étonnamment à l'obeah ou mandinga nègre. Voici l'un de ces procédés ; faire un hachis avec la chair d'un enfant non baptisé, auquel on mêle de la chair de chien et de mouton, et placer ce plat délicieux dans la maison de la victime en récitant l'incantation suivante : —

« Nous plaçons ceci dans cette maison, au nom de notre Seigneur le Diable ; que celui qui y portera le premier la main soit brûlé et échaudé ! Nous détruirons les maisons et les meubles avec les moutons et les bestiaux par-dessus le marché ; et il ne restera rien de toutes les provisions. »

Une autre pratique employée pour faire périr les fils d'un certain seigneur nommé Gordon consistait à faire des petites figures en terre glaise ou en pâte représentant les enfants, et à les jeter dans le feu, en disant : —

« Nous mêlons cette eau à cette farine pour engendrer de longues souffrances inguérissables, nous la jetons dans le feu pour qu'ils soient brûlés comme une botte de paille jusqu'au lien. Qu'ils brûlent à notre volonté, comme une poignée de chaux dans un four. »

Dans le cas où l'une de nos lectrices viendrait à être changée en lièvre, qu'elle se rappelle comment la sorcière Isabel Gowdie se métamorphosa de lièvre en femme ; ce fut en répétant : —

« Lièvre, lièvre, que Dieu prenne soin de toi ! Je suis sous la forme d'un lièvre en ce moment ; mais je reviendrai femme encore. Lièvre, lièvre, que Dieu prenne soin de toi ! »

Vers l'année 1600, on pendit et on brûla tout à la fois, à Amsterdam, une pauvre idiote Hollandaise qui prétendait rendre les bestiaux stériles et ensorceler les cochons et la volaille en disant : —

« Turius und Shurius Inturius. » Je conseille d'essayer d'abord le pouvoir de ces paroles sur une vieille poule ; si cela réussit, on pourra alors opérer sur un cochon.

A peu près vers la même époque, une femme fut exécutée comme sorcière à Bamberg, après avoir été forcée par la torture, comme cela arrivait fréquemment, à faire sa confession. Elle dit que le diable lui avait donné le pouvoir d'envoyer des maladies à ceux qu'elle haïssait en leur adressant des compliments dans le genre de ceux-ci : « Quel homme vigoureux ! » « Quelle belle femme ! » « Oh ! le bel enfant ! » Je suis d'avis que ce genre de malédictions peut être employé quand elles ne sont pas dictées par un esprit de mensonge.

Voici deux charmes dont les sorcières Allemandes ont coutume de se servir pour évoquer le diable sous la forme d'un bouc : —

>   Lalle, Bachea, Magotte, Baphia, Dajam,
>   Vagoth Heneche Ammi Nagaz, Adomator
>   Raphael Immanuel Christus Tetragrammaton
>   Agra Jod Loi. Konig ! Konig !

Les deux derniers mots doivent être criés et très-vite. Celui qui suit, il faut se le rappeler, doit être lu à rebours, excepté les deux derniers mots. Il est considéré comme le plus puissant de tous, et on y a recours quand le premier a échoué.

>   Anion, Lalle, Sabolos, Sado, Poter, Aziel,
>   Adonaï Sado Vagoth Agra, Jod,
>   Baphra ! Komm ! Komm !

Dans le cas où le diable resterait trop longtemps, on peut s'en débarrasser en lui adressant les paroles suivantes, qu'il faut lire à l'envers : —

>   Zellianelle Heoti Bonus Vagotha
>   Plisos sother osech unicas Belzebuth
>   Dax ! Komm ! Komm !

Il y a bien certes de quoi faire sauver tout le monde.

Voici encore un charme Allemand pour améliorer

les finances de quelqu'un qui n'est pas pire qu'un autre ; en voici les termes : —

« Sois vénérée comme un Dieu, gentille lune, et fais que mon argent augmente avec rapidité. »

Pour vous débarrasser d'une fièvre à la manière Allemande, allez lier une branche d'arbre en disant : « Jeune pousse, je te lie ; fièvre, quitte-moi ! » Pour donner votre fièvre à un saule, allez de grand matin faire trois nœuds à une branche et dites : « Bonjour, mon vieux ! je te donne mon mal ; adieu, mon vieux ! » et sauvez-vous le plus vite possible, sans regarder en arrière.

Assez sur ces absurdités. Ce sont de pures niaiseries ; mais il est bon de savoir quels moyens étaient employés par les anciens en pareils cas, et il n'est pas sans utilité de les rapporter, car de nos jours il existe encore beaucoup de gens qui croient à de semblables formules. A Paris même, il y a encore des sorcières qui se jouent de la crédulité de la partie ignorante de la population et lui soutirent son argent par des moyens aussi ridicules.

VIII. — AVENTURIERS.

CHAPITRE XXXVIII.

La Princesse Cariboo, ou la Reine des Iles.

Bristol était, en 1812, la seconde ville commerciale de la Grande Bretagne, et elle faisait particulièrement un commerce très-considérable avec les Indes Orientales. Parmi ses habitants se trouvaient des négociants très-habiles, et plusieurs d'entre eux étaient fort riches; il y avait aussi un grand nombre de familles aristocratiques qui étaient regardées avec cette grande déférence qu'inspire toujours la « nobility ». Sous tous les rapports, Bristol était une ville très-élégante, très-riche, très-intelligente, et très-éclairée.

Par une belle après-midi de l'hiver de 1812 à 1813, l'*Hôtel du Lion Blanc*, un des premiers hôtels de la ville, fut mis en révolution par la nouvelle que la Princesse Cariboo, jeune femme remarquablement belle et fabuleusement riche, venait de débarquer en arrivant d'un port de l'Orient. Ce fut son Intendant, petit Asiatique au teint basané et ridé, parlant imparfaitement l'Anglais, qui donna ces renseignements et qui retint les appartements les plus somptueux de l'hôtel. Toute la maison se mit alors en mouvement, et le caractère mystérieux de cette charmante inconnue de haute naissance causa un merveilleux enthousiasme qui ne fit que croître jusqu'à ce que la belle étrangère daignât enfin descendre à terre. Elle arriva vers les dix heures en grand équipage et suivie de deux ou trois voitures pleines de bagages et d'un personnel plus nombreux encore — la Princesse d'un teint singulièrement sombre et habillée d'une manière fantastique, les serviteurs des tournures les plus curieuses. L'ardente curiosité des personnes de l'hôtel et de ses habitants n'était que trop justifiée par la rare beauté de l'inconnue, la mode orientale et la magnificence de ses parures, le nombre et la richesse des costumes de ses domestiques, et aussi par l'énorme volume des bagages — circonstance qui n'est pas d'une moindre importance dans une hôtellerie Anglaise que partout ailleurs. L'étrangère était très-généreuse envers les domestiques de l'hôtel, auxquels elle ne donnait jamais autre chose que de l'or.

On s'aperçut bientôt que Sa Seigneurie ne disait pas un mot d'Anglais, et même que son Intendant, étrange petit bonhomme brun et sauvage, ne le parlait que très-imparfaitement et préférait se servir de son jargon Chinois pour demander ce dont il avait besoin. Le maître d'hôtel pensa que c'était une bonne occasion pour faire d'énormes mémoires : en conséquence, il prépara des appartements, un dîner, une foule de domestiques, des carillons de sonnettes, et un luminaire féerique, le tout en très-grande pompe. Mais la dame, en vraie princesse, quoique très-satisfaite et très-gracieuse, acceptait tout ceci comme chose fort naturelle pour son service, et préféra son propre cuisinier à figure plate, au nez retroussé, aux culottes jaunes, à l'œil oriental et fendu en amande, avec une natte de cheveux tombant du sommet de sa tête entièrement rasée excepté à la nuque. Cet homme parcourait toute la basse-cour avec de petits ustensiles de cuivre très-curieux, dans lesquels il préparait divers mets diaboliques qui parurent aux domestiques Anglais être composés d'herbages, de riz, de curry, etc., etc., pour les repa de sa maîtresse. Pendant les trois ou quatre jours qui suivirent l'arrivée de l'étrangère, l'*Hôtel du Lion Blanc* fut dans une perpétuelle agitation occasionnée par les singulières allures de la Princesse et de ses serviteurs. La Princesse s'habillait d'une façon si extravagante, que les commères de Bristol n'avaient jamais rien vu de pareil, et ses domestiques se livraient continuellement à des exercices fantastiques accompagnés de chants qui assourdissaient tout le voisinage. Ils semblaient plus particulièrement épris d'une certaine ballade qu'ils chantaient avec un son nasal très-prononcé, laquelle commençant vers minuit et se prolongeant jusqu'au matin, exaspérait tous les environs : on aurait dit un concert de chats furieux. Il débutait par un chant plaintif à voix basse et finissait par des gargouillades éclatantes qui n'étaient qu'un croassement monotone. Après tout, ses domestiques, qui dormaient sur des nattes dans des pièces attenantes à celles de leur maîtresse et qui ne se nourrissaient que de mets préparés par eux-mêmes, étaient, à bien prendre, très-polis et très-inoffensifs et paraissaient avoir pour la Princesse un respect mêlé de crainte. L'Intendant, ou le secrétaire, ou le premier ministre, quel que soit le nom qu'on veuille lui donner, était très-mystérieux quant aux projets, à l'histoire, et aux antécédents de Sa Seigneurie, ce qui mit les curieux au désespoir, jusqu'à ce qu'enfin, un matin, *le Miroir de Bristol*, un des journaux le plus importants, parut, exprimant le plaisir qu'il éprouvait à faire savoir au public qu'un très-éminent et très-intéressant personnage étranger venait d'arriver de l'extrême Orient pour offrir à Sa Majesté George III un traité de commerce et d'alliance avec son royaume qui était aussi remarquable par ses richesses inconnues que par sa merveilleuse beauté. La Princesse était dépeinte comme représentant très-avantageusement la grâce et l'opulence de ce nouveau royaume de Golconde, puisque ses richesses sans égales et sa magnificence ne pouvaient être comparées qu'aux charmes ravissants de sa personne. Les autres journaux s'emparèrent de ce sujet en l'exagérant d'une façon extravagante. *Le Journal de Felix Farley* donna de ses voyages et de ses aventures extraordinaires dans l'extrême Orient un récit qu'il prétendait tenir de l'indiscrétion de son Intendant. L'Ile qui était sa principale résidence fut dépeinte comme étant très-étendue, très-fertile, immensément riche, très-peuplée, et possédant des arts rares et étranges, inconnus aux nations de l'Europe. La Princesse avait conçu une folle passion pour un jeune Anglais de haut rang qui avait fait naufrage sur les côtes de cette Ile, qui s'était ensuite échappé, à ce qu'elle apprit, et qui était arrivé sain et sauf dans un port de la Chine, d'où il avait fait voile pour l'Europe. La Princesse avait alors entrepris des voyages dans le monde entier, dans le but de le retrouver. Afin de faciliter son entreprise, adoucie qu'elle était par la profonde affection qu'elle ressentait pour cet enfant d'Albion, elle s'était déterminée à rompre avec les usages de son pays et à contracter une alliance avec celui de son bien-aimé.

Tels étaient les récits répandus de toutes parts; et quand les élégants de la ville eurent la certitude de ces faits, Gulliver, Peter Wilkins, et Sinbad le Marin furent complétement éclipsés. Des diamants aussi gros que des œufs de poule et des perles de la grosseur des noisettes passaient pour les ornements les plus ordinaires de la Princesse, et ses soieries et ses châles étaient lamés d'or et d'argent.

La nouvelle de cette romanesque et mystérieuse histoire, ces immenses richesses, cette intéressante mission de Majesté à Majesté en personne, et la réalité dont chacun put juger en voyant tant de grâce et de beauté, suffirent pour mettre en émoi l'élite de la société de la ville. Il était à peine d'étiquette pour un visiteur royal de recevoir beaucoup de monde avant d'avoir été présenté à la cour. Mais cette Princesse venait d'un pays si éloigné et si en dehors du giron de la Chrétienté et de tous ses usages, qu'on ne jugea pas hors de propos de lui témoigner toutes les attentions bienveillantes de la ville à son égard, et la glace une fois rompue, rien n'arrêta plus la foule. Les membres de l'aristocratie de Bristol rivalisaient d'extravagances dans leurs démonstrations. La rue qui faisait face à l'*Hôtel du Lion Blanc* était chaque jour sillonnée d'élégants équipages, et dans les salons de réception se pressaient une foule de jolies femmes et d'hommes distingués. Les modistes et les couturières présentèrent à la Princesse Cariboo les chapeaux, les dentelles, les robes du goût le plus exquis, afin de lui faire connaître la mode et de solliciter sa haute protection; les marchands de nouveautés lui envoyèrent des échantillons de leurs plus riches étoffes; les parfumeurs, des coffres pleins de flacons des odeurs les plus exquises; les joailliers, leurs plus riches écrins; les fleuristes et les visiteurs venaient lui offrir les plus rares et les plus délicates plantes exotiques. Les tableaux, les esquisses, les gravures, les peintures à l'huile, les portraits sur ivoire de ses admirateurs pleuvaient de tous côtés, et sa délicate personne et ses traits charmants furent reproduits par une foule d'artistes. Le jour on lui donnait des fêtes, et le soir des sérénades; enfin, la Princesse Cariboo devint la fureur du Royaume Uni. Des fêtes magnifiques lui étaient données par des particuliers, et pour couronner l'œuvre, M. Worrall, le Recorder de Bristol, employa son influence pour lui faire donner une grande fête dans les salons de l'Hôtel de Ville, et des gens des environs comme des pays éloignés y arrivèrent par milliers.

Dans le même temps, les journaux s'occupèrent gravement de rechercher si la contrée de Cariboo signifiait quelque partie éloignée du Japon, ou l'Ile de Bornéo, ou même quelque archipel peu connu de de l'extrême Orient. Le journal *le Miroir* publiait des types fondus exprès, dans le but de représenter les caractères de la langue que parlait et écrivait la Princesse. Ils étaient certainement très-baroques, et les prétendus savants qui savaient très-bien qu'il n'y avait personne pour les contredire, déclarèrent que c'étaient des caractères de Copte Ancien!

En lisant cette histoire, il vous revient irrésistiblement à la mémoire cette ancienne inscription Romaine, découverte par l'un des personnages de Dickens, que quelque malotru irrévérencieux déclara ensuite n'être ni plus ni moins qu'une enseigne vulgaire.

Tout cela dura quinze jours, jusqu'à ce que toute la ville et une partie des environs fussent arrivés au paroxysme de l'absurde : il n'y eut que les gamins des rues, qui se tinrent en dehors de cet engouement parce qu'ils n'étaient pas admis aux fêtes. Leurs salutations prirent la forme d'un chant peu harmonieux dont le refrain se terminait ainsi : —

Oh! oh! oh!
Qu'est-ce que la Princesse Cariboo?

qu'ils glapissaient comme des sourds.

Enfin, un jour les bagages de Sa Seigneurie furent embarqués sur un petit vaisseau qui allait à Londres, pendant que la Princesse faisait annoncer par son Intendant son intention de gagner la capitale dans une voiture de poste.

Naturellement les plus superbes voitures de voyage furent mises à sa disposition ; mais refusant courtoisement toutes ces offres, elle partit la nuit dans une voiture de louage.

Les jours et les semaines s'écoulèrent et rien n'annonça l'arrivée de la Princesse à Londres ou dans aucune des villes intermédiaires. On commença à s'enquérir, et après de longues et patientes recherches, il devint évident qu'on avait été trompé.

Le maître de l'*Hôtel du Lion Blanc*, qui avait accepté un billet de l'Intendant pour 1,000 livres sterling sur un banquier de Calcutta à Londres, l'infortuné Worrall, qui avait été maître de cérémonies à la fête de l'Hôtel de Ville et qui avait dépensé beaucoup d'argent, et les négociants qui avaient fait de grandes fournitures, tous s'aperçurent qu'ils avaient été joués. La Princesse Cariboo avait disparu aussi mystérieusement qu'elle était venue.

Pendant quelques années les habitants de Bristol furent tournés, sans pitié, en ridicule par tout le royaume en raison de cette affaire ; des chants comiques, et des comédies burlesques immortalisèrent cette histoire.

Quelqu'un assura que la Princesse n'était autre qu'une actrice plus connue que célèbre, née humblement dans un village voisin de la vieille cité où elle avait commis cette gigantesque supercherie, dans laquelle elle avait été aidée par une troupe d'acteurs et de jeunes gens dissolus qui fournirent l'argent qu'elle avait dépensé, préparèrent les costumes Orientaux, publièrent les réclames et les canards, et excitèrent l'enthousiasme.

Le profit net de la Princesse et de ceux qui l'avaient secondée dans cette affaire, se monta à 10,000 livres sterling (250,000 fr.).

Pendant quelques mois et après la première publication des faits relatés ci-dessus, les journaux Anglais annoncèrent la mort de la Princesse Cariboo, tandis qu'on apprit par la suite qu'elle était mariée avec une personne de son rang et exerçait l'utile commerce des sangsues — profession qui avait un certain rapport métaphorique avec ses exploits primitifs, mais plus ambitieux.

CHAPITRE XXXIX.

Le Comte de Cagliostro, aliàs Joseph Balsamo, connu aussi sous le nom de Joseph le Maudit.

UNE des pages les plus frappantes, les plus amusantes, et les plus instructives de l'histoire du charlatanisme est la vie du Comte Cagliostro dont le nom réel était Joseph Balsamo. Il naquit à Palerme en 1743, et commença de bonne heure à montrer ses brillants talents pour la friponnerie.

Il s'échappa de sa première pension à l'âge de onze ou douze ans en montant une mascarade de fantômes avec l'aide de petits gredins, ses camarades, ce qui effraya les gardiens, au point qu'ils s'enfuirent comme des singes, presque morts de peur. Il n'avait pas gagné grand'chose à cette pension, excepté le surnom de Joseph le Maudit. A l'âge de treize ans, il fut une seconde fois renvoyé du couvent de Cartegirone, appartenant à l'ordre des Frères de Saint-Benoît, les bons pères ayant en vain essayé de le maintenir dans la bonne voie.

Pendant son séjour dans ce couvent, le jeune homme fut chargé de la pharmacie, et c'est probablement là qu'il acquit plus ou moins des notions de chimie et de physique dont il se servit plus tard. Sa dernière escapade fut ridicule et caractéristique. Il était gourmand et voleur, et fut par punition désigné pour lire à haute voix les anciens martyrs pendant que les moines dînaient. De sorte que, occupé à ce qui lui plaisait le moins, et privé de ce qu'il aimait le mieux, il improvisa impudemment, au lieu de lire les histoires des saintes agonies, tout ce qu'il pouvait penser de plus scandaleux sur le compte des femmes les moins respectables de Palerme, substituant leurs noms à ceux des martyrs.

Ensuite, Maître Joseph se distingua en faisant de faux billets d'Opéra et même des écrits différents qui le conduisirent à l'escroquerie. Il interpréta les visions, fit des conjurations, et finalement se laissa aller jusqu'à quelques petits assassinats.

Bientôt il fit croire à un vieux fou, orfèvre avide, nommé Mareno, qu'il y avait un trésor caché dans le sable du rivage, près Palerme, et Joseph Balsamo persuada à ce crédule bonhomme d'aller une nuit faire des fouilles. Étant arrivé au lieu indiqué, la dupe se déshabilla entièrement, un cercle magique fut tracé autour de lui au moyen d'ossements et de squelettes, et Joseph l'engageant à ne pas sortir du cercle tracé, à moins que les Esprits ne voulussent le tuer, disparut pour évoquer les Esprits. Presque aussitôt, six démons avec des cornes, à pieds fourchus, à queues, et à griffes, respirant du feu et de la fumée, sautèrent de dessus les rochers, et battirent jusqu'à la mort le malheureux orfévre. On pense bien que ce ne pouvaient être que Joseph et ses affidés; et prenant les valeurs et l'argent de Mareno, ils le laissèrent sur la place. Il rentra chez lui dans un état pitoyable, mais avec encore assez de sentiment pour laisser voir à Joseph qu'il le suspectait et pour lui promettre de l'assassiner bientôt suivant l'usage Sicilien. Joseph se sauva alors de Palerme et alla à Messine. Là, il dit avoir fait la connaissance d'un vénérable charlatan nommé Athlotas, sage Arménien qui unit ses talents à ceux de Joseph en faisant une certaine préparation de lin et de chanvre et en la faisant passer au peuple d'Alexandrie comme une nouvelle espèce de soie. Ce fait ne fit pas seulement sensation, mais rapporta beaucoup d'argent, et les deux escrocs traversèrent la Grèce, la Turquie, et l'Arabie dans toutes les directions, éveillant la superstition Orientale d'une façon étonnante. Les harems et les palais, suivant la propre histoire de Cagliostro, leur furent ouverts partout, et pendant que le Calife de la Mecque prenait Balsamo sous sa haute protection, un des plus grands Muftis lui donna un splendide appartement dans sa propre demeure. Il est à peine nécessaire de réfléchir au respect illimité que les bons Musulmans avaient pour ces dignitaires, exaltés, pour comprendre la haute distinction à laquelle arrivèrent ces saltimbanques Italiens. Mais parmi toutes les histoires obscures qui existent dans les langues Italienne, Française, et Allemande touchant ce grand imposteur, il y a le récit d'une aventure nocturne arrivée dans le harem d'un haut et puissant personnage de la Mecque pour laquelle l'Arménien fut mis à la porte avec sa robe déchirée et sa barbe arrachée par ses propres domestiques, et obligé d'errer dans les rues pendant que Joseph, déguisé, recevait le prix de ses mensonges ainsi que les attentions des dames du sérail pendant toute une nuit. Sa fuite à la côte après cette aventure fut presque miraculeuse, et il revint bientôt après à Rome avec le titre de Comte de Cagliostro qu'il s'était conféré lui-même, la réputation de posséder d'énormes richesses, et des lettres de recommandation très-réelles et très-chaudes de Pinto, le Grand-Maître des Chevaliers de Malte. Pinto était un alchimiste et avait été trompé et affolé par son penchant pour le rusé Joseph.

Ces lettres de recommandation introduisirent notre charlatan dans les premières familles de Rome, qui, semblables à d'autres grandes familles, furent les premières aussi à tomber dans l'aberration et la stupidité. Il se maria aussi avec Lorenza Feliciani, donzelle Romaine très-belle, très-astucieuse, et très-méchante, et le digne couple, combinant ses talents variés et regardant le monde comme une huître bonne à avaler, chercha à l'ouvrir d'une manière très-adroite. Je ne puis pas suivre ce merveilleux caméléon humain dans toutes ses transformations, sous ses noms divers de Fischio, Melissa, Fenice, Anna, Pellegrini, Harat, et Belmonte, ni constater les études et les moyens à l'aide desquels il recueillit des connaissances suffisantes de physique, de chimie, les propriétés cachées des nombres, l'astronomie, l'astrologie, le mesmérisme, la clairvoyance, et la magie noire, d'après les vieilles et authentiques traditions; mais il suffit de dire qu'il voyagea dans toutes les parties de l'Europe, et qu'il souleva sur son passage l'enthousiasme général.

Il y avait toujours assez de stupides fats, jeunes, vieux, de tous rangs qu'attiraient les sourires de sirène de la Comtesse, et assez de dupes des deux sexes partout qui avalaient ses blagues et qu'abasourdissaient ses jongleries. Dans le cours de ses voyages il rendit une visite à son grand frère en blagues le Comte de St. Germain, en Westphalie, et ce ne fut pas longtemps après qu'il commença à livrer à la publicité ses grandes découvertes en alchimie : sa Pierre Philosophale et l'Élixir de Vie ou l'Eau de Perpétuelle Jeunesse. Ceci et plusieurs merveilles semblables furent déclarées être le résultat de ses investigations sous l'Arche de la vieille Maçonnerie Égyptienne, qu'il réclama l'honneur d'avoir fait revivre. Les connaissances relatives à la Maçonnerie Égyptienne, que Cagliostro avait trouvées dans les manuscrits laissés par un nommé George Cofton, tombèrent dans nos mains avides. Ces documents devaient donner la perfection au genre humain, et lui apporter la régénération morale et physique. De ces deux régénérations, la première devait être opérée au moyen d'un Pentagone qui devait effacer le péché originel et renouveler l'innocence primitive. La régénération physique devait être obtenue par l'usage de la pierre philosophale et de l'acacia, lesquels devaient donner l'éternelle jeunesse.

Dans ce nouvel ordre de choses il s'arrogea le titre de Grand Cophte et il réclama l'adoration de ses partisans, déclarant que cette Institution avait été établie par Énoch et Élie, et qu'il avait été appelé par l'influence des êtres spirituels à en faire revivre la gloire primitive. De fait, cette prétention, qui influença des milliers de crédules, fut une des plus hardies impostures qui aient jamais vu la lumière, et il est étonnant de penser qu'à une époque si rapprochée de la nôtre (1780) ces jongleries aient eu tant de succès et pendant un si long temps. Les exercices préparatoires pour l'admission à la confrérie mystique ont été décrits comme une suite de purgations, de jeûnes, et de contritions durant quarante jours, et finissant par la régénération physique et l'immortalité sur la terre. Le célèbre Lavater, qui était doux et faible, devint un des disciples de Cagliostro : il fut trompé de bonne foi et à la grande joie de son cœur. On lui fit croire, par le fait, que le Comte pouvait faire entrer le démon en lui et l'en faire sortir à sa volonté, suivant le cas.

La merveilleuse Eau de Beauté, qui donnait aux vieilles figures ridées l'apparence de la fraîcheur et de la jeunesse, fut l'objet du principal commerce de la Comtesse et était naturellement très-demandée par les beaux fanés et les douairières du jour qui se persuadaient aisément que leur beauté allait renaître. La transmutation des métaux communs en or se terminait ordinairement par la transmigration de tout l'or que possédaient les victimes dans la bourse du Comte.

En 1776, le Comte et la Comtesse allèrent à Londres, là ils tombèrent d'une manière assez plaisante entre les mains d'un joueur et d'une femme de mauvaise vie qui les tourmentèrent à l'excès, parce que le Comte ne pouvait pas les faire gagner à la loterie.

Ils le poussèrent bel et bien en prison et l'escroquèrent d'une façon si terrible, que bientôt après le pauvre Comte revint l'oreille basse sur le Continent avec seulement 50 livres qu'ils lui laissèrent des 3,000 qu'il avait apportées avec lui.

Un incident des expériences de Cagliostro en Angleterre fut l'affaire des cochons dont la chair était empoisonnée ; on peut en trouver le récit dans un journal de Londres du 3 Septembre 1786, le *Public Advertiser*. Un Français, nommé Morande, publiait à cette époque un journal Français, intitulé *le Courrier de l'Europe*, et ne perdait aucune occasion pour dénoncer le Comte comme un charlatan. A la fin, Cagliostro, irrité par ces attaques réitérées, publia dans l'*Advertiser* un défi offrant de parier 5,000 guinées que Morande serait trouvé mort dans son lit le lendemain du jour où il aurait mangé de la chair d'un cochon choisi par lui-même parmi ceux que le Comte engraissait : tout devait être préparé dans la maison et sous les yeux de Morande. L'époque de ce singulier repas fut fixée, mais quand elle fut arrivée, le journaliste Français recula complètement et paya les 5,000 guinées, à la grande joie de son adversaire et de ses crédules partisans.

Cagliostro et sa femme recommencèrent leurs voyages sur le Continent, et par leur art et leur commerce refirent la fortune qu'ils avaient perdue. Entre autres exagérations, il assurait avoir une piété si surnaturelle, qu'il pouvait distinguer un incrédule par l'odorat, qui devait être opposé à l'odeur de la sainteté. La prétention du Comte d'avoir vécu pendant des centaines d'années était complétement acceptée par certaines personnes. Il attribuait son immortalité à son Élixir et sa jeunesse apparente à son Eau de Beauté. La Comtesse, pour appuyer ses paroles, parlait facilement de son fils, colonel au service des Hollandais, âgé de cinquante ans, tandis qu'elle ne paraissait guère avoir plus de vingt ans.

A la fin, à Rome, le Comte et la Comtesse tombèrent entre les mains du Saint-Office, et tous deux ayant été jugés pour leurs nombreuses offenses contre l'Église, ils furent déclarés coupables et, en dépit de leur confession et de leur vraie contrition, ils furent emprisonnés pour la vie : le Comte, au château de S. Léon, dans le duché d'Urbino, où il mourut en 1795, huit ans après son emprisonnement; la Comtesse, dans un couvent des faubourgs, où elle mourut aussi quelque temps après.

Les portraits de Cagliostro, dont un grand nombre existent, le représentent comme un homme fortement constitué, à cou de taureau, gros et gras, à nez aplati, à figure commune, au regard sensuel et d'une basse hypocrisie.

La célèbre histoire du collier de diamants dans laquelle Cagliostro, Marie Antoinette, le Cardinal de Rohan, et d'autres furent mêlés à une si haute dose de malheur, d'imprudence, et de folie, a droit à un chapitre spécial.

CHAPITRE XL.

Le Collier de la Reine.

Dans mon étude sur Joseph Balsamo, *aliàs*, le Comte de Cagliostro, j'ai renvoyé à l'affaire du collier de diamants, connue dans l'histoire de France sous le nom du Collier de la Reine, et j'ai promis de dire comment le nom et la réputation de Marie Antoinette s'y trouvaient mêlés. Je vais donc donner un récit très-succinct de cette mémorable imposture, la plus audacieuse peut-être, et la plus astucieuse qui soit connue : elle fut presque entièrement l'œuvre d'une femme.

Sur le Quai de la Ferraille, non loin du Pont Neuf, se trouvait l'établissement de MM. Boehmer et Bassange, les plus célèbres joailliers de leur temps. Après les succès qu'ils avaient obtenus dans le monde entier sous le règne de Louis XV, ils devinrent très-riches, et à l'avénement de Louis XVI ils se déterminèrent à surpasser tout ce qu'ils avaient déjà fait et à mettre le sceau à leur gloire. Leurs correspondants dans toutes les plus importantes places du monde furent priés de contribuer à leur entreprise, et dans le cours de deux ou trois années ils réussirent à collectionner les diamants les plus beaux et les plus remarquables qu'on pouvait se procurer dans le monde entier.

Leur projet fut de combiner tous ces superbes fragments afin d'en faire une parure destinée à orner les grâces de la beauté. Un collier fut l'objet sur lequel on se fixa : le goût le plus exquis et l'art le plus parfait dont l'Europe put tirer vanité présidèrent à la confection de ce chef-d'œuvre. Chaque diamant fut placé et taillé de façon à faire ressortir tous ses avantages, et tous furent disposés de la manière la plus habile pour harmoniser leurs effets réunis. La forme, la taille, les nuances furent étudiées, et le résultat de tant d'essais, d'insuccès, et d'anxieux labeurs de plusieurs mois, fut le triomphe le plus complet que le génie du lapidaire et du joaillier pouvait concevoir.

Tout le collier consistait en trois triples rangées de diamants, ou neuf rangées en tout, formés de huit cents pierres irréprochables; ces triples rangées tombaient en courbe gracieuse de chaque côté sur la poitrine et sur les épaules de celle qui portait le collier. Les courbes, jaillissant de la gorge, d'où un magnifique pendant, attaché par un simple nœud de diamants dont chacun était aussi gros qu'une noisette, tombaient à moitié sur le sein en forme de croix et de couronne, entourées des lys de la maison royale. Les lys eux-mêmes, se jouant sur leurs tiges, étaient retenus par de plus petits joyaux. Les grappes et les festons les plus riches tombaient sur chaque épaule, retenus au collier par une agrafe, et l'agrafe centrale, sur le derrière du cou, formait un dessin emblématique répondant à celui du devant.

Ce fut en 1782 que ce grand travail fut complétement achevé, et les heureux propriétaires l'admirèrent avec bonheur comme un monument d'habileté sans égale dans son genre, comme les pyramides elles-mêmes. Mais, hélas! le collier aurait pu tout aussi bien être composé des cailloux communs entassés dans ces mêmes pyramides que des joyaux les plus fins pour tout le bien qu'il semblait destiné à apporter aux pauvres joailliers en dehors de leur ravissement à le considérer comme leur propriété.

Le collier valait 1,500,000 livres du temps, ce qui ferait bien aujourd'hui 2,500,000 francs : il était d'une trop grande valeur, il faut l'avouer, pour être conservé dans une cassette, d'autant plus que MM. Boehmer et Bassange ne l'avaient pas encore entièrement payé. Ils avaient des créanciers dans différents pays et un immense capital engagé dans leurs maison de joaillerie.

Naturellement, après que leur joie fut apaisée, ils furent plus qu'anxieux de vendre un objet sur lequel il fallait toujours veiller et qui pouvait si aisément disparaître. Combien de filous au cœur hardi et à la main preste n'auraient pas hésité à risquer vingt fois leur existence pour mettre la main sur ce bijou qui pouvait produire un élysée de luxe et de plaisir ! C'eût été un jeu dangereux à jouer en plein midi dans un pays moral et bien administré, mais songez au Paris dissolu d'il y a quatre-vingts ans !

La première pensée qui surgit dans l'esprit des joailliers, fut qu'il n'y avait pas de meilleure place pour leur incomparable collier que le cou de cygne de la Reine Marie Antoinette, alors admirée et aimée de tous ! Sa beauté seule pouvait être encadrée par une telle splendeur, et le trône de France était le seul de la Chrétienté qui pouvait soutenir un poids si brillant, quoique la Reine eût déjà acheté aux joailliers, en 1774, quatre diamants du prix de 375,000 livres.

Louis XV n'aurait pas hésité à le placer sur les épaules de la Dubarry, et Louis XVI, en dépit de ses étranges idées sur l'économie et sur la bonne administration, écouta facilement les délicates insinuations des joailliers de la Couronne, et un beau matin il posa le collier dans sa cassette sur la table de la Reine. Sa Majesté céda un instant à un mouvement de faiblesse et se mit à danser et à rire avec la joie d'un enfant à la vue de ces diamants étincelants. Une fois, une fois seulement, elle le plaça sur son cou, et probablement le monde n'a jamais vu, avant ou depuis, une telle beauté dans un tel cadre. C'était presque la tête d'un ange brillant dans une sphère céleste. Mais une meilleure pensée prévalut, et avec un geste de sa belle main elle refusa le cadeau et pria le Roi d'employer cette somme à des œuvres plus utiles pour la France dont les finances étaient en mauvais état. « Nous avons plus besoin de vaisseaux de guerre que de colliers, » dit-elle. Le Roi fut réellement enchanté de cette sagesse, et cet incident bientôt connu donna à la Reine une immense popularité, vingt-quatre heures après qu'il se fut produit. La somme fut réellement employée à la construction d'un vaisseau de ligne appelé *le Suffren*, du nom du grand amiral.

Boehmer, qui semble avoir été l'homme d'affaires de la maison de bijouterie, se trouva alors aussi embarrassé de son collier que le fut ce savetier qui gagna un éléphant à la loterie ; aussi devint-il un véritable tourment pour la Reine, à qui il voulait persuader de l'acheter.

Elle le crut même un peu fou à ce sujet, et un jour, après en avoir obtenu une audience particulière, il la supplia d'acheter le collier ou de le laisser se jeter dans la Seine. A bout de patience, la Reine lui dit qu'elle ne l'achèterait pas, et que s'il préférait se jeter dans la Seine, il en était entièrement le maître, et que, quant au collier, il ferait mieux de le mettre en morceaux et de le vendre. Le pauvre Allemand (car Boehmer était Saxon) ne se rendit ni à son inspiration, ni à celle de la Reine ; il partit dans une profonde tristesse.

Quelques mois après, le joaillier de la Cour promenait son collier par toutes les cours de l'Europe, mais aucune ne jugea à propos de payer si cher cette collection de huit cents diamants, et l'étincelant éléphant resta entre les mains du joaillier.

Le temps marchait. Madame Campan, une des confidentes de la Reine, rencontra Boehmer, et il fut question du collier.

« Eh bien ! où en êtes-vous avec votre collier ? » lui demanda-t-elle.

« Je suis très-satisfait, » répondit Boehmer, dont Madame Campan avait déjà remarqué la sérénité. « Je l'ai vendu au Sultan de Constantinople pour sa Sultane favorite. »

Madame Campan trouva cela curieux, mais elle en fut contente et ne dit rien de plus.

Le temps marchait toujours. Au commencement du mois d'Août 1785, Boehmer se rendit à la maison de campagne de Madame Campan, à la grande surprise de cette dernière.

« La Reine ne vous a-t-elle pas donné une commission pour moi? » demanda-t-il.

« Non, » dit Madame Campan; « et quelle commission la Reine m'aurait-elle donnée? »

« Une réponse à ma lettre, » dit le joaillier.

Madame Campan se souvint d'une note que la Reine avait reçue de Boehmer quelque temps avant, accompagnée de bijoux qu'il lui envoyait comme un présent du Roi. Il la félicitait de posséder les plus beaux diamants de l'Europe, et espérait qu'elle se souviendrait de lui. La Reine ne pouvait rien faire de cette lettre et la détruisit. Par conséquent, Madame Campan répliqua : —

« Il n'y a pas de réponse; la Reine a brûlé la lettre et ne comprend même pas ce qu'elle signifiait. »

L'Allemand stupéfait raconta alors très-vivement à Madame Campan une histoire qui la remplit d'étonnement. Il dit que la Reine lui devait le premier payement du collier, car finalement elle l'avait acheté; que l'histoire de la Sultane n'était qu'un mensonge inventé par elle pour cacher le fait, parce qu'elle voulait payer par termes et qu'elle désirait que cela ne fût pas su. Boehmer dit aussi que la Reine avait employé le Cardinal de Rohan à cet achat et que le collier avait dû être remis à la Reine par l'intermédiaire du Cardinal qui l'avait reçu.

Madame Campan savait combien la Reine détestait le Cardinal, qui avait été éloigné de la Cour pour cette raison et auquel la Reine n'avait pas parlé depuis plusieurs années. Aussi Madame Campan dit-elle à Boehmer qu'on lui en avait imposé.

« Non, » répondit-il, « c'est vous qui vous trompez, la Reine est décidément en intimité avec le Cardinal. J'ai les papiers, signés par elle, qui autorisent cette transaction; et j'ai même dû les montrer à des banquiers pour obtenir moi-même un délai pour mes payements. »

La dame d'honneur, étonnée au plus haut degré, dit à Boehmer d'aller voir le Ministre de la Maison du Roi, et elle-même alla ensuite chez la Reine, à laquelle elle raconta l'histoire qu'elle savait. Marie Antoinette fut profondément attristée par l'existence évidente d'un grand scandale et d'une grande escroquerie auxquels elle était mêlée par les fausses signatures apposées aux documents auxquels Boehmer avait ajouté foi.

Maintenant, au Cardinal Louis de Rohan. Rejeton de la grande famille de ce nom, descendant d'une des plus grandes de France et descendant du sang royal de Bretagne, il était beau, orgueilleux, dissolu, sot, crédule, et sans principes; il était alors âgé de cinquante ans, libertin achevé, riche mais criblé de dettes. Il était Pair de France, Archevêque de Strasbourg, Grand Aumônier de France, Commandeur de l'ordre du Saint-Esprit, Commandatâire du Bénéfice de St. Wast d'Arras, qui passait pour être le plus riche d'Europe, et Cardinal. Il avait été ambassadeur à Vienne peu de temps après le mariage de Marie Antoinette avec le Dauphin; il avait profité des avantages de sa position pour faire la contrebande; il avait fait plus, et il avait profondément offensé Marie Thérèse par d'outrageuses débauches, par sa violente irréligion, et par-dessus tout par ses saillies satiriques, plates, et mesquines sur la conduite de l'Impératrice touchant la Pologne: aussi ne l'oublia-t-elle jamais, pas plus que sa fille Marie Antoinette; et quand il se présenta à Paris peu de temps après que celle-ci fut devenue Reine, il reçut un accueil très-froid et l'ordre de partir pour Strasbourg.

Dans ce temps-là, une sentence d'exclusion de la Cour était considérée, pour un noble, comme un exil, et de Rohan fut juste assez sot pour sentir cette peine encore plus vivement. Il partit cependant, et dès lors il vécut de la vie d'un Adam persévérant chassé de son paradis, frappant à toutes les portes, et essayant tous les moyens pour y rentrer.. Une fois, par exemple, le portier de Trianon le laissa entrer pendant une illumination; il fut reconnu par ses bas de Cardinal qui passèrent sous son manteau; mais on ne fit que se moquer de lui. Le portier fut chassé, et le pauvre sot et misérable Cardinal resta dehors au froid, le cœur brisé de cette exclusion. Vers 1783, ce grand fou se lia avec un fripon comme lui, dont il faut parler ici, attendu qu'il va prendre part à l'affaire du collier. C'était Cagliostro, qui, à cette époque, vint à Strasbourg, excitant l'enthousiasme par la fascination de la Comtesse, par sa Maçonnerie Égyptienne, sa nourriture Spagirique (une espèce de Pilules de Brandreth, du temps), avec laquelle il alimentait les pauvres malades, son Élixir de Longue Vie, et autres charlatanismes.

Le Cardinal lui fit savoir qu'il désirait le voir. L'empirique, dont l'impudence dépassait encore l'orgueil du Cardinal, lui envoya cette sublime réponse :—

« S'il est malade, qu'il vienne me voir, et je le guérirai ; s'il se porte bien, il n'a pas besoin de me voir, ni moi non plus. »

Cette réponse augmenta le désir du Cardinal. Après quelques hésitations affectées, Cagliostro se rendit enfin à la demande du Cardinal. Il était l'homme qu'il fallait pour captiver celui-ci, et ils devinrent promptement intimes amis : ils pratiquèrent ensemble la transmutation, l'alchimie, la maçonnerie, et firent beaucoup d'expériences sur l'excellent vin de Tokay du Cardinal. Rohan ne faisait rien sans consulter Cagliostro, et quand celui-ci alla en Suisse, sa dupe correspondit constamment avec lui au moyen d'un chiffre.

En dernier lieu, il doit être fait ici mention de Jeanne de St. Remi, Comtesse de Lamotte-Valois de France, la principale intrigante qui ait pris part à l'affaire du collier. Elle descendait de la maison royale des Valois, à laquelle François 1er appartenait, par un fils naturel de Henri II, qui fut fait Comte de St. Rémy. La famille avait bien dégénéré ; elle était devenue pauvre et infâme. Un des ancêtres de Jeanne s'étant rendu coupable de faux pour vivre. Elle avait été protégée par la Comtesse de Boulainvilliers, femme au noble cœur, et elle recevait une petite pension de la Cour de 1,500 livres par an : elle s'était mariée à une espèce de grand soldat nommé Lamotte, était venue à Paris, et y vivait pauvrement dans une mansarde comme pour saisir au vol toute bonne occasion pour exercer son esprit d'intrigue. Elle avait un esprit vif, l'œil brillant, une figure méchante et effrontée sans être belle, des gestes animés, et en vérité quelque chose de fascinateur.

Sa protectrice, la Comtesse de Boulainvilliers, était morte alors. De son vivant, elle l'avait reçue une fois au palais de M. de Rohan à Saverne, et Jeanne s'était ainsi un peu insinuée dans les bonnes grâces du Cardinal, et elle conserva des relations avec lui durant son séjour à Paris.

Tout le monde à Paris connaissait le collier et le désir de Rohan de rentrer en faveur à la cour. L'esprit astucieux de Madame de Lamotte se trouva mêlé aux choses que je viens de décrire : collier, joaillier, cardinal, Reine, et escrocs; tout fut réuni par elle dans le complot dont elle était l'âme et dont elle devint la clef de voûte.

Aucun mortel ne sait d'où les idées viennent. Soudainement l'esprit conçoit; où et comment, nous ne savons pas; le démon seul pouvait avoir inspiré l'idée qui surgit dans l'esprit habile et méchant de cette aventurière. Voici le plan qu'elle forma soudain. Voilà ce qu'elle vit d'un même et seul coup d'œil : —

« Boehmer perd la tête de ne pas vendre son collier; de Rohan perd la tête de l'envie de rentrer en faveur auprès de la Reine; moi, je perds la tête de n'avoir pas d'argent; donc, si je puis faire croire à de Rohan que la Reine a envie du collier et qu'il deviendra son ami en l'aidant à se le procurer; si je puis lui faire croire que je suis l'intermédiaire entre elle et lui, alors je puis voler les diamants, puisqu'ils doivent passer par mes mains. »

C'était un projet merveilleusement adroit et hardi! Et plus merveilleux encore furent la promptitude et le calme avec lesquels il fut exécuté.

La Comtesse commença à insinuer au Cardinal qu'elle était au mieux avec la Reine à cause de sa verve et de sa gaieté, et qu'elle avait de fréquentes audiences de Sa Majesté. Elle laissa bientôt voir au Cardinal qu'il était loin de déplaire à la Reine comme il le supposait. Le vieux fou mordit instantanément à l'hameçon, et son émotion témoigna de son espoir et de sa joie. Un peu plus tard, il apporta une lettre ou note constatant humblement et plaintivement sa position : la Comtesse lui promit de la remettre entre les mains de la Reine. C'était la première d'environ *deux cents* lettres de lui, lettres d'abaissement, d'arguments pleins de supplication, et ainsi de suite, toutes confiées à Jeanne. Elle les brûla, je crois.

Afin de faire croire plus facilement à sa dupe qu'elle était admise dans l'intimité de la Reine, plus d'une fois Jeanne le fit attendre à une petite porte qui donnait dans les jardins de Trianon dont elle avait la clef, et après avoir attendu, il la vit sortir accompagnée d'un homme qu'elle disait être Desclos, valet de la Reine. C'était Rétaux de Villette, âme damnée de Jeanne et de son mari, et joueur et escroc de profession.

Bientôt Jeanne parla des charités de la Reine, et une fois elle lui dit que Marie Antoinette désirait vivement dépenser une certaine somme dans un but de bienfaisance, mais qu'elle n'avait pas de fonds, et que le Roi était bien économe.

Le pauvre Cardinal mordit de nouveau à l'hameçon.

« Si la Reine voulait me permettre de lui fournir cette petite somme! » s'écria t-il.

La Comtesse évidemment n'avait pas pensé à cela. Elle réfléchit... hésita. Le Cardinal insista, elle consentit — ce n'était pas un grand sacrifice ni une bien grosse somme — et elle fut assez bonne pour porter l'argent elle-même. A leur prochaine rencontre, elle lui dit que la Reine était enchantée, et raconta à ce sujet une histoire très-douce pour le Cardinal.

Le Cardinal en fut très-heureux, et assez souvent il recommença, contribuant ainsi à augmenter les fonds de la Comtesse d'environ 125,000 livres.

Il y avait peu de temps que le Cardinal était à Strasbourg quand il reçut une lettre de la Comtesse le priant de revenir le plus promptement possible, disant qu'il y avait quelque chose de très-important, de très-secret, de très-délicat, et que la Reine réclamait son aide à lui si plein de zèle. Voilà notre homme plein d'ardeur et de feu.

« Qu'est-ce... que je le sache?... Ma vie, ma bourse, mon âme sont au service de la Reine. »

Sa bourse était tout ce dont on avait besoin; avec infiniment d'adresse et de circonspection, la Comtesse, graduellement et comme en se laissant tirer les vers du nez, lui laissa démêler que la Reine désirait le collier de diamants. Par les insinuations diaboliques de sa conversation, elle convainquit de Rohan que s'il procurait ce collier à la Reine, il atteindrait sûrement le but qu'il enviait tant, et qu'il viendrait se chauffer aux rayons du soleil de la Cour et de la faveur royale.

En temps opportun, diverses notes de la Reine furent reçues par ce niais enchanté; mais ce n'était qu'une imitation de l'écriture de la Reine faite par Retaux de Villette, le soi-disant valet de la Reine, qui était un habile faussaire.

Le Cardinal manifesta une dernière prétention sublime d'impudence, et elle fut couronnée par une secrète entrevue que la Reine désirait accorder à son féal et aimé sujet le Cardinal. Ce projet fut rendu praticable par une de ces rares coïncidences qu'on trouve quelquefois, mais rarement, dans l'histoire, et qui sont trop improbables pour être mises dans un roman — la découverte accidentelle d'une jeune femme de mœurs très-faciles qui ressemblait beaucoup à la Reine. On ne sait pas au juste si son nom était d'Essigny ou Gay d'Oliva; on ne la connaissait que sous ce dernier; elle fut gagnée, on lui apprit son rôle, et avec d'énormes précautions, notre autruche de Cardinal fut introduit un soir dans les jardins de Trianon et conduit dans un petit bosquet au milieu des charmilles, où une femme imposante, et tout à fait semblable à la Reine, le reçut avec de douces paroles, lui permit de s'agenouiller, de baiser sa belle main, et ne montra aucune timidité. Cette entrevue commençait à peine, qu'on entendit des pas : « Quelqu'un vient, c'est Monsieur et le Comte d'Artois!... » s'écria la dame, « il faut partir; » et lui donnant une rose rouge : « Vous savez ce que cela veut dire; adieu. » Ils se séparèrent... Mademoiselle d'Oliva alla rendre compte de son rôle à ceux qui l'employaient, et le Cardinal, transporté au septième ciel de l'ineffable niaiserie, rentra dans son hôtel.

Mais l'entrevue et d'aimables petits billets qui arrivaient de temps en temps déterminèrent l'achat du collier, et si d'autres encouragements avaient été nécessaires, Cagliostro les aurait donnés, car le Cardinal le consulta sur l'avenir de cette affaire dont il l'avait tenu au courant, comme il le faisait toujours quand il s'agissait d'affaires d'intérêts. Alors le charlatan disposa toutes ses batteries bouffonnes dans un salon de l'hôtel du Cardinal, et toute la nuit fut passée à faire dans la solitude des évocations Égyptiennes avec beaucoup de pompe et d'appareil, et vers le matin, il décréta en substance que l'affaire était bonne, et poussa le Cardinal à aller de l'avant, ce que fit ce dernier. Boehmer et Bassange furent trop heureux de conclure le marché avec ce haut et riche dignitaire de l'Église. Un écrit renfermant les conditions du payement fut soumis à la Reine; ce fut Jeanne qui le porta et le rapporta avec ces mots, écrits en marge par Retaux de Villette : *Bon,— bon.*
— *Approuvé.* — Marie Antoinette de France! Les payements devaient s'effectuer à diverses époques : le premier au bout de six mois, et ensuite par trimestres. La Reine devait fournir l'argent au Cardinal, auquel le joaillier seul devait avoir affaire ostensiblement, la Reine restant en dehors.

Les joyaux furent donc apportés au Cardinal de Rohan ; il les reçut un soir en grand apparat dans le logement de la Comtesse, où, avec toutes sortes de précautions, on frappa à la porte, et quand elle fut ouverte, un grand valet entra, qui dit solennellement : *De la part de la Reine.* De Rohan *savait* que c'était le valet de confiance de la Reine, car il vit de ses propres yeux que c'était le même homme qui avait accompagné la Comtesse à la porte de Trianon ; et c'était vrai, c'était Retaux de Villette qui, recevant avec calme le trésor valant 1,500,000 livres, sortit aussi solennellement qu'il était entré.

Après la disparition de ce faussaire, le collier disparut aussi et on ne le revit plus ; l'escroquerie était consommée sans qu'il restât trace du larcin.

Villette et le mari de Jeanne, Lamotte, allèrent à Londres et à Amsterdam, où ils avaient quelque argent placé, mais en apparence pas plus que ce dont ils avaient pillé précédemment le Cardinal ne les avait pourvus ; et les dépenses postérieures de la Comtesse ne prouvèrent en aucune façon qu'elle eût quelque part dans cette affaire.

Mais ce n'était pas encore là la fin de l'affaire. Depuis ces faits jusqu'à la visite que l'inquiet Boehmer, qui avait un billet à payer, fit à Madame Campan au sujet de la lettre qu'il avait écrite à la Reine et de l'argent qu'elle avait à lui payer, visite qui bouleversa si fort Madame Campan, il s'était écoulé six mois. Durant cet espace de temps, la Comtesse Jeanne adoucissait autant qu'elle le pouvait, par des mensonges sans fin, les troubles du Cardinal, qui se trouvait toujours en disgrâce, en dépit de la part qu'il avait prise au marché.

Mais la démarche de Boehmer et l'énorme escroquerie, qui devenait évidente, firent sensation. Le Baron de Breteuil, mortel ennemi de Rohan, apprit tout ce qui s'était passé, et dans son ardeur à perdre son ennemi, rendit l'affaire si publique qu'on ne put la tenir cachée. Il paraît probable que Jeanne de Lamotte pensait que cette affaire ne se serait pas ébruitée à cause de la Reine, et qu'ainsi aucune enquête ne serait faite, et qu'elle éviterait par là le châtiment qu'elle avait mérité. Il est certain que cela était la meilleure voie à suivre ; mais l'humeur officieuse de Breteuil fit échouer ce projet, et il fut d'avis qu'on employât les mesures légales. De Rohan fut arrêté et mis à la Bastille, mais il avait au préalable envoyé une lettre à son secrétaire en Allemagne, afin qu'il détruisit tous les papiers relatifs à cette affaire. Jeanne fut emprisonnée aussi, ainsi que Mademoiselle d'Oliva et Retaux de Villette, qui furent arrêtés à Bruxelles et à Amsterdam. Quant à Cagliostro, il fut aussi emprisonné. Quelques récits disent qu'il se livra volontairement à la justice.

Il y eût un jugement public devant le Parlement de Paris.

Le résultat fut que le Cardinal parut plus sot que coquin et qu'il fut acquitté, ainsi que Gay d'Oliva, qui n'avait rien su, si ce n'est qu'elle devait jouer un rôle pour le service de la Reine. Villette fut banni à perpétuité ; Lamotte, le mari de la Comtesse, s'était enfui en Angleterre, et fut condamné par défaut aux galères, ce qui ne lui fit pas grand mal ; Cagliostro fut acquitté, mais Jeanne fut condamnée à être fouettée et marquée sur l'épaule comme voleuse, et bannie du royaume.

Cette sentence fut exécutée, mais avec de grandes difficultés, car la Comtesse devint furieuse sur l'échafaud, se jeta sur le bourreau comme un tigre, lui mordit les mains, lui enleva des morceaux de chair, poussa des cris, jura, se roula sur le plancher, donna des coups de pied, sauta, et on fut obligé de la tenir de force ; elle déchira sa robe, et le fer rouge arrivant au moment où elle se débattait, on le lui appliqua sur sa poitrine de neige, en y traçant d'une manière indélébile l'horrible lettre V, pendant qu'elle hurlait comme un démon sous les douleurs causées par le fer rouge. Elle s'enfuit en Angleterre, où elle vécut quelque temps d'une vie dissolue. On dit qu'elle y mourut des suites d'une chute qu'elle avait faite en tombant d'une fenêtre pendant qu'elle était ivre. Une autre version dit qu'elle mourut chassée par ses compagnons de débauche qu'elle avait offensés par ses invectives. Avant sa mort, elle publia ses mémoires renfermant des choses fausses et scandaleuses.

L'infortunée Reine n'échappa jamais au mauvais effet produit par l'affaire du collier, car jusqu'à la fin, durant le procès et après, Jeanne de Lamotte soutint impudemment que la Reine avait au moins connu le tour joué au Cardinal à Trianon, qu'elle l'avait vu se tenant caché, et qu'elle en avait beaucoup ri. Telles étaient les dispositions de l'esprit public en France à cette époque, alors que les premiers symptômes de la révolution commençaient à se manifester, que beaucoup de libéraux probes et désintéressés crurent comme des sots et des niais que la Reine avait pu prendre une part quelconque à cette odieuse affaire. Le temps et l'histoire ont fait justice de ces ineptes et odieuses calomnies qui n'ont pu que momentanément souiller la grande et majestueuse figure de la plus noble et de la plus malheureuse des Reines.

CHAPITRE XLI.

Le Comte de St. Germain : Sage, Prophète, Magicien.

Supérieur à Cagliostro même en érudition, et le second après lui en réputation seulement, tel était cet être indéchiffrable que l'on nommait le Comte de St. Germain et que Frédéric le Grand appelait l'homme impénétrable.

Le Marquis de Créquy dit que St. Germain était un Juif Alsacien nommé Simon Wolff et né à Strasbourg vers la fin du dix-septième ou au commencement du dix-huitième siècle; d'autres disent que c'était un Jésuite Espagnol appelé Aymar; d'autres encore soutiennent que son vrai titre était Marquis de Betmar et qu'il était Portugais de naissance. La théorie la plus plausible, cependant, le fait fils naturel d'une princesse Italienne et fixe sa naissance à San Germano, en Savoie, vers l'année 1710. Son père ostensible étant un nommé Rotondo, receveur des finances de ce district.

Ce qui donne lieu à cette supposition, c'est qu'il parlait plusieurs langues, et que dans presque toutes dominait l'accent Italien. Ce fut vers l'année 1750 qu'il commença à être connu en Europe sous le nom de Comte de St. Germain et qu'il afficha les étonnantes prétentions qui devaient lui donner tant de célébrité sur tout le Continent. Le Marquis de Belle Isle fit sa connaissance vers cette époque en Allemagne et l'amena à Paris, où il fut présenté à Madame de Pompadour dont il gagna promptement la faveur. L'influence de cette fameuse beauté était alors à son apogée auprès de Louis XV, et le Comte fut bientôt un des hommes les plus éminents de la Cour. Il était remarquablement beau — ainsi que l'indique un vieux portrait que l'on voit à Friersdof, en Saxe, dans les appartements qu'il occupa une fois. Ses talents comme musicien ajoutaient encore aux charmes ineffables de ses manières et de sa conversation, et les miracles qu'il accomplit lui donnèrent un attrait irrésistible principalement aux yeux des dames, qui semblaient en avoir fait presque une idole. Doué d'une voix enchanteresse, il pouvait jouer de tous les instruments alors en vogue, et il excellait spécialement sur le violon avec lequel il arrivait à produire les mêmes effets qu'un petit orchestre. Les auteurs contemporains affirment que, dans ses exercices les plus ordinaires, un connaisseur pouvait distinguer les tons séparés d'un quartette complet quand le Comte se livrait à ses improvisations sur son Crémone de prédilection. Son petit ouvrage, intitulé *La Musique raisonnée*, publié en Angleterre pour quelques personnes seulement, témoigne de son génie musical et de la merveilleuse excentricité comme de la beauté de ses conceptions. Mais c'était en alectromancie, ou divination par les signes et les cercles, en hydromancie, ou divination par l'eau, en cléidomancie, ou divination par la clef, et en dactylomancie, ou divination par les doigts, que le Comte excellait particlièrement, quoique dans le même temps il professât l'alchimie, l'astrologie, et la prophétie dans leurs plus hautes sphères.

La fortune du Comte de St. Germain s'accrut si rapidement en France, qu'en 1760 il fut envoyé par Louis XV à la Cour d'Angleterre pour négocier la paix. M. de Choiseul, alors premier ministre de France, craignait et détestait beaucoup le Comte, et il écrivit secrètement à Pitt en le priant de faire arrêter ce personnage qui n'était autre qu'un espion Russe. Mais St. Germain, prévenu à temps par les esprits qu'il avait à son service, s'échappa sur le Continent. En Angleterre, il fut l'ami inséparable du Prince Lobkowitz, circonstance qui pouvait faire croire à ses rapports avec les Russes. Son séjour en Angleterre fut également distingué par son dévouement aux dames et ses succès constants au jeu, où il gagnait des sommes fabuleuses qu'il dépensait ensuite avec une magnificence toute royale. Ce fut là aussi qu'il proclama ses droits au plus haut rang de la Maçonnerie, ce qui naturellement ajouta énormément à l'éclat de sa position. Il parlait l'Anglais, l'Espagnol, le Français, le Portugais, l'Italien, l'Allemand, le Russe, le Polonais, le Scandinave, et plusieurs langues Orientales, avec une égale facilité ; il prétendait avoir voyagé sur toute la terre, et même avoir visité fréquemment les régions étoilées les plus éloignées, dans le cours d'une vie que, avec de continuelles transmigrations, il déclara avoir duré des milliers d'années. Il disait être né en Chaldée, au commencement des siècles, et être le seul héritier des sciences et des mystères perdus de sa propre race et de la race Égyptienne. Il parlait de son intimité personnelle avec les douze apôtres — et même de la sainte présence du Sauveur ; l'une de ses prétentions aurait été singulièrement amusante si elle n'avait frisé la profanation : son affirmation ne consistait en rien moins que d'avoir, en diverses occasions, fait des remontrances à St. Pierre sur l'irritabilité de son caractère. Il parlait des dernières périodes de l'histoire avec l'aisance de l'observateur, et il racontait des anecdotes que les recherches des savants justifiaient pleinement. Ses prédictions étaient encore plus surprenantes, et il est bien prouvé, par des attestations très-puissantes et très-explicites, qu'il prédit le temps, le lieu, et les circonstances de la mort de Louis XV quelques années avant qu'elle arrivât. Sa mémoire était étonnante. Ayant une fois lu un journal, il en répéta tout le contenu couramment, depuis le commencement jusqu'à la fin, et à ses autres dons il joignait la faculté d'écrire avec les deux mains des caractères en taille-douce. Ainsi, il pouvait écrire une lettre d'amour avec sa main droite tandis qu'il composait et transcrivait des vers avec sa main gauche, et cela, en apparence, avec la plus grande facilité. Quelle splendide acquisition serait cette faculté pour le Ministère des Finances ou un journal littéraire ! Il n'aurait pu cependant arriver à aucune position de confiance à l'Administration des Postes, car d'un seul coup d'œil il lisait le contenu de lettres cachetées ; par sa force de clairvoyance, il dénonçait des crimes et prévoyait les actions des hommes et les phénomènes de la nature, quelle que fût la distance. Comme tous les grands magiciens et les frères de la Rose Croix dont il se proclamait une des plus brillantes lumières, il excellait dans la médecine et avait des remèdes pour tous les maux auxquels notre corps est sujet. Il vantait son *Aqua Benedeta* comme le véritable élixir de vie capable de rendre la jeunesse aux vieillards, la beauté et la force à ceux qui en étaient privés, une brillante intelligence aux cerveaux épuisés, et affirmait que, bien appliquée, elle pouvait prolonger l'existence pendant des siècles sans nombre. Comme une preuve des vertus de cette eau, il montrait sa jeunesse apparente et le témoignage de vieillards qui l'avaient connu soixante ou soixante-dix ans auparavant et qui déclaraient que ce temps n'avait apporté aucun changement à sa personne. Chose étrange, le Margrave d'Anspach, de qui je parlerai bientôt, acheta ce qu'il disait être la recette de l'*Aqua Benedeta* de John Dyke, Consul Anglais à Livourne, vers la fin du siècle dernier, et des copies en sont religieusement et secrètement conservées par certaines familles nobles de Berlin et de Vienne où cette préparation a été employée (à ce qu'on croit) avec un succès complet contre une foule de maladies.

Une autre particularité du Comte serait d'un grand avantage pour nous, surtout à cette époque de prix élevés et de rareté dans les comestibles : il ne mangeait et ne buvait jamais, ou du moins ne le vit-on jamais se livrer à cet exercice. On dit que le régime des tables d'hôtes d'aujourd'hui place un nombre considérable de nos concitoyens dans une condition semblable; mais j'ai peine à le croire.

De plus, le Comte tombait dans des attaques de catalepsie qui duraient souvent des heures et même des jours, et durant cette période, il déclarait qu'il visitait en esprit les régions les plus reculées de la terre et même les étoiles les plus éloignées. Il racontait avec un pouvoir surprenant les scènes dont il avait été témoin.

Naturellement il proclamait la transmutation des métaux vulgaires en or et constata qu'en 1755, pendant un voyage dans l'Inde, il consulta l'érudition des Brahmines Hindous, et résolut avec leur assistance le problème de la cristallisation artificielle du charbon pur, ou, en d'autres termes, la production du diamant.

Ce qui est certain, c'est que pendant une visite qu'il fit à l'ambassadeur Français à La Haye, en 1780, il amena ce fonctionnaire à croire et à certifier qu'il avait cassé avec un marteau un superbe diamant fait par lui-même et qui était l'exacte contre-partie d'un autre diamant de même origine qu'il venait de vendre 5,500 louis d'or.

Sa vie et ses transformations sur le Continent étaient multiformes. En 1762, il fut impliqué dans une conspiration dynastique et dans les changements à St. Pétersbourg, et son importance dans ce pays fut prouvée dix ans plus tard par la réception que lui fit à Vienne le Comte Russe Orloff, qui l'accueillit avec joie comme un père bien-aimé et lui donna 20,000 sequins de Venise en or.

De Pétersbourg il alla à Berlin, où il attira l'attention de Frédéric le Grand qui demanda à Voltaire des renseignements sur lui. On dit que ce dernier répondit : « C'est un homme qui sait toute chose et qui vivra jusqu'à la fin du monde. » Honnête renseignement, en peu de mots, sur la situation prise par plus d'un de nos politiques en tutelle.

En 1774, il élit domicile à Schwabach, en Allemagne, sous le nom de Comte Tzarogy, qui est l'anagramme de Ragotzy, nom noble bien connu. Le Margrave d'Anspach le rencontra dans la maison de sa maitresse, Mademoiselle Clairon, l'actrice, et s'en engoua si bien, qu'il le pria de l'accompagner en Italie. A son retour, il alla à Dresde, à Leipzig, à Hambourg, et finalement à Eckelenford dans le Schleswig, où il demeura avec le Landgrave Karl de Hesse, et à la fin, en 1783, fatigué, comme il le disait, de la vie, et dédaignant une plus longue immortalité, il abandonna son corps à la terre.

Ce fut pendant le séjour de St. Germain dans le Schleswig qu'il fut visité par le célèbre Cagliostro qui le reconnut ouvertement comme maitre, et apprit de lui plusieurs secrets précieux, entre autres la faculté de deviner le caractère d'une personne par son écriture et de fasciner les oiseaux, les reptiles, et les autres animaux.

Il serait difficile de suivre les voyages de St. Germain, car il changeait trop souvent de nom et disparaissait quelquefois des mois entiers. A Venise on l'appelait Comte de Bellamar; à Pise, Chevalier de Schœning ; à Milan, Chevalier Welldone ; à Gênes, Comte de Soltikow, etc.

Dans tous ses voyages, ses goûts personnels étaient tranquilles et simples, et il semblait tenir beaucoup à une petite édition de poche de l'ouvrage de Guarini, *Pasto Fido* — sa seule bibliothèque — plus qu'il ne tenait à aucun autre objet. En somme, le Comte de St. Germain était un homme doué de merveilleuses facultés ; mais l'usage qu'il fit de ses talents prouve également qu'il n'était qu'un merveilleux charlatan.

CHAPITRE XLII.

Riza Bey, l'Envoyé Persan près Louis XIV.

LE plus somptueux, et sauf une exception, le plus glorieux règne que la France ait eu en ce qui concerne les succès militaires, est celui de Louis XIV. C'était une époque de prodigalité, de splendides constructions, de grandes fêtes, de superbes habillements, et de magnifiques équipages ; c'était une époque d'arrogance aristocratique, de brillantes campagnes, et de grandes victoires. Elle fut surtout remarquable par le grand nombre et le caractère élevé des ambassades qui furent envoyées à la cour de France par les puissances étrangères. Espagnols, Néerlandais, Anglais, et Vénitiens, rivalisèrent de luxe et de magnificence. La singulière et réelle imposture que je vais raconter, pratiquée à une telle époque et sous un souverain comme Louis XIV, fut en vérité un coup bien hardi.

« L'État, c'est moi ! » fut la devise très-célèbre et très-significative de Louis XIV, car il avait réellement concentré dans ses mains tous les pouvoirs du royaume, et malheur à celui qui se jouait de cette Majesté si réelle et si royale !

Cependant, malgré cette force imposante, cette puissance de volonté, et cette intelligence pénétrante, un homme fut assez hardi pour se moquer de lui au moyen de son simple charlatanisme. Ce fut vers la fin de l'année 1667, alors que Louis XIV, dans la plénitude de ses succès militaires, revenait de sa campagne de Flandre, où ses invincibles troupes ne s'étaient que trop montrées aux braves Hollandais. Dans le court espace de trois mois, il avait ajouté des provinces entières, contenant quarante ou cinquante villes et cités, à ses États, et sa gloire retentissait dans toute la Chrétienté; elle avait même pénétré dans l'extrême Orient, et le Roi de Siam lui envoya une ambassade fort coûteuse pour offrir ses félicitations et ses compliments fraternels au plus éminent potentat de l'Europe.

Louis avait déjà importé toute la pompe de la maison royale dans son magnifique palais de Versailles, qui venait d'être achevé, et pour lequel on avait été prodigue des richesses prises aux pays conquis; et c'était dans la grande Galerie des Glaces qu'il recevait les hommages de sa cour et des ambassadeurs étrangers. La splendeur dont la vie humaine pouvait être susceptible paraissait si commune et si familière à cette époque, qu'il fallait des choses bien éblouissantes pour qu'en vérité on y fît attention. Ce qui aurait paru prodigieux partout ailleurs n'était qu'habituel à Versailles. Mais à la fin il arriva quelque chose qui émut même les courtisans blasés de cette nouvelle Babylone : une ambassade Persane. Oui, un vrai envoyé bien vivant, en chair et en os, de ce merveilleux empire, qui autrefois avait gouverné tout le monde Oriental et qui possédait encore une splendeur et une richesse fabuleuses.

Il fut annoncé un jour à Louis XIV que Son Excellence Sérénissime Riza Bey, avec une interminable kyrielle de noms et de titres, une suite, des équipages, etc., etc., venait d'arriver dans le port de Marseille, ayant traversé Trébizonde et Constantinople pour venir déposer aux pieds du Roi de France les félicitations fraternelles et les riches présents de son illustre maître le Shah de Perse. C'était quelque chose au goût des Français que la fortune avait flattés au delà de toute proportion. Le Roi croyait fermement qu'il était le plus grand homme qui eût jamais vécu, et si une ambassade de la Lune ou de la Planète de Jupiter lui avait été annoncée, il aurait jugé que ce n'était pas seulement naturel, mais absolument dû à sa prééminence sur tous les êtres humains. Néanmoins, il fut secrètement et immensément charmé de cette démonstration Persane, et il donna ordre que rien ne fût épargné pour faire aux étrangers une réception digne de lui et de la France.

Il est inutile d'énumérer tous les détails du voyage de Riza Bey depuis Marseille jusqu'à Paris, en passant par Avignon et Lyon. Tout fut certainement à la hauteur des prétentions de l'ambassadeur. De ville en ville, ce ne fut qu'une continuelle ovation : arcs de triomphe, feux de joie, carillons, applaudissements de la foule dans ses plus beaux atours, parades militaires, fêtes civiles, attendaient partout les enfants de l'extrême Orient, qui en étaient émerveillés. On leur criait aux oreilles, et quelques malheureux cyniques se moquèrent et rirent d'eux; mais tout cela charmait l'ambassadeur. Toutes les gloires modernes consistent principalement à être étourdi par toutes sortes de bruits, étranglé par la poussière, trainé à travers les rues jusqu'à ce que vous soyez presque mort de fatigue. Témoin l'ambassade Japonaise et sa visite dans ce pays, où dans certains cas les pauvres créatures, après des heures d'ennuis interminables et toutes sortes de momeries, sentaient encore leurs queues tirées par de jeunes voyous des rues qui, partout, forment l'arrière-garde des triomphateurs.

Riza Bey et ses compagnons n'avaient pas les allures splendides auxquelles on s'attendait. Ils avaient avec eux des chameaux, des antilopes, et des singes, comme toutes les caravanes, et ils étaient vêtus de la manière la plus ridicule. Ils parlaient aussi une langue incompréhensible et faisaient des choses qui n'avaient jamais été vues, ni faites auparavant. Tout cela cependant réjouissait la foule. Si elle avait été métamorphosée ou si elle s'était livrée à de si étranges farces, elle s'en serait simplement moquée; mais l'air étrange et l'éclat de la chose rendirent le tout merveilleux, et, comme le principal chenapan du complot l'avait prévu, le tout éblouit la populace et fit de son ambassade un succès complet.

Enfin, après un mois de voyage, les Persans arrivèrent à Paris, où ils furent reçus avec beaucoup d'appareil, comme on s'y attendait. Ils entrèrent par la barrière du Trône, ainsi nommée parce que ce fut là que Louis XIV avait été reçu sur un trône provisoire entouré de décorations et d'arcs de triomphe, quand il revint de sa campagne de Flandre. Riza Bey fut à cette occasion un peu plus splendide qu'il ne l'avait été en voyage, et se présenta dans un appareil tel, qu'il effraya presque la foule. Il était coiffé d'un grand bonnet de laine noire sans bord, ayant la forme d'un pain de sucre, vêtu d'une longue robe de soie tombant jusqu'à ses pieds et couverte de figures peintes et de décorations d'un métal brillant de toutes dimensions, inconnues à nos modernes fabricants de soieries. Un cercle ou un col paraissant en or, orné de pierres précieuses (des diamants de Californie) entourait son cou, et d'énormes bagues très-brillantes lui couvraient tous les doigts et même les deux pouces. Sa suite se composait de porteurs d'épées, de tasses, et de pipes, de médecins, de cuisiniers, de rinceurs, de déboucheurs de bouteilles, et de pédicures, car il paraît que les grands hommes, même en Perse, ne sont pas exempts des maux dont l'humanité est affectée, et ils étaient tous vêtus de la même manière, mais moins chargés de joyaux.

Après que la foule se fut amassée, eut piétiné, crié à s'enrouer, et se fut dispersée, les uns suffisamment fatigués, les autres allégés de leur bourse, l'ambassadeur et sa suite furent logés dans des appartements somptueux dans le palais des Tuileries confiés aux soins du Grand-Maître du Roi et à la garde d'une escorte de courtisans et des régiments Suisses. Un banquet et un concert remplirent la première soirée, et le jour suivant, Sa Majesté, pour faire honneur à ses illustres visiteurs, envoya le Duc de Richelieu, le courtisan le plus distingué et le premier diplomate de France, pour leur annoncer qu'il les recevrait à Versailles trois jours plus tard.

Pendant ce temps, tout fut disposé pour cette audience, et quand le jour fixé fut arrivé, toute la Galerie des Glaces, ainsi que les salons adjacents, furent ornés avec la splendeur, l'intelligence, et le goût que la France possédait à cette merveilleuse époque. La galerie, longue de 380 pieds et haute de 50, tire son nom des glaces inestimables qui en ornent les murs, du parquet au plafond, et qui se trouvent en face de la longue rangée de fenêtres également décorées qui donnent sur les jardins. Autour de ces fenêtres pendaient les plus beaux rideaux de soie, et de superbes statues historiques complétaient la décoration et donnaient à cette galerie une apparence féerique, pendant que les glaces reflétaient dans mille directions la salle elle-même et sa somptuosité. De gigantesques vases de marbre remplis de plantes odoriférantes étaient placés sur chaque marche de l'escalier ; 12,000 bougies, posées sur des supports dorés, et des lustres du plus riche travail, éclairaient 3,000 personnes titrées.

Louis le Grand lui-même n'avait jamais paru dans un plus splendide appareil. Sa contenance vraiment royale exprima l'orgueil et la satisfaction au moment où l'envoyé Persan s'approcha du magnifique trône sur lequel il était assis, et comme il descendit d'une marche pour aller au-devant de lui dans son magnifique costume royal, l'ambassadeur mit un genou en terre, et, la tête découverte, lui présenta ses lettres de créance. Parmi la foule qui environnait le trône, on dit que le grand Colbert, le fameux ministre, et l'amiral Duquesne, n'étaient nullement les plus éminents, ni l'aimable Duchesse d'Orléans, ni sa compagne la charmante Mademoiselle de Kerouailles, qui plus tard changea la politique de Charles II d'Angleterre, n'étaient les plus belles personnes de cette fête.

Un grand bal et un grand souper terminèrent cette soirée de splendeurs. Ainsi Riza Bey fut agréablement lancé à la Cour de France dont chaque personnage, pour plaire au Roi, essayait de surpasser les autres en assiduité, en attentions, et par la valeur des livres, tableaux, pierres précieuses, équipages, armes, etc., qu'ils amoncelaient devant l'illustre Persan. Ce dernier fumait très-tranquillement sa pipe et s'étendait nonchalamment sur son divan devant la compagnie, et se hâtait, lui et ses joyeux compagnons, de ramasser ces objets lorsqu'ils étaient seuls. Les présents du Shah n'arrivaient pas encore : ils étaient attendus chaque jour de Marseille, et de temps en temps l'ambassade était diminuée par le départ d'un de ses membres pour une mission spéciale soit en Angleterre, soit en Autriche, soit en Portugal, soit en Espagne, etc.

Pendant ce temps, le Bey était fêté partout, et l'on disait tout bas que les plus belles dames de cette Cour dissolue étaient, depuis la première jusqu'à la dernière, avides de lui prodiguer leurs sourires. Le Roi honora ce Persan favori de nombreuses entrevues personnelles pendant lesquelles l'envoyé expliquait en mauvais Français les grands projets de conquêtes et de commerce que son maître était désireux de partager avec son grand frère de France. Dans un de ces tête-à-tête, le généreux Riza Bey, auquel le Roi avait déjà donné son propre portrait enrichi de diamants et d'autres présents valant plusieurs millions de francs, plaça dans la main royale quelques superbes fragments d'opales et de turquoises trouvés dans un district de la Mer Caspienne qui abondait en trésors de la même espèce et que le Shah de Perse proposait de partager avec la France pour l'honneur de son alliance. Le Roi fut enchanté, car ces rares spécimens devaient, s'ils étaient vrais, valoir beaucoup d'argent, et une province entière pleine de telles richesses..... pourquoi pas? la pensée en était charmante!

Ainsi le grand Roi était bel et bien attrapé, et Riza Bey prenait son temps. Le fleuve doré qui coulait vers lui ne tarissait pas, et aux Tuileries on pourvoyait à toutes ses dépenses. La seule chose qui restait à faire était une grande rafle sur les commerçants de Paris, et ceci fut exécuté d'une façon merveilleuse. Les plus exquises marchandises lui furent apportées et s'amoncelaient chez lui sans question de payement, et un à un la phalange Persane se dissémina par toute l'Europe, jusqu'à ce qu'il n'en resta plus que deux ou trois avec l'ambassadeur.

A la fin, un mot fut envoyé à Versailles, annonçant l'arrivée des présents du Shah, et un jour fut désigné pour leur réception. Le jour arriva et la salle d'audience fut de nouveau envahie. Tout le monde était dans la joie; le Roi et la Cour attendirent, mais pas de Persans, pas de Riza Bey, pas de présents du Shah!

Ce matin-là, trois hommes sans robe ni caphtans, mais ressemblant beaucoup aux héros du jour, avaient quitté les Tuileries dès l'aurore avec des sacs et des paquets et ils ne revinrent plus. C'étaient Riza Bey et ses derniers gardes du corps. Les sacs et les paquets qui étaient les plus minces en apparence du butin conquis, étaient les plus précieux en valeur d'un mois d'heureux pillage. Les turquoises et les opales laissées en retour au Roi, après une inspection minutieuse, furent reconnues pour être une nouvelle et ingénieuse variété de verres colorés, maintenant assez communs et valant alors environ vingt-cinq sous argent comptant.

Naturellement des huées s'élevèrent de toutes parts, mais en vain. Riza Bey, le Shah de Perse, et les hommes aux bonnets pointus, avaient passé comme une lueur fugitive dans un rêve, « L'État c'est moi » avait été bafoué pour vingt-cinq sous. On crut plus tard qu'un barbier en renom, qu'on soupçonnait d'être un bandit à Livourne et qui avait réellement voyagé en Perse, où il avait ramassé la science et l'argent dont il se servit, était l'auteur de cette plaisante spéculation, car il disparut de son pays natal vers l'époque où l'ambassade était en France, et n'y revint plus.

Toute l'Europe se moqua du grand monarque et des belles dames de sa Cour, et Ambassade de Perse fut pendant plusieurs années une expression synonyme de charlatanisme, d'imposture, et de blague bien menée.

IX. — BLAGUES RELIGIEUSES.

CHAPITRE XLIII.

Fin contre Fin, ou les Superstitions Yankees — Mathias l'Imposteur — Les Folies de New York il y a Trente Ans.

On prétend que dans une grande solennité de l'Église Romaine un Pape et un Cardinal étaient en train d'officier, lorsqu'au lieu de prononcer une pieuse oraison et sa réponse conformément au rituel, l'un dit gravement à l'autre, en Latin : *Mundus vult decipi;* et l'autre répliqua avec tout autant de gravité et de savoir : *Decipiatur ergo.* Ce qui veut dire : « Le monde veut être trompé. — Qu'il soit donc trompé. »

Ceci peut paraître assez naturel de la part de prêtres s'adressant à d'ignorants Italiens ; mais peu admissible s'il s'agissait de rusés Yankees nourris de longue main dans les principes de la religion Protestante. Et cependant il n'en est rien — du moins d'une manière absolue. Il y a souvent chez les hommes du Nord de l'Amérique autant de superstition que chez le plus enragé Papiste. S'il n'en était pas ainsi, nous n'aurions pas à raconter la blague religieuse de Robert Matthews, si célèbre dans la bonne ville de New York, il y a une trentaine d'années, sous le nom de Matthias l'Imposteur.

Pendant l'été de 1832, on voyait souvent passer dans Broadway, étendu dans une belle voiture, ou se promener sur la Batterie (accompagné d'un ami ou d'un serviteur), un grand homme d'une quarantaine d'années, très-maigre, avec des yeux vifs et enfoncés dans l'orbite, de grands cheveux bruns mélangés de blanc, partagés par une raie sur le milieu de la tête et retombant en boucles sur ses épaules, et une barbe longue et rude, mais bien entretenue. Ces ornements, dignes d'Ésaü, attiraient fortement l'attention à une époque où l'habitude générale était de se raser. Il portait ordinairement une belle pelisse verte bordée de satin blanc, un pantalon noir ou vert avec des bottes à la Wellington par-dessus le pantalon, des manchettes et un jabot de fine batiste, et une ceinture de soie cramoisie ouvragée d'or et garnie de douze pendeloques en l'honneur des douze tribus d'Israël. Sa tête était surmontée d'une casquette en cuir verni du plus beau noir et munie d'une visière.

Ainsi accoutré, ce fantastique personnage se promenait gravement ou se faisait conduire en équipage avec une grande pompe dans les rues. Quelquefois il s'arrêtait dans quelque magasin de librairie ou dans d'autres établissements à demi publics, et là il prêchait et exhortait ses auditeurs. Ses prédications étaient suffisamment horribles. Il prétendait être Dieu le Père, et sa doctrine était à peu près celle-ci : « — Le vrai règne de Dieu sur la terre a commencé à Albany en Juin 1830 et doit finir au bout de vingt et un ans, c'est-à-dire vers 1851. Pendant ce temps, les guerres s'arrêteront, et moi, Matthias, je suis chargé d'exécuter les jugements divins et de détruire les impies. Le dernier jour de grâce est fixé au 1ᵉʳ Décembre 1836, et tous ceux qui n'auront pas commencé à s'amender à cette époque, je les tuerai! » Les discours à l'aide desquels ce blasphémateur soutenait ses prétentions étaient un véritable tissu d'impiétés, accompagné de transports furieux, de malédictions, de cris, et de menaces effrayantes contre les contradicteurs. En voici un échantillon : — « Tous ceux qui mangent de la chair de porc sont sous la domination du diable, et celui qui est sûr d'en avoir mangé peut être tout aussi certain qu'il fera un mensonge avant qu'une demi-heure ne se soit écoulée. Si vous mangez un morceau de porc, il arrivera recroquevillé dans votre corps et le Saint Esprit ne pourra plus y rester. Il faudra que l'un ou l'autre en sorte immédiatement. Le porc sera aussi contourné dans votre corps que les cornes d'un bélier. « Voici encore une de ses sorties contre les dames : — « Ceux qui instruisent les femmes sont des impies. Toutes les femmes qui veulent régenter leurs maris, méritent qu'on leur dise : Partez, impies, je ne vous connais pas. Tout ce qui sent la femme sera détruit. La femme est la maîtresse gerbe de l'abomination de la désolation, elle est possédée de toutes les diableries. » Voilà, mesdames ! Faut-il vous en dire plus long pour vous convaincre du caractère criminel et horrible des impostures de cet homme?

Si nous l'avions suivi chez lui, nous l'aurions trouvé installé tantôt chez l'un, tantôt chez l'autre de ses trois principaux disciples. Ces trois hommes étaient Pierson, qui l'accompagnait ordinairement dans ses excursions, Folger, qui le suppléait quelquefois, et Mills — qui ne le suivit qu'une seule fois. Tous trois étaient de riches négociants. Dans leurs maisons, montées sur un pied luxueux, ce misérable imposteur occupait les plus beaux appartements et dictait ses lois, dirigeant les achats, fixant les heures de repas, et tout ce qui concernait l'administration domestique. Le maître, la maîtresse, et les gens (dans la maison de Folger) étaient ses disciples et obéissaient à ce drôle avec une ponctuelle et basse humilité, plus attristante encore qu'elle était absurde, tant pour les soins du ménage que pour les cérémonies qu'il prescrivait, comme le lavage des pieds, etc., etc. Quand il était irrité contre ses disciples féminins, il les fouettait fréquemment ; mais comme il était monstrueusement lâche, jamais il n'osait essayer sur les hommes. La moindre opposition, la plus légère contradiction le mettait en grande rage, et il s'emportait en cris et en malédictions comme le plus vulgaire des hommes de la populace. Quand il voulait de nouveaux vêtements, ce qui arrivait souvent, l'une de ses dupes lui fournissait l'argent nécessaire ; quand il lui fallait de l'argent comptant pour un motif quelconque, ils le lui donnaient.

Ce misérable, à demi idiot, cet abominable imposteur s'appelait Robert Matthews, et il se faisait donner le nom de Matthias. Il était d'origine Écossaise et né vers 1790 dans le comté de Washington, dans l'état de New York ; il avait du sang de fou dans les veines, car l'un de ses frères était mort privé de raison. Il était charpentier-menuisier, d'une habileté peu commune dans son état, et pendant près de quarante ans il avait mené une vie utile et honorable ; il était industrieux, bon Chrétien, jouissant d'une bonne réputation (il s'était marié en 1813) ; en un mot, c'était un respectable chef de famille. En 1828 et 1829, pendant qu'il habitait Albany, son esprit s'exalta peu à peu sur les matières religieuses, et les premiers symptômes de monomanie se firent remarquer en lui après avoir entendu quelques sermons du Rév. E. N. Kirk et de M. Finney, le révivaliste. Il commença bientôt à faire des sermons à ses ouvriers au lieu de songer à son ouvrage, et cela devint si fort, que ceux qui l'employaient lui retirèrent leur pratique.

Il découvrit un texte dans la Bible qui défendait aux Chrétiens de se raser. Il laissa croître ses cheveux et sa barbe, commença à prêcher dans les rues de la façon la plus bruyante, et annonça qu'il était appelé à convertir toute la population d'Albany, qui en avait un assez grand besoin, si nous en croyons les grands politiques de l'époque. Néanmoins, comme il trouvait, soit pour une raison, soit pour une autre, ou soit à cause de l'impiété particulière de la ville d'Albany, que la tâche était au-dessus de ses forces, il se mit, comme Jonas à Ninive, à annoncer la destruction de cette ville obstinée. Au milieu d'une nuit de Juin 1826, il éveilla toute sa maison en disant qu'Albany devait être détruite le lendemain, prit ses trois garçons, des enfants de deux, de quatre, et de six ans (sa femme et sa fille aînée ayant refusé de le suivre), et s'enfuit dans la montagne. Il fit parcourir à ces pauvres petits quarante milles en vingt-quatre heures pour les conduire chez sa sœur qui habitait près de Washington. On l'y considéra comme complétement en délire ; on l'expulsa de l'église pour avoir interrompu par ses clameurs le service divin, et il fut envoyé à Albany, où il reprit ses prêches à travers les rues d'une façon plus retentissante que jamais. C'est alors qu'il prétendit que son nom était Matthias et qu'il était Juif. Puis il fit un long voyage dans les États de l'Ouest et du Sud, prêcha ses doctrines, se fit jeter en prison, et en sortit en lançant ses malédictions sur sa route. De là, il revint à New York, où il reprit ses folles prédications dans les rues, quelquefois à pied et quelquefois monté sur un grand cheval osseux et efflanqué.

Ses dupes dans la ville de New York, Elijah Pierson et Benjamin H. Folger et leurs familles, auxquels se joignaient Mills et quelques autres, jouèrent un grand rôle dans la grande phase de la carrière de Matthews, qui dura deux ans et demi, de Mai 1832 jusqu'à la fin de 1834.

Pierson et Folger étaient les principaux propagateurs de cette folie ; ces hommes, riches négociants qui avaient prospéré dans les affaires, étaient portés par nature à ce genre d'évolution religieuse qui rend les hommes crédules susceptibles de se laisser emporter par l'enthousiasme et les illusions. Ils s'étaient sérieusement engagés, eux et quelques autres personnes, dans d'extravagantes pratiques religieuses qui consistaient dans des jeûnes, des mortifications ascétiques, et la réalisation d'un plan conçu par une dame de leurs amies pour convertir la population de New York au moyen de prédications faites à domicile par des femmes. Ce plan, je dois le dire, n'était pas si insensé, surtout si les apôtres féminins étaient suffisamment jolies !

Pierson, le plus fou de la bande, entre autres coupables illusions, s'était déjà figuré qu'il était Élisée le Prophète ; et quand sa femme tomba malade et mourut, quelque temps auparavant, il avait essayé de la guérir et de la ressusciter en l'oignant d'huile et en répétant la prière en forme d'acte de foi qui est mentionnée dans l'Épître de St. Jacques.

Il est assez curieux de voir comment notre imposteur trouva tout prêt pour le recevoir un gîte, nid doux et commode, au moment où il en avait le plus besoin ; car, en ce moment, il était loin d'être dans la prospérité. Il avait entendu parler de Pierson je ne sais comment, et le 5 Mai 1832 il alla lui rendre visite. Tout aussitôt le pauvre insensé reconnut dans cet homme à longue barbe de prophète celui après lequel il soupirait — celui qu'il considérait comme en possession de toute vérité, comme seul capable de l'enseigner, celui qu'il regardait comme un Dieu.

Mills et Folger tombèrent aisément dans la même ridicule folie qui s'était emparée de Pierson, et l'heureux imposteur fut bientôt installé dans la maison de Mills, qu'il avait choisie la première et il y vécut dans l'abondance. Il avait admis ces deux heureux insensés, Pierson et Folger, comme les deux premiers membres de son église. Pierson croyait que d'Élisée qu'il était précédemment il était devenu St. Jean Baptiste, et il se dévoua comme le serviteur de ce nouveau Messie. Ces hommes abusés commencèrent à fournir aux besoins de l'imposteur, croyant que leur fortune devait être mise à part et consacrée aux exigences matérielles du Royaume de Dieu !

Au bout de trois mois, quelques parents de Mills obtinrent, pour cause de folie, que Mills fût envoyé dans l'asile d'aliénés de Bloomingdall et que Matthias fût jeté dans la maison de santé des pauvres, située à Bellevue, où, à son extrême déplaisir, il fut forcé de se laisser couper la barbe. Mais son frère, en invoquant l'acte d'*habeas corpus*, obtint qu'il fût mis en liberté, et il alla vivre avec Folger. Mills disparait maintenant de notre histoire.

Matthias resta en possession de sa luxueuse maison jusqu'en 1834, sauf, à la vérité, quelques désagréables interruptions. Il était toujours insolent et lâche tout à la fois, et souvent il lui arrivait d'enflammer la colère de quelque auditeur récalcitrant et de s'attirer quelques fâcheuses affaires dont il se tirait en se faisant humble et rampant, transformation qu'il accomplissait avec la plus grande facilité. Pendant ses mauvais jours, le maître d'un hôtel où il avait coutume d'aller faire ses sermons et lancer ses anathèmes le mit à la porte quand il devint trop insupportable, en lui disant froidement et sérieusement d'aller se coucher. Folger lui-même eut quelques rares éclairs de raison, et une fois, irrité par quelque insolence de Matthias, il le saisit à la gorge, le secoua rudement, et l'envoya tomber dans un coin. L'imposteur, qui voyait ses moyens d'existence compromis, prit la chose avec douceur et se montra tout disposé à accepter les assurances nouvelles de sa foi en lui, que le pauvre Folger ne tarda pas à lui offrir. Dans le village de Sing Sing, où Folger avait une maison de campagne qu'il appelait la Montagne de Sion, Matthias se rendit coupable d'une excessive brutalité. La fille de Folger avait épousé un M. Laisdell, et notre imposteur, qui regardait tout mariage comme un acte nul et impie, obtint, pour un motif quelconque, que la jeune femme vint à Sing Sing, et là il la fouetta avec la plus grande cruauté. Son mari vint la chercher et l'emmena malgré la résistance que Matthias osa lui opposer, et quand les faits furent connus du public par le récit qui en fut fait devant le magistrat, il s'en fallut de peu qu'on ne lui fît prendre un bain de goudron et qu'on ne le roulât dans les plumes, s'il ne lui arrivait pas pis encore, et le danger qu'il courut lui causa la plus grande frayeur.

C'est avec les plus extrêmes difficultés qu'il échappa aux mains des gens qui voulaient le raser de force et aux attaques d'un vigoureux fermier qui, sur le bateau à vapeur, faisant le service de Sing Sing à New York, voulait le jeter par-dessus le bord pour lui donner l'occasion de prouver sa puissance miraculeuse. Pendant qu'il était dans la prison de Bellevue, avant son jugement, il fut berné dans des couvertures par les prisonniers, qui voulaient lui tirer de l'argent. Le malheureux prophète les accabla de malédictions, mais ils lui répondirent qu'il perdait sa peine, et le pauvre imposteur, au lieu de les envoyer en enfer, fut en fin de compte obligé de leur donner un quart de dollar à chacun pour se débarrasser d'eux. Au moment où il était sur le point de quitter la maison de Folger, quelques mauvais garnements de Sing Sing firent un faux mandat d'arrestation, un faux officier de police s'empara de l'imposteur, et, pour la seconde fois, sa barbe lui fut rasée de force. Il fut un jour terriblement abasourdi par une réponse qui lui fut faite. Il assurait gravement à un certain individu qu'il était sur terre depuis dix-huit siècles. Celui auquel il s'adressait fit un bond et s'écria avec irrévérence : —

« Quel diable vous possède! Pourquoi me dites-vous cela? »

« Parce que c'est la vérité, » dit le prophète.

« Alors, » répliqua l'autre, « tout ce que j'ai à dire, c'est que vous êtes singulièrement bien conservé pour un homme de votre âge. »

Le prophète confondu fit la grimace, fronça le sourcil, et s'écria avec indignation : —

« Vous êtes un diable, monsieur! »

Et il s'éloigna.

Dans le commencement d'Août 1834, le malheureux Pierson mourut dans la maison de Folger, dans des circonstances qui établissaient de graves présomptions que Matthias, de complicité avec un cuisinier nègre, l'un de ses fidèles disciples, l'avait empoisonné avec de l'arsenic. Le misérable prétendit que c'était sa malédiction qui avait tué Pierson. Il y eut une enquête *post mortem*, un acte d'accusation et une instance criminelle, mais les preuves ne furent pas assez fortes pour amener la conviction. Après son acquittement, il passa de nouveau en jugement pour coups donnés à sa fille, qu'il avait fouettée selon son habitude, et sur ce chef il fut reconnu coupable et envoyé pour trois mois en prison, au mois d'Avril 1835. C'était immédiatement après les poursuites pour assassinat, et le prophète était resté en prison depuis son arrestation pour meurtre qui avait eu lieu l'automne précédent. Les illusions de Folger s'étaient passablement dissipées vers la fin de l'été de 1834. Il s'était ruiné en partie dans de folles spéculations qu'il avait faites avec Pierson et qu'il croyait dirigées par la divine influence, et en partie par son étrange conduite qui avait jeté le désordre dans ses affaires et détruit sa réputation et sa position dans le monde. La mort de Pierson et quelques indices relatifs à une autre affaire d'empoisonnement éveillèrent les soupçons des Folgers. Après quelques discussions et bon nombre de scènes ennuyeuses avec l'imposteur qui se cramponnait à l'heureuse existence qu'il menait dans sa maison, Folger se décida à le mettre à la porte et à porter contre lui une plainte en escroquerie. Il avait été trop insensé lui-même pour persister dans son accusation; mais bientôt après survinrent les autres accusations de meurtre et de coups et blessures qui eurent plus de succès.

Cet emprisonnement semble avoir tout à coup amené la période finale des opérations prophétiques et religieuses de Maître Matthias, ainsi que des folies de ses victimes. Matthias disparut de la vie publique et mourut, dit-on, dans l'Arkansas, mais quand et comment? c'est ce que je ne sais pas. C'était un misérable songe-creux moitié fou, moitié dupe de ses propres absurdités. S'il n'avait pas trouvé des victimes en bonne position, on ne se le rappellerait pas plus qu'on ne se souvient de George Munday, le prophète sans chapeau, ou de l'Ange Gabriel Orr; il ne serait rangé comme eux que parmi les obscurs prédicateurs en plein vent, car aussitôt que l'appui accidentel qu'il avait trouvé dans la caisse et dans l'enthousiasme de ses dupes vint à lui manquer, il disparut tout à coup. Beaucoup d'Amécains peuvent se rappeler aussi bien que moi la remarquable carrière de cet homme et le rôle humiliant que jouèrent ses victimes. En face de cet exposé de la faiblesse et de la crédulité de la pauvre humanité, dans un pays éclairé par l'éducation des écoles et des collèges, au milieu de ce dix-neuvième siècle si vanté, qui pourra nier que nous pouvons trouver de l'intérêt à étudier toutes les tromperies pratiquées sur l'espèce humaine dans toutes leurs phases, et à travers tous les siècles jusque dans celui où nous vivons? Il n'y a pas de limites à toutes ces blagues, et le lecteur, en dépit de ma faiblesse pour en faire justice, verra qu'il n'y a pas de pays, pas d'époques, pas d'hommes, quelle que soit leur sphère, qui ne soient envahis par le génie de la déception, qui sait prendre tous les déguisements, revêtir toutes les formes que l'intelligence humaine peut concevoir.

CHAPITRE XLIV.

Jonglerie Religieuse pratiquée sur John Bull — Joanna Southcott — Le Second Messie.

JOANNA Southcott était née à St. Mary's Ottery, dans le Devonshire, vers l'année 1750. C'était une simple et forte fille de fermier, dont les travaux dans les champs (car son père était dans une position des plus médiocres) avaient hâlé le visage et endurci les muscles dès son plus jeune âge. Quand elle devint femme, la nécessité la força à quitter la maison paternelle pour aller se mettre en service dans la ville d'Exeter, où elle vécut d'une façon tranquille et obscure, d'abord comme domestique à gages, et ensuite comme blanchisseuse.

J'ai un vieil et estimable ami établi à Staten Island dont le père, encore vivant, se souvient très-bien de Joanna qui avait coutume de venir tous les Lundis chez lui pour savonner le linge de la famille. Il était alors fort jeune, mais il se la rappelle parfaitement, avec son apparence solide et vigoureuse et ses étranges allures. Même à cette époque, elle commençait déjà à attirer l'attention par ses manières et ses discours singuliers qui faisaient croire à beaucoup de gens qu'elle n'avait pas la tête saine.

Ce fut à Exeter que Joanna reçut ses premières impressions religieuses et se joignit aux Méthodistes Wesleyens dont elle pratiquait sévèrement les doctrines avec une foi aveugle. Pendant qu'elle suivait les rites de la secte Wesleyenne, elle fit la connaissance intime d'un certain Sanderson, qui, soit qu'il fût un intrigant ou seulement un croyant fanatique, prétendit avoir trouvé dans la bonne blanchisseuse une Bible prodige ; et, peu de temps après la pauvre créature commença littéralement à avoir des visions et à faire des rêves de l'ordre le plus surnaturel : Sanderson en avait toujours une explication toute prête. Ses visions étaient de nature complétement différente les unes des autres, quelquefois elles la transportaient dans les cours célestes, et quelquefois dans des régions tout opposées, celles qui sont renommées pour l'activité de leurs ardeurs caloriques. Quand elle visitait le monde inférieur, elle avait la mauvaise habitude d'y voir de sournois railleurs, des incrédules appartenant à sa congrégation, qu'elle surprenait en conciliabule secret avec l'esprit du mal, qui était représenté comme surveillant tout particulièrement tous ceux qui vivaient autour d'elles, malgré leurs apparences extérieures de piété. Comme de raison, de pareilles révélations ne pouvaient être tolérées dans aucune communauté bien réglée, et lorsque, à ces griefs, vinrent se joindre quelques étonnantes excentricités de gymnastique auxquelles se livra Joanna au milieu des prières et des sermons, la mesure fut comblée ; on jugea qu'il était temps d'y mettre ordre, et la prophétesse fut expulsée. Mais ceux auxquels elle n'avait pas jeté la pierre et qui partageaient son opinion sur ceux qu'elle avait attaqués, heureux d'avoir été épargnés et de n'avoir pas été arrangés de la même manière, se séparèrent en grand nombre de la communauté et firent cortége à Joanna. Cela lui forma un noyau sur lequel elle pouvait opérer, et de 1790 à 1800, elle parvint à se faire connaître dans la Grande Bretagne en proclamant qu'elle était destinée à devenir la mère d'un nouveau Messie, et quoique originairement sans éducation, elle ramassa de droite et de gauche, et en puisant sa science dans la Bible, les éléments nécessaires pour publier plusieurs ouvrages très-curieux malgré leur incohérence. L'un des premiers et des plus étonnants fut celui qu'elle intitula : *Avertissement donné au Monde entier, tiré des Prophéties Secrètes de Joanna Southcott et d'autres communications qu'elle a reçues depuis qu'elle a commencé à les écrire, c'est-à-dire depuis le 12 Janvier* 1803. Ce livre contient la prédiction de la prochaine apparition du dragon rouge des révélations, qui a sept têtes, dix cornes, et sept couronnes surmontant ses sept têtes. Il annonce aussi la naissance de l'enfant humain qui doit gouverner toutes les nations avec un sceptre de fer.

En 1805, un cordonnier nommé Tozer lui bâtit une chapelle à Exeter à ses frais, et dès son inauguration les services qui y étaient dits furent suivis par une foule de fidèles adorateurs. Là elle donnait ses exhortations et prophétisait avec une sorte de frénésie religieuse, semblable à une convulsion. Quelquefois elle s'exprimait en simple prose, d'autres fois en vers effroyables ressemblant... ma foi, je ne trouve pas d'expression ! En vérité, je ne trouve rien d'assez effroyable pour être comparé à cette poésie. Dans le paroxysme de sa frénésie, elle délirait comme les anciennes Pythonisses qui tournaient autour de leur trépied dans des conditions toutes semblables. Pourtant il est curieux de voir comment les choses se passèrent. Une foule de gens intelligents vinrent de tous les points du Royaume Uni pour l'écouter, se convertir, et recevoir les « sceaux » (comme on les appelait), qui assuraient à leurs fortunés possesseurs leur infaillible et immédiate admission dans le ciel. Naturellement des billets si précieux ne pouvaient se donner pour rien, et le commerce des sceaux sous cette nouvelle forme devint excessivement lucratif.

La plus remarquable de toutes ces conversions fut celle du célèbre graveur William Sharp, qui, nonobstant son éminente position comme artiste, sous d'autres rapports ne donna pas beaucoup d'éclat à son nom. Il s'était précédemment fortement imbu des idées de Swedenborg, de Mesmer, et des fameux Frères Richard, et il était dans les meilleures conditions pour accepter tout ce qui avait quelque chose de fantastique. Un semblable adepte était un vrai trésor pour Joanna, et elle se laissa facilement persuader de le suivre à Londres où sa congrégation s'était accrue dans de grandes proportions et rivalisait même avec le tambour ecclésiastique et orthodoxe du Rév. M. Spurgeon.

La secte tout entière prit de l'accroissement jusqu'en 1813; elle ne comptait pas moins de cent mille membres ayant signé et reçu les sceaux. Sharp occupait une place très-enviée auprès du tabouret de pieds de la prophétesse. Vers la fin de 1813 apparut *Le Livre des Merveilles* en cinq parties, et il était sans réplique. Le pauvre Sharp contribua largement aux dépenses de sa publication, mais il suffit vaillamment à tout. Enfin, en 1814, la grande Joanna éblouit les yeux de ses adhérents et du monde entier par ses *Prophéties sur le Prince de la Paix*. Ce délicieux manifeste annonçait tout net au genre humain que le second Messie depuis si longtemps attendu naîtrait de la prophétesse à minuit le 19 Octobre de cette même année 1814. L'auteur inspirée était alors enceinte, quoique vierge, comme elle le déclarait expressément et solennellement, et dans la soixante-quatrième année de son âge. Parmi les circonstances surnaturelles de cette naissance annoncée par anticipation, il y avait à remarquer ce fait que sa gestation durait depuis plusieurs années.

Naturellement cette surprenante nouvelle plongea toute la secte dans l'extase de l'exaltation religieuse, tandis que, d'un autre côté, elle fournissait aux pamphlétaires de Londres un sujet pour la tourner en ridicule. Le pauvre Sharp, qui avait fait faire un magnifique berceau et une layette splendide pour le nouveau-né, le tout à ses frais, n'était pas épargné. L'enfant était représenté en caricature avec une longue barbe grise et des lunettes, Sharp le berçait pour le faire dormir, tandis que Joanna faisait des gravures de sa façon sur le dos du graveur avec une bonne poignée de verges.

Le soir du jour annoncé, la rue habitée par Joanna était remplie par la foule des fidèles, qui, sans se laisser influencer par les sarcasmes, croyaient sincèrement en sa prédiction. Hommes, femmes, enfants bivouaquaient sur les trottoirs de chaque côté de la rue, et à mesure que l'heure avançait, leur intérêt allait croissant, et ils faisaient entendre des psalmodies qui leur étaient arrachées par des élans spontanés. Toutes les rues environnantes étaient également remplies de curieux et de spectateurs incrédules, parmi lesquels les pâtissiers et les marchands de chansons faisaient de bonnes affaires. L'intérieur de la maison, à l'exception de la chambre de la malade, était illuminé partout, et les dignitaires de la secte occupaient les antichambres et les corridors, anxieux de recevoir leur nouvel hôte. Mais la soirée se passa, puis minuit vint, le jour parut, mais, hélas! point de Messie; et petit à petit la foule désappointée se dispersa. Néanmoins la pauvre Joanna garda le lit, et, après plusieurs extases et quelques nouvelles prophéties, elle rendit l'âme le 27 Décembre 1814. L'infatigable Sharp prétendait encore qu'elle était allée au ciel pour quelque temps dans l'unique but de légitimer l'enfant à naître, et qu'elle se réveillerait de la mort dans quatre jours avec le second Messie dans ses bras. Cette foi était si ferme en lui que le corps de la prophétesse fut gardé jusqu'au dernier moment. Quand la dissection, qui était demandée par la majorité des membres de la secte, ne put plus être différée, l'opération fut pratiquée et l'on découvrit que le sujet était mort d'une hydropisie, mais qu'elle était vierge — comme elle l'avait toujours déclaré. Le Dr. Reece, qui avait été un ferme croyant, mais qui était maintenant désabusé, publia un rapport détaillé sur l'opération et sur toutes les autres circonstances de la mort; et un autre de ses disciples se chargea des frais de son enterrement à St. John's Wood et lui fit élever une tombe de pierre avec des inscriptions en son honneur.

Jusqu'en 1863, il y avait encore des familles près de Chatham, dans le comté de Kent, qui persistaient dans les croyances de cette secte, et même en Amérique, il ne manque pas d'admirateurs de la doctrine de Joanna Southcott qui sont fermement convaincus qu'elle reparaîtra un beau matin avec Sanderson à sa droite et Sharp à sa gauche.

CHAPITRE XLV.

Le Premier Mensonge du Monde — Avantage d'étudier les Hâbleries des Ages Primitifs — Roueries Païennes — Les Anciens Mystères — Les Cabires — Eleusis — Isis.

L'EMPIRE de la blague remonte jusqu'au Jardin d'Eden, où le père du mensonge s'exerça aux dépens de notre pauvre et innocente première grand'mère, Ève. De toutes les blagues, ce fut la première et la plus fatale. Mais depuis ce jour mémorable jusqu'à celui-ci, le mensonge, l'hypocrisie, les déceptions, la bigoterie, la cafardise, les fausses apparences, les prétextes fallacieux, les superstitions, et toutes les sortes imaginaires de duperies ont largement rempli le monde, et celui ou celle qui examine le plus attentivement et réfléchit avec le plus de profondeur sur ces diverses particularités, sur ces relations variées, et sur leurs résultats, sera le mieux armé pour les découvrir et s'en garantir. Je me regarderais donc en quelque sorte comme un bienfaiteur du genre humain en mettant à nu les blagues de tous les genres, si toutefois je me croyais capable de traiter complétement ce sujet.

Après la duperie dont nos premiers parents furent les victimes, vinrent celles des païens en général. Et d'abord tout le Paganisme, toutes les idolâtries ne furent qu'un grand mensonge savamment combiné. Toutes les religions païennes ne furent et ne sont encore que des bourdes audacieuses, colossales, et cependant stupides et faciles à pénétrer. Les rouéries païennes furent pratiquées par les prêtres — les hommes les plus rusés qui existent. C'est un fait curieux que les blagues païennes furent toutes entourées d'un appareil très-solennel. C'est parce qu'elles avaient pour but d'étayer les religions existantes qui, comme toutes les fausses religions, ne supportent pas les atteintes du ridicule. Elles faisaient toujours appel aux pieuses terreurs du public aussi bien qu'à son ignorance et à sa passion pour le merveilleux. Elles n'offraient rien d'agréable, rien qu'on pût aimer, rien pour réjouir le cœur, pour l'élever, dans une gratitude joyeuse, à une adoration réelle, à une confiance naïve, à la prière, aux actions de grâces. Au contraire, des bruits effrayants, des apparitions terrifiantes, des menaces épouvantables proférées par des bouches écumantes, des oracles obscurs, des processions mystérieuses, des sacrifices sanglants, des prêtres à figure rébarbative, des offrandes somptueuses, des nuits passées dans de sombres cavernes pour y attendre que Dieu vous envoie un songe, telles furent les machinations dans l'ancien Paganisme. Elles étaient aussi grossières et aussi féroces que celles du Roi de Dahomey ou des nègres barbares de la côte de Guinée; mais leurs prêtres déployèrent souvent une astuce aussi raffinée et aussi réussie que celle d'un empirique, celle d'un homme de loi quelconque de Philadelphie, ou celle de M. ***, le Fédéral, aujourd'hui.

Les tours de passe-passe païens les plus habiles furent les mystères, les oracles, les sibylles, et les augures. Toute religion Païenne bien posée avait ses mystères, juste comme toute famille Chrétienne respectable a sa Bible. Est considérée comme une pauvre religion — une religion mal outillée, si l'on peut parler ainsi — celle qui n'a pas de mystères.

Les mystères principaux furent ceux des Cabires, ceux d'Eleusis, et ceux d'Isis. Ces mystères se servaient exactement des mêmes espèces de jongleries que celles qui font tant d'effet dans nos mystères modernes, savoir : processions, voix, lumières, chambres obscures, apparitions effrayantes, momeries solennelles, costumes bizarres, voix retentissantes, prédications, menaces, bavardages amphigouriques, etc., etc.

Les mystères des Cabires sont les plus anciens dont il nous reste quelques notions. Ces Cabires étaient une sorte de divinité à la façon de ce vieil original de Dr. Jacob Townsend. Ils étaient considérés comme antérieurs et supérieurs à Jupiter, Neptune, Pluton, et autres dieux de l'Olympe. Ils étaient Pélagiques, c'est-à-dire qu'ils appartenaient à cet ancien peuple inconnu d'où on pense que sont provenues les nations Grecques et Latines. Les Cabires figurèrent comme les dieux primitifs de la Grèce, les inventeurs de la religion, et de fait les auteurs de la race humaine. Leur existence fut enveloppée d'un secret si profond qu'on ne sait pas même avec quelque certitude ce qu'ils furent. Les anciens dieux païens étaient comme les modernes filous qui ne se soucient pas qu'on les connaisse sous leurs noms réels. Les Cabires habitaient principalement Lemnos et plus tard la Samothrace.

D'après ce que nous en connaissons, leurs mystères n'étaient pas d'une nature fort agréable. Le néophyte devait rester un temps considérable sans prendre de nourriture, sans se livrer à aucune espèce de plaisir; il était ensuite introduit, couronné d'olivier, ceint d'une écharpe de pourpre, dans un temple sombre où, par des bruits effrayants, des visions terribles, des éclairs soudains de lumière auxquels succédaient de profondes ténèbres, on lui imprimait une terreur mortelle, etc., etc. On procédait ainsi à la purification de toutes les fautes antérieures et au commencement solennel d'une nouvelle vie. C'est un fait curieux que cette cérémonie semble avoir été une sorte de pieuse assurance maritime, car c'était une croyance que les initiés ne pouvaient être noyés. Peut-être les dirigeait-on dans une route où ils avaient chance d'obtenir une asphyxie d'une nature moins humide. La raison qui assurait si inviolablement le secret de ces cérémonies est bien simple. Tous ceux qui y étaient admis et trouvaient à quelles mômeries elles se réduisaient, ne manquaient pas de se taire et d'y pousser les autres, comme de nos jours les néophytes dans l'ordre célèbre des Fils de Malte. Il est reconnu, cependant, à la louange des Cabires, qu'une doctrine de réforme ou une pratique plus vertueuse de la vie semble avoir fait partie de leur religion, c'est une reconnaissance intéressante, par des consciences païennes, d'une des plus grandes vérités morales que le Christianisme ait mises en vigueur. On retrouve les traces de dogmes semblables dans d'autres mystères du Paganisme. Mais ces aspirations des païens vers la vertu étaient bientôt étouffées par leurs vices sans cesse se multipliant. Aucune religion, excepté le Christianisme, n'a contenu en elle-même le principe du progrès vers une meilleure vie. Une tourbe ignorante peut bien être soumise à l'obéissance par des fantasmagories et des diablotins, mais s'ils peuvent découvrir une chance de tricher le diable, soyez sûrs qu'ils en profiteront. Rien, si ce n'est la doctrine Chrétienne de l'amour, de la fraternité, du gouvernement d'un Dieu indulgent et paternel, ne s'est jamais montré efficace pour une réforme permanente, pour une tendance à élever l'âme au-dessus des vices et des passions auxquelles la pauvre nature humaine n'est que trop portée.

Les mystères d'Éleusis étaient célébrés chaque année à Éleusis, près d'Athènes, en l'honneur de Cérès, et ils étaient en quelque sorte, pour les pieux païens de cette époque, l'Anniversaire de Mai. Leur célébration complète durait neuf jours, juste l'espace de temps nécessaire pour qu'un petit chien ouvre les yeux. Cette période était bien employée par les néophytes. Le premier jour on les réunissait; le second jour ils se plongeaient dans la mer; pendant le troisième, ils assistaient à quelques cérémonies en l'honneur de Proserpine; aucun mortel ne sait ce qu'ils faisaient le quatrième jour; le cinquième ils faisaient le tour du temple deux par deux avec des torches à la main, comme à la procession; pendant le sixième, le septième, et le huitième, il y avait encore des processions, à la fin desquelles l'initiation avait lieu; elles se rapprochaient, pour les rites, de celle de la Franc-Maçonnerie. Le neuvième jour, la cérémonie, dit-on, consistait à mettre à fond deux vases de vin. Je crains que ce cérémonial n'eût pour effet de les enivrer tous, d'autant mieux que les médailles d'Éleusis représentent d'un côté une tête de porc, comme si elles signifiaient : « Nous nous transformons en pourceaux. »

Il y avait à Athènes une série de mystères appelés Thesmophores, et une à Rome qui portait le nom de mystères de la Bonne Déesse, auxquels seules les femmes mariées prenaient part. Ce qui s'y passait a donné lieu à des récits différents. Mais peut-il exister d'incertitude raisonnable à cet égard? C'était, je le crains, des conspirations organisées, dans lesquelles les matrones les plus expérimentées enseignaient aux plus jeunes à gouverner leurs maris. Si tel n'était pas leur objet, c'était alors pour maintenir l'influence du sacerdoce païen sur les femmes païennes. Partout où les fausses religions ont prévalu, les femmes ont toujours été les promoteurs des prêtres, comme parmi les Chrétiens elles le sont, dans un meilleur sens, pour les ministres de l'Évangile.

Les mystères de la déesse Isis, qui sont originaires de l'Égypte, étaient en général semblables à ceux de Cérès à Éleusis. Les mystères Persans de Mithra, qui furent populaires durant une partie des derniers jours de l'empire Romain, étaient de même nature. Ainsi étaient ceux de Bacchus, de Junon, de Jupiter, et ceux du culte de divers autres dieux du Paganisme. Tous étaient célébrés avec beaucoup de solennité et de secret. Tous s'étayaient sur des rites effrayants ; et tous leurs secrets ont été si fidèlement gardés, que, pour les détails des cérémonies qu'on y observait, nous en sommes réduits à des conjectures et à des notions générales ; leur principal objet semble avoir été de préserver les initiés de l'infortune et d'assurer leur prospérité dans l'avenir. D'autres se sont imaginé qu'au milieu de ces fantasmagories païennes des vérités merveilleuses et sublimes étaient révélées. Mais je présume que plus nous les pénétrerons, plus leurs supercheries nous paraîtront grossières, ainsi qu'il arriva aux voyageurs au sujet de l'épitaphe d'une grande divinité païenne. C'était parmi les tribus sauvages un certain dieu terrible et très-puissant, dont on rapportait des histoires effrayantes — et nécessairement très-authentiques ! Quelques chenapans de voyageurs incrédules parvinrent, par des manœuvres coupables, à pénétrer une nuit dans l'intérieur sacré du temple. Ils trouvèrent le dieu empaqueté et offrant une grosse masse d'un aspect très-suspect ; ils coupèrent sacrilégement les liens et enlevèrent, l'une après l'autre, des enveloppes de nattes et d'étoffes jusqu'au nombre de plus d'une centaine. Le dieu devenait de plus en plus petit ; et l'étonnement des voyageurs devenait, dans la même proportion, de plus en plus grand. Enfin, la dernière des enveloppes tomba, et la grande divinité païenne apparut dans toute sa majesté native. C'était une bouteille cassée de soda water! Ceci nous montre — ce fait qui ne peut être l'objet d'un doute — que tous les mystères païens ne sont que gaz. Oui, tous ces faux cultes imposés n'ont eu pour base et soutien que le mensonge, la tromperie, l'hypocrisie, — la Blague! L'art de la Blague mérite réellement quelque considération, quand ce ne serait qu'en raison de son antiquité.

CHAPITRE XLVI.

Blagues Païennes N° 2 — Culte Officiel du Paganisme — Oracles — Sibylles — Augures.

Nous devons dire quelques mots des oracles, des Sibylles, et des augures, qui, outre les mystères dont nous avons parlé, étaient les principales supercheries auxiliaires où les parades extérieures servaient à étayer la grande blague de la religion du Paganisme.

Un mot d'abord sur le culte régulier du Paganisme, ce qu'on peut appeler le service officiel. Les païens n'avaient pas, comme chez nous, de semaines, de jours fixés pour le culte ; ils n'avaient pas, comme nous, de prédications, c'est-à-dire d'instructions régulières données par les ministres de la Religion à tout le peuple assemblé. Ils avaient un mode de chant et de prières qui leur était particulier ; leur chant consistait en une sorte d'hymne à la louange de n'importe quelle idole qu'on fêtât dans le moment, et les prières étaient en partie une vaine répétition du nom de leur Dieu, et quant au reste, c'était une supplique pour que le Dieu leur donnât ou fît ce qui lui était demandé, comme un échange loyal, en retour de l'agréable fumet de l'excellent bœuf qu'ils faisaient rôtir sous son nez, ou pour toute autre chose qu'ils lui offraient, comme une somme d'argent, une paire de pantalons (ou de ce qu'ils portaient à la place), ou une belle coupe d'or. Cela transformait le temple en une véritable boutique où les prêtres trafiquaient de bienfaits éventuels pour du bœuf bien réel, battant monnaie avec des bénédictions ; enfin, une blague bien complète. Les cérémonies religieuses publiques des païens étaient généralement annuelles, quelquefois mensuelles ; il y avait des cérémonies quotidiennes, mais qui ne regardaient que les devoirs sacerdotaux, et auxquelles les citoyens ne prenaient pas part. Revenons à notre sujet.

Tous les oracles païens, anciens ou nouveaux (car beaucoup d'entre eux se sont perpétués jusqu'à nous), les Sibylles, les augures, et toutes choses de même farine, nous font voir combien, naturellement, universellement, humblement, notre pauvre nature humaine, abandonnée à elle-même, désire pénétrer l'avenir et est anxieuse d'obtenir le secours et la direction d'un pouvoir au-dessus d'elle.

Considérées sous ce point de vue, ces vaines supercheries nous fournissent une utile leçon, car elles constituent une preuve irrécusable de la reconnaissance innée et naturelle par l'homme de quelque Dieu et de quelques devoirs envers un pouvoir plus élevé et d'une existence immatérielle ; elles montrent aussi que la nature humaine demande exactement ce que la révélation Chrétienne lui offre et constituent ainsi un témoignage puissant en faveur du Christianisme.

Toutes les religions idolâtres avaient, je crois, des oracles de quelque espèce. Les religions Grecques et Latines nous en ont laissé l'histoire complète. Elles en comptaient plus d'un cent ; Apollon, en sa qualité de Dieu des prédictions, des divinations, des prophéties, et de la blague surnaturelle païenne, n'en avait pas moins de vingt pour sa part. Il en existait collectivement trente ou quarante pour Jupiter, Cérès, Mercure, Pluton, Junon, Ino (un nom bien choisi pour une déesse qui rendait des oracles, quoiqu'elle ne sût rien !), Faune, la Fortune, Mars, etc., etc., et presque autant pour les demi-dieux, héros, géants, etc., etc , tels que : Amphion, Amphilocus, Trophonius, Geryon, Ulysse, Calchas, Esculape, Hercule, Pasiphaé, Pryxus, etc., etc. Le plus célèbre et le plus couru était le fameux oracle d'Apollon à Delphes. « Une petite offrande » paraît avoir été la pratique universelle et caractéristique pour obtenir une réponse du Dieu. Soit que vous receviez une réponse verbale, ou par les vibrations d'un vieux vase, ou en observant l'appétit d'un bœuf, ou en jetant des dés, ou par un songe qui vous était envoyé pendant votre sommeil, votre procédé devait être exactement le même : « Prix fixe : argent comptant, payé d'avance, ou l'équivalent. » Le sacrifice d'un bœuf gras, d'un beau mouton, était accepté comme argent comptant ; car, après que la divinité en avait savouré l'odeur (il paraît que ces dames et ces messieurs mangeaient, comme parlent les Yankees — par le nez), le reste était soigneusement mis de côté par les respectables prêtres pour leur dîner, et c'était autant d'épargné sur le mémoire du boucher. Si votre crédit était solidement établi, vous pouviez recevoir un oracle et envoyer ensuite un petit remerciment sous la forme d'une coupe d'or, ou une statue, ou un vase, ou une somme d'argent. Tous ces dons s'accumulèrent à l'oracle de Delphes et formèrent un immense trésor, à la grande satisfaction de Brennus, chef Gaulois, homme très-positif, qui, lorsqu'il envahit la Grèce, emporta tout bonnement ce qu'il y avait de richesses métalliques, sans avoir aucun égard aux glapissements de la Pythonisse, et sans plus de scrupules qu'un simple voleur avec effraction.

L'oracle de Delphes avait pour interprète une femme qui, à certains jours, s'asseyait sur un tabouret à trois pieds placé sur un trou, dans le pavé du temple d'Apollon. Par ce trou s'exhalait un gaz qui, au lieu d'être employé comme celui que fournissent les puits dans les terres de Fredonia, N. Y., pour éclairer le village, était beaucoup plus utilement mis à profit par messieurs du clergé pour éblouir les cerveaux de leurs pratiques et introduire l'or dans leurs poches. C'est seulement une idée que je donne à tout Fredonien spéculateur qui possède un trou dans son terrain. Très-bien ! La Pythie, ainsi se nommait cette femme, s'exaltait à la vapeur de ce trou, comme vous l'avez vu faire à des dames sur le registre du courant d'air chaud d'une fournaise. La Pythie, en proie à une vive surexcitation, commençait à être comme enivrée ou folle, et dans son accès elle laissait échapper quelques mots, murmurait quelques bruits que les prêtres recueillaient et traduisaient à leurs clients, en disant qu'ils signifiaient ceci, cela ! Quand la pratique donnait, ils faisaient manœuvrer deux Pythies à tour de rôle, et en tenaient une troisième toute chargée et amorcée en cas d'accident ; car ce gaz donnait parfois à la prêtresse (ceci est littéral) des convulsions qui la tuaient au bout de quelques jours.

Les autres oracles donnaient leurs réponses de diverses manières. Le prêtre écrivait tranquillement la réponse qu'il lui plaisait de donner, ou il inspectait les entrailles de quelque animal immolé, et disait qu'elles signifiaient telle ou telle chose. A Telmesse, le croyant regardait dans un puits où il devait voir dans l'eau un tableau qui lui servait de réponse ; si l'eau ne lui en offrait pas, c'est qu'il n'y avait pas de réponse à lui faire. Cette cérémonie était évidemment basée sur l'idée que la vérité réside au fond d'un puits.

A Dodone, on suspendait des vases d'airain à des branches d'arbre, et les prêtres interprétaient les sons qu'ils rendaient lorsque le vent soufflait dedans. A Phérès, vous murmuriez votre question à l'oreille d'une statue de Mercure, puis vous bouchant les oreilles jusqu'à ce que vous fussiez hors de la boutique, les premières paroles que vous entendiez sortir de la bouche de qui que ce fût étaient la réponse; à vous d'en tirer le meilleur parti possible. Pour l'oracle de Pluton à Charée, le prêtre avait un songe, et le lendemain matin il vous disait ce qu'il voulait. Dans l'antre de Trophonius, après diverses fantasmagories terrifiantes, ils vous plongeaient dans un trou la tête en bas, vous en retiraient, vous faisaient asseoir, et vous faisaient écrire votre propre oracle, qui consistait dans ce que vous aviez vu, ce qui, j'imagine, devait habituellement n'être rien du tout.

Et toujours ainsi, et toujours de même, blague *ad libitum!*

Ainsi que plusieurs célèbres nécromanciens modernes, les entrepreneurs d'oracles étaient souvent de rusés compères et pouvaient fréquemment combiner, d'après l'apparence extérieure du client et la nature de sa question, les éléments d'une réponse habile et judicieuse.

Bien souvent la réponse n'avait pas le moindre sens. En fait, beaucoup regardaient comme une règle qu'on ne pouvait dire ce que signifiait la réponse, jusqu'au moment où l'événement auquel elle se rapportait fut accompli. Dans beaucoup de cas, les réponses étaient ingénieusement formulées de manière à signifier un résultat bon ou mauvais, dont l'un était assez probable.

Ainsi un des oracles faisait à un général, qui s'informait du sort de sa campagne, la réponse suivante (rappelez-vous que les anciens n'avaient pas de ponctuation) : « Tu iras tu reviendras jamais à la guerre tu périras. » La ruse devient palpable lorsque d'abord vous faites une pause devant *jamais* et qu'ensuite vous la faites après.

Dans une occasion semblable, l'oracle de Delphes dit à Crésus que s'il traversait l'Halys, un grand empire serait détruit. Crésus se prit à penser qu'il s'agissait de l'empire de Cyrus qu'il allait combattre ; mais les événements amenèrent un tout autre résultat, et ce fut son propre empire qui fut bouleversé. Et néanmoins les conséquences de cet oracle lui donnèrent une réputation immense de sagesse et inspirèrent aux peuples un respect superstitieux.

Pyrrhus, Roi d'Épire, marchant contre les Romains, reçut une égale satisfaction de la Pythie, qui lui dit (en Latin) à peu près ceci : —

« Pyrrhus Romains pouvoir vaincre ! »

Pyrrhus l'interpréta selon ses désirs ; mais les Romains le battirent, et cruellement encore !

On conseilla à Trajan de consulter l'oracle d'Héliopolis relativement à l'expédition qu'il projetait contre les Parthes. L'usage était d'envoyer la question dans une lettre. Trajan envoya sous enveloppe un papier blanc. Le dieu, très-naturellement, envoya en réponse une feuille de papier blanc, ce qui fut regardé comme extrêmement fin ; alors la dupe impériale envoya une question posée carrément : —

« Terminerai-je cette guerre et reviendrai-je à Rome ? »

Le roué Héliopolitain lui répondit en lui envoyant un vieux cep de vigne coupé en morceaux, qui signifiait soit : « Tu les tailleras en pièces, » ou : « Ils te tailleront en pièces. » Et Trajan — comme ce petit garçon qui, ayant payé son penny à une exposition, demandait : « Qui est Lord Wellington et qui est l'Empereur Napoléon ? » — eut le droit de choisir.

Quelquefois les oracles étaient tout à fait facétieux. Un homme demanda à l'un d'eux le moyen de devenir riche. L'oracle lui dit : « Possède tout ce qu'il y a entre Sicyone et Corinthe. » Ces deux villes sont à quelques cinq lieues de distance l'une de l'autre.

Un autre demanda le moyen de guérir sa goutte. L'oracle répondit froidement : « Ne bois que de l'eau froide ! »

Pendant un long espace de temps, l'oracle de

Delphes et quelques autres avaient l'habitude de donner leurs réponses en vers. Cependant certains critiques irrévérencieux du temps s'étant à la fin permis de s'égayer beaucoup du style singulièrement pauvre de cette poésie, le malheureux oracle y renonça et se rabattit sur la simple prose. De temps en temps, quelque personnage énergique et rusé, d'un caractère sceptique, insistait pour avoir une réponse justement formulée comme il le voulait. Il est bien connu que Philippe de Macédoine acheta à Delphes l'oracle dont il avait besoin. Qui que ce fût, avec beaucoup d'argent, qui *causait* amicalement avec les prêtres, obtenait la réponse qu'il voulait, ou s'il était doué d'un entêtement de taureau, d'un poing solide, aimant la bataille, d'un esprit irréligieux et énergique, les prêtres, par peur, lui donnaient ce qu'il voulait. Lorsque Thémistocle eut besoin d'encourager les Grecs à faire la guerre aux Persans, il gagna par la corruption les Delphiens. Lorsque Alexandre le Grand vint consulter le même oracle, la Pythie se refusa à lui répondre. Mais Alexandre lui fit comprendre assez rudement qu'il fallait qu'elle montât sur son trépied, et elle le fit. Les oracles Grecs et Romains finirent par fermer boutique peu de temps avant la venue du Christ, s'étant, depuis plusieurs années, plus ou moins discrédités.

Toutes les nations idolâtres eurent, comme je l'ai dit, leurs oracles. Les païens Scandinaves en avaient un fameux à Upsal. Les Gètes en avaient un en Scythie. Les Druides avaient ceux qu'ils rendaient eux-mêmes, ainsi que les prêtres Mexicains. Les divinités Égyptiennes et Syriennes avaient les leurs; en un mot, les oracles étaient aussi indispensables que les mystères, et se perpétuèrent comme eux dans les religions idolâtres. Le Mahométisme forme, je crois, la seule exception. Ses sectaires sont garantis de l'inquiétude que peut causer aucun trouble relatif à l'avenir par leur fatalisme absolu. Ils croient avec une foi si vive et si profonde que toute chose est immanquablement prédestinée, ils sont en même temps si certains qu'ils auront enfin le ciel en partage, qu'ils prennent tranquillement les événements comme ils arrivent, et ne s'inquiètent nullement d'en trouver les causes.

Les Sibylles étaient des femmes qu'on supposait être inspirées par quelque divinité et qui prophétisaient l'avenir. Quelques personnes prétendent qu'il n'y en avait qu'une, d'autres en admettaient deux, trois, quatre, ou dix. Le temps où elles existèrent, le lieu où elles exerçaient leur science ont donné lieu à toutes sortes de légendes obscures. On rapporte que dans la Perse ou dans la Chaldée, l'avénement du Christ et sa vie furent prédits par elles avec beaucoup de détails : ce furent les Sibylles de Libye, de Delphes, de Cumes — en grand honneur chez les Romains — et une demi-douzaine d'autres. Il y eut aussi Mantho, la fille de Tirésias, qui fut envoyée de Thèbes à Delphes dans un sac, 720 ans avant la ruine de Troie. Ces dames vivaient dans des cavernes, et ce fut parmi elles que furent composés les livres sibyllins contenant les mystères religieux qu'on gardait soigneusement à Rome hors de la vue des profanes, et qui finalement arrivèrent aux mains de l'Empereur Constantin. Ils furent brûlés, dit une chronique, environ cinquante ans après sa mort; mais il existe encore quelques livres sibyllins qu'on peut cependant ranger parmi les blagues les plus transparentes, car ils sont remplis de toute sorte d'extraits et de documents de l'Ancien et du Nouveau Testament. Je ne crois pas qu'il ait jamais existé de Sibylles; s'il en fut jamais, c'étaient probablement de vieilles filles désespérées de l'être encore, d'un mauvais naturel, dont le caractère aigri força leurs amis à les renvoyer vivre seules, et qui, dans cette position, se mirent à écrire des livres.

Je dois jeter ici à la hâte un mot ou deux touchant les Augures. Ces hommes étaient des prêtres Romains qui avaient l'habitude de prédire les événements futurs, de décider les succès ou les revers, si l'on devait procéder aux élections, commencer ou non une entre-

prise, etc., etc., au moyen de certains signes, comme
le tonnerre, le vol des oiseaux, la manière dont mangeaient les poulets sacrés, l'aspect des entrailles des
bêtes sacrifiées, etc., etc. Ces Augures furent pendant
longtemps très-respectés à Rome; mais à la fin les
gens les plus sensés perdirent toute croyance en eux,
et ils devinrent si ridicules que Cicéron, qui luimême en faisait partie, dit qu'il ne pouvait s'imaginer comment deux augures pouvaient se regarder en
face sans rire.

Il est humiliant de penser cependant combien de
temps et avec quelle généralité ces audacieuses et
monstrueuses supercheries ont obtenu une autorité
incontestée sur presque tout le genre humain. Et
l'humanité ne s'est pas encore entièrement soustraite
à ce dégradant esclavage, car des millions d'hommes
croient à des rites et pratiquent des cérémonies plus
absurdes encore, s'il est possible, que les Mystères,
les Oracles, et les Augures.

CHAPITRE XLVII.

Modernes Supercheries Païennes — Fétichisme — Obi — Vaudour — Pow-wows Indiens — Lamaïsme — Prières à la Mécanique — Prières pour causer la Mort.

UNE échelle des superstitions et des croyances religieuses qui existent de nos jours, classées depuis
les plus infimes jusqu'à celles de l'ordre le plus élevé,
montrerait de curieuses coïncidences avec une autre
échelle qui retracerait l'histoire des superstitions et
des croyances religieuses en remontant jusqu'à l'origine du genre humain. Ainsi, par exemple, les supercheries idolâtres, révoltantes ou ridicules dont je vais
parler dans ce chapitre sont aujourd'hui en pleine
vigueur, et elles nous offrent des spécimens exacts
des croyances qui régnaient chez les païens il y a

5,800 ans. Les superstitions des Chaldéens et des Cananéens sont également celles des Romains sous le règne de César Auguste.

Les superstitions les plus dégoûtantes, les plus vulgaires, les plus stupides, et les plus absurdes de toutes celles qui existent dans le monde sont, comme cela est naturel, celles des plus ignorants d'entre les païens qui possèdent quelque superstition. Car, comme pour humilier notre orgueilleuse nature humaine, il y a des êtres qui semblent assez dénués de facultés intellectuelles pour ne pas même s'élever à la hauteur d'une superstition. Tels sont les insulaires Andamanites, qui rampent à quatre pattes, qui n'ont d'autres vêtements qu'un enduit de boue pour se garantir des moustiques, mangent des punaises, des chrysalides, et des fourmis, et chassent leurs enfants aussitôt que ces petits malheureux peuvent ramper et manger des punaises, afin qu'ils pourvoient eux-mêmes à leur besoins.

Les plus dégradantes superstitions sont le Fétichisme et l'Obi, qui sont adoptés et pratiqués par des tribus nègres, et — rappelez-vous ceci — même aujourd'hui par leurs ignorantes maîtresses blanches, aux Indes Occidentales et aux États Unis. Oui, je sais où vivent des femmes, en ce moment réfugiées à New York et aux alentours, qui ont une foi entière dans la sorcellerie nègre appelée Obi, pratiquée par les esclaves.

Un Fétiche est tout objet qui n'est pas un être vivant, adoré parce qu'on suppose qu'il sert de demeure à un Dieu. Dans quelques parties de l'Afrique, les Fétiches sont une sorte de divinité protectrice, et il y en a une pour chaque district, comme le constable dans les villes, et quelquefois une pour chaque famille. Le Fétiche est une pierre quelconque ramassée dans la rue, un arbre, un copeau, un haillon. Ce peut être une image de pierre ou de bois, un vieux pot, un couteau, une plume. Devant cette précieuse divinité, le pauvre noireau se prosterne et l'adore, et quelquefois il lui sacrifie un mouton ou une volaille. Chaque Fétiche d'un rang plus élevé a un prêtre, et c'est ici que la blague s'en mêle. Le gentleman vit des offrandes faites au Fétiche, et, comme nous disons si élégamment en Français, « il exploite » son Dieu avec grand profit.

Obi ou Obeah est le nom de la superstition des tribus nègres, et celui ou celle qui s'y consacre est appelé Homme Obi ou Femme Obi. Les nègres pratiquent cette superstition chez eux en Afrique, et quand ils sont transportés dans d'autres pays comme esclaves, ils l'emportent avec eux et continuent à la pratiquer. L'Obi est, comme je l'ai déjà dit, pratiqué aujourd'hui dans l'Ile de Cuba et dans les Etats du Sud, et les blancs les plus ignorants et les plus dénués de bon sens y croient autant que leurs esclaves encore à l'état barbare. L'Obi n'est pratiqué que pour nuire, et la manière de s'en servir contre votre ennemi est de prendre à gages l'Homme ou la Femme Obi pour composer un charme que vous cachez ensuite ou que vous faites cacher sur la personne ou dans la demeure de la victime, dans quelque endroit où elle le trouvera. Après quoi, on s'attend à la voir tomber malade, languir, dépérir, et enfin mourir.

Tout absurde qu'elle paraisse, cette pratique diabolique opère avec assez de certitude chez les pauvres nègres qui tombent malades immédiatement après avoir trouvé la pilule de l'Obi, de deux ou trois pouces de diamètre, cachée dans le lit ou sous le toit, sous le seuil de la porte ou dans la terre qui forme le plancher de leurs huttes. Le pauvre malheureux se laisse abattre, perd l'appétit, la force, l'énergie, maigrit, tombe malade, dépérit réellement, et meurt. C'est un fait curieux cependant que, si dans ces tristes circonstances, vous pouvez réussir à en convertir un au Christianisme ou à devenir Chrétien par pratique, il se trouve en même temps délivré du pouvoir des sorciers et recouvre promptement la santé.

La pilule de l'Obi — ou comme on l'appelle parmi les nègres Brésiliens, la Mandinga — peut être composée de divers ingrédients, à condition, je crois, d'en contenir un dégoûtant et horrible. On peut employer des feuilles d'arbres et des lambeaux de chiffons, des cendres provenant ordinairement de l'incinération d'os ou de chair de n'importe quelle espèce; des morceaux d'os et des crânes de chats, des plumes, des cheveux, de la terre, de la glaise provenant d'une sépulture, des dents d'hommes, de serpent, d'alligator, ou d'autres animaux, de la gomme végétale ou d'autre matière agglutinante, du sang humain, des morceaux de coquille d'œufs, etc., etc. Cette mixtion est curieuse comme celle du chaudron des sorcières dans *Macbeth*, qui, entre autres friandises, contenait des pattes de grenouille, du poil de chauve-souris, des pattes de lézard, des ailes de hibou, des dents de loup, une momie de sorcière, le foie d'un juif, les entrailles d'un tigre, et enfin, comme pour donner de la consistance à la sauce, du sang de singe.

Une créole, maintenant dans le Nord, disait récemment à un de mes amis que les nègres, en mettant quelques morceaux de papier, de la poudre, ou quelque autre chose dans vos souliers, peuvent vous rendre malade ou vous faire faire tout ce qu'ils veulent!

La pauvre sotte racontait cela avec une figure empreinte de terreur et les yeux démesurément écarquillés. Une autre dame qui m'est connue m'a dit que la croyance à ces sorcelleries existait souvent chez les blancs.

Les pratiques appelées Vaudoux ou Voudoux sont une sorte d'Obi. Elles consistent aussi à invoquer l'aide de quelque dieu pour accomplir ce que l'adorateur désire. La superstition Vaudoux règne tout à fait à Cuba, à Haïti, et dans d'autres îles des Indes Occidentales où il existe des nègres à l'état sauvage et où d'autres sont importés d'Afrique. Cette espèce d'imposture est aussi très-répandue parmi les esclaves à la Nouvelle Orléans, et des événements auxquels elles ont donné lieu ont récemment paru à plusieurs reprises dans les rapports de police donnés par les journaux de cette ville.

Les sectaires du Vaudoux s'assemblent secrètement sous la présidence d'une espèce de sorcière en chef, ou maîtresse des cérémonies. Dans un chaudron bout un bouillon infernal à la *Macbeth*. Les sectaires nus dansent en rond autour de leur potage, ou composent des charmes, des amulettes, et on les distribue. Durant le dernier quart du dernier siècle, quelques centaines de ces orgies ont été dispersées par la police de la Nouvelle Orléans, et probablement autant et plus se sont séparées après avertissement. Ce sont les amants malheureux ou jaloux qui le plus souvent font appel aux pratiques du Vaudoux, et les créoles croient au Vaudoux autant qu'à l'Obi.

Dans les Indes Occidentales, les orgies des Vaudoux ont un caractère plus sauvage que dans ce pays-ci. Il n'y a pas longtemps qu'à Haïti, sous l'administration du Président Geffrard, huit adorateurs de Vaudoux ont été régulièrement jugés et exécutés pour avoir assassiné une jeune fille, nièce de deux d'entre eux, dans le but de faire à leur Dieu un sacrifice humain. Ils garrottèrent la pauvre enfant, la mirent dans une caisse, la nourrirent pendant quatre jours avec je ne sais quelle substance, puis l'étranglèrent de sang-froid, lui coupèrent la tête, l'écorchèrent, firent cuire la tête avec des ignames, mangèrent cet horrible mélange, et enfin exécutèrent autour d'un autel sur lequel ils avaient placé le crâne une danse solennelle accompagnée de chant.

Les Caffres de l'Afrique Méridionale ont une espèce d'idolâtrie qui se rapproche de l'Obi et qui est réputé pour faire tomber la pluie. Ces messieurs fournissent des charmes favorables ou redoutables, qu'on peut leur demander pour d'autres desseins ; mais comme le pays est sujet à de terribles sécheresses, la pluie est leur principal commerce. Pour l'obtenir, ils ont diverses prières et cérémonies, dont la plus importante est le payement du client et par avance une large rémunération. Le commerce de la pluie, quoique très-lucratif, n'est pas sans inconvénients; car chaque fois que Moselekatse, ou Dingaan, ou tout autre chef, met son faiseur de pluie à l'ouvrage et que la pluie ne tombe pas à l'appel qui lui est fait, le chef indigné envoie une ou deux zagayes au travers du corps du sorcier, comme encouragement aux autres sorciers à mieux travailler. Ceci n'est pas aussi déraisonnable qu'il peut sembler tout d'abord; car si le sorcier ne peut pas faire tomber la pluie quand on en a besoin, à quoi est-il bon?

Les cérémonies des Pow-wows ou médecins des Indiens de l'Amérique du Nord sont moins brutales que celles de l'Afrique. Ces sorciers, comme les Obi, préparent des philtres pour leurs clients, mais cependant moins habituellement pour détruire les autres que pour protéger celui qui en fait usage. Ces charmes consistent en quelque bagatelle renfermée dans un petit sac, le sac à médecine, qui doit être suspendu au cou et qu'on suppose devoir assurer au porteur l'aide et la protection du Grand Esprit. Parfois cependant les Pow-wows font quelques excursions dans le domaine des mauvais sorts.

On raconte une plaisante histoire d'un ministre Puritain qui, lors des premiers établissements dans la Nouvelle Angleterre, défia courageusement un des plus fameux magiciens Indiens de faire usage contre lui de son arsenal infernal. Une séance officielle eut lieu; le Pow-wow fit jouer ses trucs, hurla, dansa, souffla des plumes, et vociféra dans son jargon jusqu'à ce qu'il fût tout à fait épuisé de fatigue. Pendant tout ce temps, le vieux ministre le regardait tranquillement. Le charlatan Indien était muet de stupéfaction; mais, recouvrant bientôt sa présence d'esprit, il sauva sa réputation indigène, en expliquant aux messieurs à peau rouge, à culottes de toile, à anneaux au nez, que le Yankee avait mangé tant de sel que les charmes n'avaient pas du tout de prise sur lui.

Les Shamans (ou Schamans) de Sibérie suivent un

genre de commerce tout à fait semblable, mais ce
ne sont pas tant des imposteurs religieux que de
simples sorciers. Les Lamas ou chefs du Boud-
dhisme de l'Asie Centrale et Méridionale sont,
eux, des prêtres reconnus, et l'on peut dire avec
beaucoup de justesse qu'ils travaillent à la mécanique, d'après les principes d'une blague religieuse
complète; car ils prient réellement à l'aide d'une
machine. Ils établissent un petit moulin à eau ou à
vent qui fait tourner un cylindre; sur ce cylindre est
écrite une prière, et chaque fois que le barillet a fait
un tour complet, cela compte, disent-ils, pour une
prière. On peut s'imaginer à quel point la prière est
fervente, lorsque le vent fraichit ou qu'il souffle une
bonne brise. Il y a une plaisante notion d'économie ainsi qu'une folie digne de pitié dans l'idée qu'en
profitant de ces supplications ventilées on épargne
son temps et l'on peut appliquer ses pensées aux affaires, tandis que les prières se succèdent par centaines à la maison. Imaginez seulement la pieuse
ferveur de ces prêtres dans un moulin Lowell de première classe, c'est-à-dire de cent mille broches. Im-
primez une édition considérable d'une bonne prière
et accrochez un exemplaire à chaque broche, sa maison leur semblerait le portique même du paradis
Bouddhiste. Ils se sentiraient certains d'en lever le ciel
d'assaut sous le feu soutenu de cent mille prières par
seconde. Leur première demande pour la prospérité
de l'Église serait une bonne force d'eau pour des mou-
lins à prières. Et cependant quelque absurdes que
soient réellement les machines à prières de ces idolâtres, peut être ne serait-il pas bon de les frapper
d'une condamnation complète, car qui, parmi nous,
n'a pas entendu quelquefois dans nos églises Chré-
tiennes des prières vaines comme le vent? Les jeunes ecclésiastiques y sont spécialement sujets, et, je
puis dire, enclins à cette dérision; ce ne sont cependant que des exceptions à l'axiome général du Christianisme — savoir, que Celui qui voit tout, qui sait
tout, n'accepte que le culte du cœur, et que le culte

des lèvres ou seulement machinal est tout simplement à Ses yeux une abomination.

Une espèce de prière moins innocente est une des superstitions religieuses de l'idolâtrie des sanguinaires et cruels naturels des Iles Sandwich. Là existait et existe encore l'usage de donner de l'argent à un prêtre, afin que par ses prières il provoque la mort de votre ennemi. Pour une somme payée à l'avance, on peut toujours conclure ce marché, et la poltronnerie superstitieuse de ces pauvres sauvages est si abjecte que, comme le nègre victime de l'Obi, celui contre lequel sont dirigées les prières manque rarement de tomber malade dès qu'il découvre ce qui se pratique contre lui, puis il dépérit et meurt.

Les spécimens de superstitions païennes qui subsistent encore dans des portions du globe si éloignées les unes des autres, montrent la similitude radicale de toutes les idolâtries. Ils montrent la bassesse, la grossièreté, l'abjection profonde de toute religion de fabrique purement humaine, ils font voir combien sont nombreuses les malheureuses portions de la race humaine qui sont encore plongées dans ces épaisses ténèbres, et nous fournissent, par opposition, un grand sujet de reconnaissance et d'actions de grâces de ce que nous vivons dans des pays plus civilisés, où notre culte est plus pur et nos espérances plus élevées.

CHAPITRE XLVIII.

Épreuves — Duels — Gages de Combat — Abraham Thornton — Fer Rougi — Eau Bouillante — Natation — Serments — Bouchée Maudite — Épreuves Païennes.

Les épreuves appartiennent aux siècles et aux sociétés où régnaient la rudesse, la violence, le matérialisme, l'ignorance, les superstitions grossières, et la foi aveugle. La théorie des épreuves se fonde sur cette croyance, que Dieu décidera d'une manière miraculeuse toute cause dans laquelle un accusé fera appel à Son jugement. Dans un duel, Il le rendra vainqueur ou le laissera succomber, Il le punira sur place de son parjure, et s'il est innocent, Il le tirera sain et sauf de certains dangers physiques auxquels il était exposé.

Le duel, par exemple, qu'on avait coutume d'appeler la preuve par les armes, n'était simplement que l'appel fait à Dieu pour la décision d'une cause. Les duels étaient régulièrement précédés par la prière solennelle « que Dieu fasse triompher le bon droit. » De nos jours, personne ne croit que l'adresse au pistolet va être spécialement accordée par le Tout-Puissant, sans la pratique fréquente du tir. En conséquence, l'idée de l'intervention divine est depuis longtemps écartée de la question, et le résultat du duel est exclusivement entre les mains du diable et de ses sectaires — ce n'est qu'une brutale absurdité. Mais en Angleterre, cette imposture superstitieuse et sanguinaire régna si longtemps, que tout chenapan endurci qui était une bonne lame a pu, jusqu'à l'année 1819, commettre absolument un meurtre sous la protection de la loi Anglaise. Deux ans avant la date que nous venons d'indiquer, un coquin, nommé Abraham Thornton, tua sa maîtresse et fut acquitté faute de preuves suffisantes. Il existait cependant une conviction morale que Thornton avait tué cette fille; son frère, un jeune garçon, suivant la loi Anglaise introduisit un appel, et Thornton fut de nouveau cité devant le Banc du Roi. Sur ces entrefaites, son avocat s'était souvenu d'un usage tombé en désuétude, « les assises du combat, » et quand Thornton fut amené à la barre, il jeta son gant sur le parquet, suivant les anciennes formes, et défia son accusateur à un combat mortel. En réponse, l'appelant Ashford mit en avant des faits qui prouvaient si clairement la culpabilité de Thornton qu'ils constituaient (ainsi qu'il le prétendait) un motif pour l'exempter du combat et pour la condamnation du prisonnier. La cour surprise employa cinq mois à étudier l'affaire. A la fin, elle décida que le combattant avait pour lui la loi Anglaise, admit sa demande, et en outre déclara que les faits allégués n'étaient pas suffisants pour exempter le plaignant du combat. Sur ce, le pauvre William Ashford, qui n'était qu'un tout jeune homme, refusa le combat, motivant son refus par sa jeunesse. Le prisonnier fut renvoyé et sortit du tribunal triomphant, sans que le sang versé par ses mains fût vengé. Les vieilles perruques du Parlement tressaillirent en voyant qu'elles sanctionnaient la pratique d'usages barbares abolis par l'Empereur Grec Michel Palœologue, en 1259, par le bon Roi Louis IX de France, en 1270; et deux années après cet incident, en 1819, le duel légal, ou les assises du combat, fut aboli en Angleterre par une loi. Il a donc été légal pendant cinq siècles et demi, ayant été introduit par un statut de 1261.

Avant cette époque, les épreuves par le feu et par l'eau étaient légalement pratiquées en Angleterre. Elles étaient même reconnues par la loi Anglo-Saxonne, étant mentionnées dans le code d'Ina, A. D. 700. Il paraît qu'autrefois le feu était regardé comme l'élément le plus aristocratique, car la preuve par le feu était réservée aux nobles, celle par l'eau, au vulgaire et aux serfs. Elles se pratiquaient ainsi. Lorsque quelqu'un était accusé d'un crime — d'un meurtre par exemple — il avait le choix ou d'être jugé par Dieu et par son pays, ou par Dieu.

S'il choisissait la première voie, il allait devant un jury; si c'était la seconde, il était soumis à l'épreuve. Neuf socs de charrue rougis étaient déposés en rang sur le sol. On bandait les yeux de l'accusé, et il devait marcher sur la rangée de socs. S'il se brûlait, il était coupable, sinon il était déclaré innocent. Quelquefois on substituait à cette épreuve celle qui consistait à faire porter à l'accusé, pendant une certaine distance, un fer rouge du poids de une à trois livres.

L'épreuve par l'eau offrait, sous un rapport au moins, la même sage alternative que celle si souvent offerte aux sorcières dans les temps postérieurs. On faisait de l'accusé une espèce de masse en lui attachant chaque main à la jambe du côté opposé, puis on le jetait à l'eau. S'il flottait, c'était un signe de culpabilité et il était mis à mort; s'il allait au fond et était noyé, il était proclamé innocent — mais il était mort. Jugement était par conséquent synonyme d'exécution. La nature de telles alternatives montre à quel point il était important d'avoir une réputation au-dessus de tout soupçon! Un autre mode d'épreuve était que l'accusé plongeât son bras nu jusqu'au coude dans l'eau bouillante. Le bras était à l'instant même enveloppé de bandages que l'on scellait et dont pendant trois jours la garde était confiée au clergé. Si au bout de ce laps de temps le bras était trouvé parfaitement sain, l'accusé était acquitté, dans le cas contraire, il était déclaré coupable.

Une autre épreuve était l'expurgation ou la compurgation. C'était une affaire très-simple. Il ne s'agissait que de prêter serment — ce serment-là ressemblait beaucoup au serment qu'on prête en douane. Voici tout simplement comme la chose se passait : l'accusé déclarait par un serment solennel qu'il n'était pas coupable, et tous les hommes respectables qu'il pouvait réunir venaient et faisaient également serment solennel qu'ils le croyaient aussi. Ceci rappelle une vieille histoire sur la jurisprudence Flamande, devant laquelle deux hommes juraient qu'ils avaient vu le prisonnier voler des poulets. Le voleur prit cependant un peu de temps pour recueillir des témoignages et amena devant la cour douze hommes qui jurèrent qu'ils ne l'avaient pas vu prendre des poulets. « Balance d'une écrasante évidence en faveur du prisonnier, » dit le sage juge (en Flamand, je suppose), et le trouvant innocent en raison de six contre un, il l'acquitta tout d'abord.

20.

Cette épreuve du serment était réservée pour des gens considérables dont la parole avait quelque valeur et qui avaient beaucoup d'amis dévoués.

Une autre sorte d'épreuve était réservée pour les prêtres. Elle était appelée Bouchée Maudite. Le prêtre qui choisissait l'épreuve par la Bouchée Maudite recevait un petit morceau de pain ou un petit morceau de fromage qui, en guise d'assaisonnement, était saupoudré d'un grand nombre de malédictions à l'adresse de quiconque se parjurerait en le mangeant à tort. Le prêtre le mangeait avec le pain du souper de Notre Seigneur. Tout le monde savait que s'il était coupable, la bouchée sainte l'étoufferait à l'instant même.

L'histoire ne rapporte aucun exemple de suffocation d'un prêtre quelconque par suite de cette épreuve. Mais on rapporte que le Comte Saxon Godwin du comté de Kent prit la Bouchée Maudite pour se décharger d'une accusation de meurtre, et (étant un laïque) il fut étouffé. Je crois parfaitement que le Comte Godwin est mort, car il était né dans l'année 1000 environ; mais je n'ai pas la moindre idée qu'il ait été tué par la Bouchée Maudite.

Les prêtres présidaient aux épreuves qui, étant des appels à Dieu, étaient regardées comme des cérémonies religieuses. Ils préféraient par conséquent de beaucoup les preuves par le serment, par le manger, le fer chaud, et par l'eau, que le bon sens clérical pouvait régler, tandis qu'il n'en était pas ainsi de la preuve par les armes. Que pouvaient faire des prêtres entre deux grands sauvages, fous de colère, acharnés à se tuer l'un l'autre, et assez insensés pour risquer d'avoir la gorge coupée ou le crâne fendu plutôt que de ne pas avoir cette chance. Toute l'influence de l'Église Romaine s'opposait donc à l'épreuve par les armes et favorisait toutes les autres. La première perdit bientôt son caractère religieux et devint un simple duel; ignoble satisfaction de la soif du sang et de la vengeance. Les progrès de la civilisation bannirent des cours de justice toutes ces épreuves.

La populace a cependant toujours soumis les sorcières à l'épreuve de l'eau.

Presque toutes les épreuves du Paganisme ont eu pour agents le feu, l'eau, ou l'ingestion de quelque chose qu'on mangeait ou qu'on buvait. Dans la Bible même, nous trouvons une épreuve ordonnée aux Juifs (NOMBRES, chap. V) à l'occasion d'une femme infidèle à qui on fait boire de l'eau avec certaines cérémonies. Cette boisson, suivant la parole de Dieu, devant être la cause d'une maladie fatale si elle est coupable et être inoffensive dans le cas contraire. Il est digne de remarque que Moïse ne dit pas un mot d'épreuve de jalousie par l'eau ou par tout autre moyen appliqué aux maris infidèles !

Ces épreuves par l'ingestion du boire et du manger existent encore maintenant sur une assez grande échelle. Dans l'Hindoustan, l'enquête pour un vol a souvent lieu ainsi : on fait mâcher du riz sec ou de la farine de riz à celui qu'on suspecte, parce que, suivant le mode de la Bouchée Maudite, les substances peuvent se changer en violents anathèmes. Lorsque l'homme suspecté a achevé de mâcher, il crache ce qu'il a dans la bouche, et si ce qu'il crache est sec ou mêlé de sang, c'est signe qu'il est coupable. Il est aisé de comprendre comment un filou — s'il est aussi crédule que le sont souvent les filous — peut avoir une frayeur telle que sa bouche soit sèche et trahisse ainsi son larcin. Un autre mode Hindoue consiste à donner un poison enveloppé dans du beurre, et s'il reste inoffensif, de prononcer l'acquittement. Dans ce cas, celui qui fait la mixtion est évidemment la personne importante de l'instruction judiciaire. A Madagascar, ils donnent de l'eau de *tangena*. La tangena est un fruit dont une petite quantité fait vomir le patient, une forte dose le tue. Cette propriété explique suffisamment comment l'épreuve peut être appliquée.

Les épreuves par le feu et l'eau sont encore en usage, avec quelques différences, dans l'Hindoustan, la Chine, le Pegu, la Sibérie, le Congo, la Guinée, la Sénégambie, et chez d'autres nations idolâtres. Au Malabar, il y en a une qui consiste à traverser à la nage une rivière pleine de crocodiles. Dans l'Inde, lorsqu'un homme en accuse un autre, chacune des deux parties met une jambe nue dans un trou, et celui-là gagne sa cause qui peut endurer le plus longtemps les morsures qui, à coup sûr, ne leur font pas défaut. Ce serait un fameux moyen d'épreuve dans les États de New Jersey, de New York, du Connecticut, et dans d'autres terres basses que je connais au bord de la mer. Les moustiques décideraient les causes civiles et criminelles avec une promptitude qui ferait de la tête d'un Juge de la Cour Suprême une toupie d'Allemagne. Un autre mode d'épreuve dans l'Inde, c'est que l'accusé tienne sa tête sous l'eau, tandis qu'un autre parcourt une certaine distance. Cette méthode peut devenir bien rigoureuse si le marcheur y met de la nonchalance ou si le prisonnier n'a pas les poumons en bon état. Dans l'Afrique orientale, les Wanakas font passer une aiguille rougie au travers des lèvres du patient — place judicieusement choisie pour avoir prise sur un Africain! — et si la blessure saigne, c'est qu'il est coupable. Dans le royaume de Siam, l'accusateur et l'accusé sont placés dans une espèce de parc et on lâche un tigre sur eux. Celui que tue le tigre est le coupable ; s'il les tue tous deux, c'est que tous deux étaient coupables. Si tous les deux échappent à la mort, on essaie un autre genre d'épreuve.

Blackstone dit qu'une épreuve devrait toujours être dirigée par un procureur. Je pense que cela fournirait à la profession légale un agréable passe-temps dans les cours où on aurait ordinairement recours aux tigres, au poison, au fer rouge ; mais l'agrément serait beaucoup moindre quand on se contenterait d'un serment ou d'un petit repas.

Toute cette question d'épreuves est une singulière superstition, et les vastes domaines sur lesquels elle est en vigueur montrent à quel point la race humaine est portée à croire à l'intervention constante de Dieu, même dans les affaires privées de la vie ordinaire. En d'autres mots, c'est un principe analogue à la doctrine d'une Providence spéciale. Regardé comme une superstition cependant, — considéré comme une blague — l'historique des épreuves montre comment dans les affaires temporelles les modes de jugement par les moyens spirituels peuvent arriver à la corruption, et combien est préférable le système de séparation dans toutes les matières d'administration ou de foi.

Fin.

TABLE DES MATIÈRES.

Note de l'Éditeur.   1
Introduction.   3

I. — SOUVENIRS PERSONNELS.

CHAPITRE I.

Aperçu Général — La Blague Universelle — Religieuse — Politique — Commerciale — Scientifique — Médicale — Comment elle doit disparaître — La plus grande des Blagues. . .   5

CHAPITRE II.

Définition du Mot « Humbug » — Warren de Londres — Génin le Chapelier — Le Cirage de Gosling.   11

CHAPITRE III.

Mangin, le Charlatan Français.   21

CHAPITRE IV.

L'Homme aux Ours.   28

CHAPITRE V.

Les Pigeons d'Or — Le Vieil Adams — Le Chimiste Allemand — L'Heureuse Famille — Le Naturaliste Français. 37

CHAPITRE VI.

La Baleine — Le Poisson Doré, et les Pigeons d'Or. 42

CHAPITRE VII.

Le Marrube Confit de Pease — La Révolte de Dorr — L'Alderman de Philadelphie. 46

CHAPITRE VIII.

Les Pilules de Brandreth — Une magnifique Réclame — La Puissance de l'Imagination. 53

II. — LES SPIRITES.

CHAPITRE IX.

La Blague des Esprits Frappeurs et des Mediums — Son Origine — Comment les Choses se passent — 500 Dollars de Récompense. 60

CHAPITRE X.

L'Épreuve du Scrutin — Singulier Résultat d'une Prononciation vicieuse — Un Esprit affamé — L'Escamotage d'un Bulletin — Révélations sur les bandes de papier. 66

CHAPITRE XI.

Lettres écrites sur le Bras par les Esprits — Le Moyen de les écrire soi-même — Le Tour du Tambour de Basque et de l'Anneau — La Danse des Chapeaux de Dexter — L'Huile Phosphorescente — Quelques Citations empruntées à la Langue Spirite. 72

CHAPITRE XII.

Manifestations produites par Samson sous une Table — Un Médium adroit de ses Pieds — Un autre Opérateur agissant dans l'Obscurité. 78

CHAPITRE XIII.

Les Photographies Spirites — Colorado Jewett et les Photographies Spirites du Général Jackson, de Henry Clay, de Daniel Webster, de Stephen Douglas, de Napoléon, etc. — Une Dame de grande distinction demande et obtient la Photographie de son enfant décédé et celle de son Frère qu'elle croit mort et qui se trouve être en parfaite santé. — Comment s'exécute ce tour. . 84

CHAPITRE XIV.

« The Banner of Light » — Messages des Morts — Civilités Spirites — Métamorphoses des Esprits — Hans Von Vleet, la Hollandaise — Les Réunions de Mme Conant — Démonstration des Coups frappés dans la Table de Paine. 93

CHAPITRE XV.

L'Émotion est dans le Camp des Spirites — Foster se réveille — S. B. Brittan relève le Gant. — Les Artistes de Boston et leurs Portraits Spirites. — Comment une simple Latte paralyse les Spirites. 102

CHAPITRE XVI.

Le Docteur Newton à Chicago — L'Enfant Merveilleux — Une Femme qui accouche d'une Force Motrice — La Gomme Arabique — L'Hébreu Spirite — Le jeune Allen — Le Docteur Randall — The Portland Evening Courier — Tous les Imbéciles ne sont pas encore morts. 106

III. — TROMPERIES DU COMMERCE ET DES AFFAIRES.

CHAPITRE XVII.

Falsification des Matières alimentaires — Sophistication des Liquides — Le Wisky du Colonel — Le Blaguomètre. 117

CHAPITRE XVIII.

Falsification des Boissons — Rentrez chez vous à cheval sur votre pièce de Vin — Liste des choses employées pour faire du Rhum — Énumération de celles qui servent à le colorer — Le Hachis du Steamer — La Loi Anglaise sur les Falsifications — Effets des Drogues employées — Manière de s'en servir — Achat de Liqueurs en Douane — Dose homœopathique. 125

CHAPITRE XIX.

Les Peter-Funks et leurs Fonctions — Le Ministre de Campagne et la Montre — Naissance et Progrès des fausses Ventes aux Enchères — Leur Décadence et leur Chute. 132

CHAPITRE XX.

Les Vols à la Loterie — Boult et ses Confrères — Kenneth, Kimball et Ce — Le Besoin d'un Siége Social dans une Position plus centrale — La double Liste du dix-septième Tirage Mensuel — Étrange coïncidence. 140

CHAPITRE XXI.

Une autre Loterie — Deux cent cinquante Recettes — Mauvais Livres — Cartes avantageuses — Un Paquet pour vous, veuillez envoyer l'Argent — Un Colporteur. 146

CHAPITRE XXII.

Mine de Charbon en Californie — Mine de Charbon de Hartford — Mystérieux Canal Souterrain. 153

IV. — LES FOLIES D'ARGENT.

CHAPITRE XXIII.

La Blague du Pétrole — La Compagnie Pétroléenne de New York et Rangoon. 158

CHAPITRE XXIV.

La Tulipomanie. 166

CHAPITRE XXV.

Comme quoi John Bull se laissa éblouir par un grand Puff Financier — La Duperie des Mers du Sud en 1720. 175

CHAPITRE XXVI.

Blagues Financières — John Law — Affaire du Mississippi — Les Français aussi avides que les Anglais. 182

V. — MÉDECINS ET CHARLATANS.

CHAPITRE XXVII.

Les Médecins et l'Imagination — Une plaisanterie à coups de Canon — Magendie et la Science Médicale — Le Vieux Sablier de la Vie. 192

CHAPITRE XXVIII.

Remède Consomptif — E. Andrews M. D. — Naître sans Droits de Naissance — Hatchi cristallisé — Le Grand Roback — Un Sorcier ennemi du Mensonge. 197

CHAPITRE XXIX.

Monsignore Cristoforo Rischio, ou le Crésus débitant d'Élixir à Florence — Modèle pour nos Docteurs Empiriques. 202

VI. — CANARDS.

CHAPITRE XXX.

Le Spectre de la 27ᵉ Rue — Spectres partout. 210

CHAPITRE XXXI.

Le Canard Lunaire. 217

CHAPITRE XXXII.

Le Canard de la Miscégénation — Grand Succès Littéraire — Une Rouerie Politique — Les Tours des Agents d'Élection — Manœuvres employées pour donner de la Célébrité à la Brochure — Ceux qui s'y laissèrent prendre et comment la chose se fit. . 230

VII. — FANTOMES ET SORCELLERIES.

CHAPITRE XXXIII.

Maisons hantées — Une nuit en tête-à-tête avec un Revenant — Kirby l'acteur — Revolvers dirigés sur le Fantôme — Le Mystère expliqué. 240

CHAPITRE XXXIV.

Maisons hantées — Spectres — Goules — Fantômes · Vampires — Conjureurs — Devins — Bonne Aventure — Magie —

Table des matières.

Sorciers — Sorcelleries — Rêves — Manifestations — Médiums Spirites — Faux Prophètes — Démonomanie — Et toutes les Diableries en général. 248

CHAPITRE XXXV.

La Magie et ses Blagues — Virgile — Un Sorcier en Conserve — Cornelius Agrippa — Ses Disciples et son Chien Noir — Le Docteur Faust — Tour joué à un Maquignon — Ziito et sa Grande Hirondelle — Salamanque — Le Diable a le Dernier. 255

CHAPITRE XXXVI.

Sorcellerie — Les Sorciers de New York — La Manie des Sorciers — La Facilité avec laquelle ils étaient brûlés — La Manière dont ils étaient jugés — Les Sorciers du jour en Europe. 261

CHAPITRE XXXVII.

Charmes et Incantations — Comment Caton guérissait les Entorses — Le Nom Secret de Dieu — Noms secrets des Villes — Abracadabra — Guérison des Crampes — Le Sceau de M. Wright — Whiskerifusticus — Les Chevaux des Sorcières — Leurs Malédictions — Comment évoquer le Diable. 267

VIII. — AVENTURIERS.

CHAPITRE XXXVIII.

La Princesse Cariboo, ou la Reine des Iles. 275

CHAPITRE XXXIX.

Le Comte de Cagliostro, alias Joseph Balsamo, connu aussi sous le nom de Joseph le Maudit.. 281

CHAPITRE XL.

Le Collier de la Reine. 288

CHAPITRE XLI.

Le Comte de St. Germain : Sage, Prophète, Magicien. . . 301

CHAPITRE XLII.

Riza Bey, l'Envoyé Persan près Louis XIV. 307

IX. — BLAGUES RELIGIEUSES.

CHAPITRE XLIII.

Fin contre Fin, ou les Superstitions Yankees. — Mathias l'Imposteur — Les Folies de New York il y a Trente Ans . . . 315

CHAPITRE XLIV.

Jonglerie Religieuse pratiquée sur John Bull — Joanna Southcott — Le Second Messie. 324

CHAPITRE XLV.

Le Premier Mensonge du Monde — Avantage d'étudier les Hâbleries des Ages Primitifs. — Roueries Païennes. — Les Anciens Mystères — Les Cabires — Éleusis — Isis, ... 329

CHAPITRE XLVI.

Blagues Païennes N° 2 — Culte officiel du Paganisme — Oracles — Sibylles — Augures. 335

CHAPITRE XLVII.

Modernes Supercheries Païennes — Fétichisme — Obi — Vaudoux — Pow-wows Indiens — Lamaïsme — Prières à la Mécanique — Prières pour causer la Mort. 343

CHAPITRE XLVIII.

Épreuves — Duels — Gages de Combat — Abraham Thornton — Fer Rougi — Eau Bouillante — Natation — Serments — Bouchée Maudite — Épreuves Païennes. 350

FIN DE LA TABLE.

Paris. — Imprimerie Poupart-Davyl et Comp., rue du Bac, 30